国家"双一流"建设学科
辽宁大学应用经济学系列丛书
——学术系列——
总主编◎林木西

新时代深化国有企业混合所有制改革研究

Research on Deepening Mixed Ownership Reform of State-Owned Enterprise in the New Era

汤吉军　郭砚莉　著

中国财经出版传媒集团
经济科学出版社
Economic Science Press

图书在版编目（CIP）数据

新时代深化国有企业混合所有制改革研究/汤吉军，郭砚莉著.—北京：经济科学出版社，2021.5
（辽宁大学应用经济学系列丛书.学术系列）
ISBN 978-7-5218-2548-0

Ⅰ.①新… Ⅱ.①汤…②郭… Ⅲ.①国有企业-混合所有制-企业改革-研究-中国 Ⅳ.①F279.241

中国版本图书馆 CIP 数据核字（2021）第 089173 号

责任编辑：李晓杰
责任校对：刘　娅
责任印制：范　艳　张佳裕

新时代深化国有企业混合所有制改革研究
汤吉军　郭砚莉　著
经济科学出版社出版、发行　新华书店经销
社址：北京市海淀区阜成路甲 28 号　邮编：100142
总编部电话：010-88191217　发行部电话：010-88191522
网址：www.esp.com.cn
电子邮箱：esp@esp.com.cn
天猫网店：经济科学出版社旗舰店
网址：http://jjkxcbs.tmall.com
北京季蜂印刷有限公司印装
710×1000　16 开　20.25 印张　300000 字
2021 年 9 月第 1 版　2021 年 9 月第 1 次印刷
ISBN 978-7-5218-2548-0　定价：79.00 元
(图书出现印装问题，本社负责调换。电话：010-88191510)
(版权所有　侵权必究　打击盗版　举报热线：010-88191661
QQ：2242791300　营销中心电话：010-88191537
电子邮箱：dbts@esp.com.cn)

本书出版得到辽宁省兴辽英才计划项目（XLYC1802043）、教育部人文社会科学重点研究基地重大项目（16JJD790020）以及辽宁省社会科学基金一般项目（L19BJL002）的资助，在此表示感谢。

总　序

本丛书为国家"双一流"建设学科"辽宁大学应用经济学"系列丛书，也是我主编的第三套系列丛书。前两套系列丛书出版后，总体看效果还可以：第一套是《国民经济学系列丛书》（2005年至今已出版13部），2011年被列入"十二五"国家重点出版物出版规划项目；第二套是《东北老工业基地全面振兴系列丛书》（共10部），在列入"十二五"国家重点出版物出版规划项目的同时，还被确定为2011年"十二五"规划400种精品项目（社科与人文科学155种），围绕这两套系列丛书取得了一系列成果，获得了一些奖项。

主编系列丛书从某种意义上说是"打造概念"。比如说第一套系列丛书也是全国第一套国民经济学系列丛书，主要为辽宁大学国民经济学国家重点学科"树立形象"；第二套则是在辽宁大学连续主持国家社会科学基金"八五"至"十一五"重大（点）项目，围绕东北（辽宁）老工业基地调整改造和全面振兴进行系统研究和滚动研究的基础上持续进行探索的结果，为促进我校区域经济学学科建设、服务地方经济社会发展做出贡献。在这一过程中，既出成果也带队伍、建平台、组团队，使得我校应用经济学学科建设不断跃上新台阶。

主编这套系列丛书旨在使辽宁大学应用经济学学科建设有一个更大的发展。辽宁大学应用经济学学科的历史说长不长、说短不短。早在1958年建校伊始，便设立了经济系、财政系、计统系等9个系，其中经济系由原东北财经学院的工业经济、农业经济、贸易经济三系合成，财税系和计统系即原东北财经学院的财信系、计统系。1959年院系调整，将经济系留在沈阳的辽宁大学，将财政系、计统系迁到大连组建辽宁财经学院（即现东北财经大学前身），将工业经济、农业经济、贸易经济三个专业的学生培养到毕业为止。由此形成了辽宁大学重点发展理论经济学（主要是政治经济学）、辽宁财经学院重点发展应用经济学的大体格局。实际上，后来辽宁大学也发展了应用经济学，东北财经大学也发展了理论经济学，发展得都不错。1978 年，辽宁大学恢复招收工业经济本科生，1980 年受人民银行总行委托、经教育部批准开始招收国际金融本科生，1984 年辽宁大学在全国第一批成立了经济管理学院，增设计划统计、会计、保险、投资经济、国际贸易等本科专业。到 20 世纪 90 年代中期，辽宁大学已有西方经济学、世界经济、国民经济计划与管理、国际金融、工业经济 5 个二级学科博士点，当时在全国同类院校似不多见。1998 年，建立国家重点教学基地"辽宁大学国家经济学基础人才培养基地"。2000 年，获批建设第二批教育部人文社会科学重点研究基地"辽宁大学比较经济体制研究中心"（2010 年经教育部社会科学司批准更名为"转型国家经济政治研究中心"）；同年，在理论经济学一级学科博士点评审中名列全国第一。2003 年，在应用经济学一级学科博士点评审中并列全国第一。2010 年，新增金融、应用统计、税务、国际商务、保险等全国首批应用经济学类专业学位硕士点；2011 年，获全国第一批统计学一级学科博士点，从而实现经济学、统计学一级学科博士点"大满贯"。

在二级学科重点学科建设方面，1984 年，外国经济思想史（即后来的西方经济学）和政治经济学被评为省级重点学科；1995 年，西方经济学被评为省级重点学科，国民经济管理被确定为省级重点扶持学科；1997 年，西方经济学、国际经济学、国民经济管理被评为省级重点学科和重点扶持学科；2002 年、2007 年国民经济学、世界经济连续两届被评为国家重点学科；2007 年，金融学被评为国家重点学科。

在应用经济学一级学科重点学科建设方面，2017 年 9 月被教育部、财政部、国家发展和改革委员会确定为国家"双一流"建设学科，成为东北地区唯一一个经济学科国家"双一流"建设学科。这是我校继

1997年成为"211"工程重点建设高校20年之后学科建设的又一次重大跨越,也是辽宁大学经济学科三代人共同努力的结果。此前,2008年被评为第一批一级学科省级重点学科,2009年被确定为辽宁省"提升高等学校核心竞争力特色学科建设工程"高水平重点学科,2014年被确定为辽宁省一流特色学科第一层次学科,2016年被辽宁省人民政府确定为省一流学科。

在"211"工程建设方面,在"九五"立项的重点学科建设项目是"国民经济学与城市发展"和"世界经济与金融","十五"立项的重点学科建设项目是"辽宁城市经济","211"工程三期立项的重点学科建设项目是"东北老工业基地全面振兴"和"金融可持续协调发展理论与政策",基本上是围绕国家重点学科和省级重点学科而展开的。

经过多年的积淀与发展,辽宁大学应用经济学、理论经济学、统计学"三箭齐发",国民经济学、世界经济、金融学国家重点学科"率先突破",由"万人计划"领军人才、长江学者特聘教授领衔,中青年学术骨干梯次跟进,形成了一大批高水平的学术成果,培养出一批又一批优秀人才,多次获得国家级教学和科研奖励,在服务东北老工业基地全面振兴等方面做出了积极贡献。

编写这套《辽宁大学应用经济学系列丛书》主要有三个目的:

一是促进应用经济学一流学科全面发展。以往辽宁大学应用经济学主要依托国民经济学和金融学国家重点学科和省级重点学科进行建设,取得了重要进展。这个"特色发展"的总体思路无疑是正确的。进入"十三五"时期,根据"双一流"建设需要,本学科确定了"区域经济学、产业经济学与东北振兴""世界经济、国际贸易学与东北亚合作""国民经济学与地方政府创新""金融学、财政学与区域发展""政治经济学与理论创新"五个学科方向。其目标是到2020年,努力将本学科建设成为立足于东北经济社会发展、为东北振兴和东北亚区域合作做出应有贡献的一流学科。因此,本套丛书旨在为实现这一目标提供更大的平台支持。

二是加快培养中青年骨干教师茁壮成长。目前,本学科已形成包括长江学者特聘教授、国家高层次人才特殊支持计划领军人才、全国先进工作者、"万人计划"教学名师、"万人计划"哲学社会科学领军人才、国务院学位委员会学科评议组成员、全国专业学位研究生教育指导委员会委员、文化名家暨"四个一批"人才、国家"百千万"人才工程入选者、国家级教学名师、全国模范教师、教育部新世纪优秀人才、教育部高等学校教学指导委员会主任委员和委员、国家社会科学基金重大项目首席专家等在内的学科团队。本丛书设学术、青年学者、教材、智库四个子系列,重点出版中青年教师的学术著作,带动他们尽快脱颖而出,力争早日担纲学科建设。

三是在新时代东北全面振兴、全方位振兴中做出更大贡献。面对新形势、新任务、新考验,我们力争提供更多具有原创性的科研成果、具有较大影响的教学改革成果、具有更高决策咨询价值的智库成果。丛书的部分成果为中国智库索引来源智库"辽宁大学东北振兴研究中心"和"辽宁省东北地区面向东北亚区域开放协同创新中心"及省级重点新型智库研究成果,部分成果为国家社会科学基金项目、国家自然科学基金项目、教育部人文社会科学研究项目和其他省部级重点科研项目阶段研究成果,部分成果为财政部"十三五"规划教材,这些为东北振兴提供了有力的理论支撑和智力支持。

这套系列丛书的出版,得到了辽宁大学党委书记周浩波、校长潘一山和中国财经出版传媒集团副总经理吕萍的大力支持。在丛书出版之际,谨向所有关心支持辽宁大学应用经济学建设与发展的各界朋友,向辛勤付出的学科团队成员表示衷心感谢!

林木西

2019 年 10 月

目 录

导论 ·· 1

第一章 混合所有制改革的理论基础 ························ 13
 第一节 新古典经济学理论 ·· 13
 第二节 交易成本理论 ·· 20
 第三节 不完全契约理论 ·· 27
 第四节 委托—代理理论 ·· 36
 第五节 博弈论与市场结构理论 ····································· 38
 第六节 制度变迁与路径依赖理论 ································· 40

第二章 我国所有制结构的历史演变及其特征 ······ 44
 第一节 1949~1978 年多种所有制形式向单一公有制转变 ······ 45
 第二节 1978 年改革开放后多种所有制形式发展阶段 ············ 50
 第三节 启示 ··· 63

第三章 我国国有企业发展混合所有制的发展历程、现状及存在的主要问题 ························ 65
 第一节 我国国有企业发展混合所有制的发展历程 ······· 66
 第二节 我国混合所有制结构的现状 ····························· 69
 第三节 我国所有制结构存在的主要问题 ····················· 73
 第四节 以东北地区为例考察混合所有制改革 ············· 83

第四章　不同市场结构条件下我国国有企业混合所有制结构分析 … 90

第一节　竞争性市场条件下混合所有制结构 … 90
第二节　完全竞争条件下混合所有制结构分析的局限性及拓展 … 92
第三节　交叉所有权、国有股最优比重与国有企业混合所有制改革 … 95
第四节　自然垄断行业的国有企业混合所有制结构调整 … 104

第五章　交易成本、"敲竹杠"与国有企业混合所有制结构分析 … 110

第一节　交易成本概述 … 110
第二节　资产专用性与所有制结构调整 … 116
第三节　交易成本、所有制结构调整与国有企业混合所有制经济发展 … 124

第六章　我国国有企业发展混合所有制面临的主要障碍 … 139

第一节　交易成本与混合所有制改革失灵 … 139
第二节　不完全契约与混合所有制改革失灵 … 144
第三节　委托—代理与混合所有制改革失灵 … 150
第四节　路径依赖与混合所有制改革失灵 … 154

第七章　我国国有企业混合所有制改革的案例研究 … 165

第一节　所有权——股权结构方面案例：万科股权之争 … 165
第二节　资产定价——预防资产流失方面案例：中国石化资产定价 … 174

		第三节　员工持股——激励问题方面案例：浙江物产
				员工持股计划 …………………………………………… 180
		第四节　国有企业发展混合所有制的概述、经验与启示 ……… 187

第八章　国外发展混合所有制的经验与借鉴 …………………… 194

		第一节　英国股份制企业发展 …………………………………… 195
		第二节　美国公私合营企业的发展 ……………………………… 203
		第三节　日本的公私合营企业 …………………………………… 211
		第四节　法国混合经济公司发展 ………………………………… 217
		第五节　德国公私混合企业发展 ………………………………… 224

第九章　积极发展我国国有企业混合所有制的
			政策建议 ……………………………………………………… 228

		第一节　完善现代市场体系 ……………………………………… 228
		第二节　培育真正的市场经济主体 ……………………………… 236
		第三节　加强沉淀成本管理 ……………………………………… 239
		第四节　降低交易成本与风险 …………………………………… 241
		第五节　营造良好的外部市场环境 ……………………………… 243
		第六节　渐进式发展混合所有制经济 …………………………… 248

结论与研究展望 …………………………………………………………… 254

参考文献 …………………………………………………………………… 261

附录1　《国务院关于国有企业发展混合所有制经济的意见》 …… 277
附录2　《关于国有控股混合所有制企业开展员工
			持股试点的意见》 ………………………………………… 286
附录3　《中共中央　国务院关于深化国有企业改革的
			指导意见》 ………………………………………………… 291
附录4　《关于加快推进国有企业数字化转型工作的通知》 ……… 304

导　　论

一、问题的提出

（一）现实意义

改革开放以来，我国经济取得了举世瞩目的成就，2019年我国经济总量稳居世界第二位，人均GDP突破1万美元。其中，国有企业作为中国经济的重要组成部分，不仅在改革开放中扮演着重要角色，其自身的改革也一直与市场经济相适应。回顾我国国有企业改革发展进程，可以大致划分为成长期（1953~1957年）、彷徨期（1958~1965年）、停滞期（1966~1978年）、放权让利与承包经营期（1979~1993年）、建立现代企业制度期（1994~2002年）、建立和完善国有资产管理体制期（2003~2012年）和2013年党的十八届三中全会启动新时代全面深化国有企业改革等阶段。但是，国有企业效率仍有待提高，诸如政企仍未分离、产权改革停滞不前、垄断和不公平竞争尚未打破、预算软约束、激励约束机制不健全、创新和实际盈利能力不足等问题亟待改革。

党的十八届三中全会《中共中央关于全面深化改革若干重大问题的决定》（以下简称《决定》）中指出："国有资本、集体资本、非公有资本等交叉持股、相互融合的混合所有制经济，是基本经济制度的重要实现形式，有利于国有资本放大功能、保值增值、提高竞争力，有利于各种所有制资本取长补短、相互促进、共同发展。允许更多国有经济和其他所有制经济发展成为混合所有制经济。国有资本投资项目允许非国有资本参股。允许混合所有制经济实行企业员工持股,形成资本所有者和劳动者利益共同体……鼓励非公有制企业参与国有企业改革,鼓励发展非公有资本控股的混合所有制企业。"《决定》中明确提出了积极发展混合所有制经济,确定了混合所有制作为国有企业改革的新方向。

"混合所有制"最早出现在我国官方文件是党的十四届三中全会《中共中央关于建立社会主义市场经济体制若干问题的决定》,"混合所有制"出现在官方文件则是在党的十五大报告中。随着党的十五大正式提出混合所有制这一概念,之后党的十五届四中全会、十六大、十六届三中全会、十七大、十八届三中全会、十九大、三中全会、四中全会、五中全会都一以贯之、由浅入深地引导、鼓励国有企业发展混合所有制,从党中央重大会议、政策文件中关于国有企业改革和混合所有制的相关表述可以看到,从1993年通过《中华人民共和国公司法》启动国有企业改革,混合所有制一直被循序渐进地引导,直到2013年召开的党的十八届三中全会,明确提出混合所有制,由此国有企业改革进入了新的历史阶段。2020年党的十九届五中全会提出,"毫不动摇巩固和发展公有制经济,毫不动摇鼓励、支持、引导非公有制经济发展。深化国资国企改革,做强做优做大国有资本和国有企业。加快国有经济布局优化和结构调整,发挥国有经济战略支撑作用。加快完善中国特色现代企业制度,深化国有企业混合所有制改革。健全管资本为主的国有资产监管体制,深化国有资本投资、运营公司改革"。

当前我国已经进入经济高质量发展阶段,考虑我国的产业组织结构现状,国有企业今后仍将在关系国家安全和国民经济命脉的主要行业中占据主导地位和保持较强的控制力,因此国有企业必然是深化供给侧结构性改革的主要载体和关键抓手。而积极稳妥推进国企混合所有制改革,鼓励发展非公资本控股的混合所有制企业,有助于提高国有经济乃至整个国民经济供给体系的质量和效率,更好地实现国有企业与市场经济的融合,促进各种所有制资本共同发展。因此,通过国有企业发展混合所有制研究并针对问题提出相关政策建议,对于新时代全面深化国有企业混合所有制改革具有重要的现实意义。

(二) 理论创新意义

在新古典瓦尔拉斯一般均衡的完全竞争市场中,产品市场、要素市场、信息都是完全的,交易成本为零,不存在外部性问题,依靠市场价格信号和自由竞争机制,企业能够根据利润最大化原则做出最优决策,资源配置可以实现帕累托最优状态。然而,现实中的市场难以满足完全竞争市场严格的假设条件,假设条件一旦放松,垄断、外部性、信息不对称、公共物品等问题就会使价格和竞争机制发生扭曲,资源配置效率低下,市场出现失灵。主流经济学认为,国有企业创建的原因主要源于市场失灵。改革开放以来,虽然国有企业取得了显著的发展,在弥补市场失灵方面发挥了积极的作用。然而,人们很快发现,国有企业运行本身也需要支付大量的成本,此时国有企业的出现也鼓励了更具有风险偏好的行为,从而加大经济系统的不稳定性,很容易出现国有企业失灵,成为经济低效率的源头。部分学者研究认为国有企业是低效率或效率双重损失的(樊纲,2000;刘小玄,2000,2003;刘瑞明和石磊,2010;吴延兵,2012),而低效率的原因主要归于所有权结构、委托—代理问题、政策性负担、行政垄断和预算软约束等方面。

1. 委托—代理问题

由于委托人和代理人之间存在信息不对称和利益冲突,代理人为追求自身利益最大化,会出现"偷懒""说谎"等机会主义行为,进而损害委托人的利益或降低社会福利。国有企业归全体人民所有,政府代表人民行使财产的控制权和使用权,人民和政府之间是委托—代理关系;政府通过选派、选拔相关管理人员代表政府管理国有企业,政府与国企高管之间形成委托—代理关系;由于中央政府很难监管众多的国有企业,中央委托省、市、县政府对国有企业进行监督与管理,这又形成了多重委托—代理关系,所以,国有企业在多重委托—代理关系下,致使信息不对称和利益冲突不断加强,真正的国有产权所有者虚置,而代理人过分强调自身利益最大化,从而出现道德风险、逆向选择等机会主义行为，国有企业表现低效率。

2. 预算软约束

社会主义经济中的国有企业一旦发生亏损，政府常常要追加投资、增加贷款、减少税收，并提供财政补贴，这种现象被科尔奈（Kornai, 1986）称为"预算软约束"。在预算软约束条件下，国有企业相当于拥有了"完全保险制度"，即项目投资能获得银行的"优先融资"，经营困难可获得政府援助，企业亏损也能得到财政补贴。这样，没有生存压力的国有企业缺少竞争意识，主动盈利性不强，弱化的投资评估与风险控制难以保证国有资产保值增值。此外，预算软约束条件下的国有企业代理人缺少效率与危机意识，更容易滋生道德风险等机会主义行为。总之，预算软约束形成制度的路径依赖，使国有企业缺少成本概念，资源浪费严重，造成国有企业的高成本低收益，进而形成资源配置的低效率和社会福利损失。

3. 国有企业目标多元化

新古典经济学认为利润最大化是企业追求的根本目标，然而，由于国有企业历史发展的特殊性以及国家赋予它的特殊功能定位，国有企业既有经济目标又有社会目标，既有利润目标又有政治目标，既有效率目标又有公平目标，企业目标呈现多元化。多元的目标又不分伯仲，相互交织，其结果是各目标难以兼顾，矛盾冲突不断，国有企业经理人难以发挥企业家精神，无论怎样做都不能使所有目标实现，总会存在不满意的声音，最终"保住位置"成为国有企业经理人的最优解，国有企业的制度优势转为劣势，整体表现低效率，国有企业失灵也就在所难免。

4. 激励约束机制弱化

激励约束机制是指通过激发激励约束主体的主动性、创造性、积极性，同时规范主体行为，使激励约束主体能够实现期望目标。长期以来，国有企业一直存在着激励约束机制强度不足、结构失衡等问题。

5. 垄断导致低效率，降低社会福利

垄断企业将价格定义在边际成本之上，从社会福利水平的角度来看，垄断的社会福利水平（消费者剩余与生产者剩余之和）低于竞争的福利水平，产生福利净损失。国有垄断企业通过垄断获取超额利润，由于没有竞争的约束，国有企业内部容易产生 X—无效率问题，产品质量与服务水平下降，最终导致生产与经营的低效率。

国有企业发展中的低效率问题，促发了国有企业管理能力低等问题，而国有企业积极发展混合所有制可以通过发挥不同所有制的制度优势以弥补国有企业缺憾，这也是混合所有制存在的重要原因。在我国，混合所有制理论研究与实践相对于西方国家都比较晚，改革开放以后，随着外资的引入，中外合资、合作企业的出现，标志着我国混合所有制的产生。理论研究中，一般认为最早正式提出混合所有制这个概念并加以论述的是薛暮桥（1987），他在《我国生产资料所有制的演变》一文中指出，我国在经济体制改革中，所有制形式日益复杂，首先是不同行业不同地区的国有企业之间、国有企业与集体企业和私人企业之间的合资经营，如果合资经营企业的投资方分属于不同的所有制，就形成了混合所有制企业（张文魁，2015）。混合所有制经济是与各种不同所有制形式并列的一种独立的新型所有制形式（晓亮，1993），广义的混合所有制经济是社会上各种不同的所有制形式相互联系、有机结合而成的一种经济形式，是企业与企业之间、地区与地区之间、部门与部门之间以及社会上各种不同所有制主体之间互为条件、互相依存、互为供给、互为需求结合；狭义的混合所有制经济是由不同出资者投资共建或由不同所有制经济联合组建而成的一种企业形式，是作为企业内部各种所有制主体之间生产要素共同占有、剩余价值按生产要素投资份额共同分享的一种企业组合形式，体现着企业内部各所有制主体之间的经济关系（伯娜，2010）。

混合所有制是顺应国有企业改革而出现的新的所有制形式，它并不否定原有的所有制性质，而是原有所有制之间的一种新的契约缔结，目的是提高国有企业效率，促进国有企业与私有企业的协调发展，是现代经济运行的一种企业形式。国有企业发展混合所有制是不同所有权的混合，但不论如何混合，其本质仍然是企业。回顾企业理论的发展，大致可以分为四个阶段：第一阶段是古典企业理论，代表人物主要有英国的亚当·斯密、约翰·穆勒,爱尔兰的理查德·坎蒂隆(Cantillon, 1860~1734),法国的杜尔哥(Turgot, 1727~1781)等,这一阶段的企业理论奠定了一些基本理论框架;第二阶段是新古典企业理论,代表人物是马歇尔,该理论主要讨论企业如何在既定技术条件下的利润最大化问题,企业被视为一个"黑箱";第三阶段是新制度经济学理论,其代表人物是科斯和威廉姆森,该理论主要用交易成本来解释企业为什么存在,从市场和企业的关系来探讨企业的性质与边界问题;第四阶段是企业理论的现代观点,具体研究了影响交易成本的各种因素。自科斯(Coase, 1937)发表《企业的性质》写道,影响一家企业的投入品是自己生产,还是向外进行采购,取决于这两种方法的相对成本。当市场运作的交易成本较高时,企业就倾向于自己生产投入品。当市场运作的交易成本很小时,企业就会更多地选择对外采购,从而使企业理论发生了革命性变革。通过"科斯革命",企业不再是一个生产函数,企业当事人之间所进行的不再是非人格化的交易,而是一组契约关系,企业的行为也不再被看作是抽象的,而是涉及契约关系的各当事人协调责、权、利关系的结果。

从现代观点看,对于企业理论而言,契约理论成为主流的解释框架,而混合所有制涉及两种不同所有制形式的契约关系,通过契约理论研究国有企业混合所有制发展,分析与研究国有企业发展混合所有制存在的问题,不仅符合现代企业理论的主流解释框架,还有助于实现企业理论与所有制理论的融合,进而丰富和发展企业理论,同时对于深化国有企业混合所有制改革具有重大的理论意义。

二、国内外相关文献综述

(一) 国外相关文献评述

20世纪30年代,混合所有制在西方得以关注。混合所有制是对所有制状况的一种描述,而混合经济是对混合所有制状况的具体实践形态，是一个问题的两个方面。混合所有制的研究起源于西方国家，其理论渊源可追溯于混合经济。最初关于"混合"的思想一般认为来自凯恩斯（1936）《就业、利息和货币通论》中"让国家之权威与私人之策动力量相互合作"的论点，开创了国家资本主义替代私人资本主义，而最早使用混合经济一词的是巴克尔（Barker，1937），他认为私人企业和公有制并非对立的，而是可以共生的。汉森（Hansen，1941）是较早的系统讨论过混合经济的经济学家，他提出大多数资本主义国家的经济是私人资本主义经济与"社会化"的公共经济同时并存，是"公私混合经济"或"双重经济"，即生产领域的"公私混合"，如国有企业与私有企业并存；收入和消费方面的"公私混合"，如公共卫生、社会安全和福利开支与私人收入和幸福的并存。新古典综合学派主要代表人物萨缪尔森（1961）继承和发展了凯恩斯和汉森的观点，在《经济学》一书中提出了混合经济论，认为现代资本主义经济是一种由国家机构和私人机构共同对经济实施控制的混合经济（中间道路或第三条道路）。以维克塞尔、林德伯克为代表的瑞典学派则把混合经济制度作为瑞典模式的经济基础和重要内容，提出了混合经济的重要内容之一是在所有制方面实行私有制基础上的部分国有化。此外，日本都留重人（Tsuru）对混合经济也有论述，他认为在存在市场失灵或负外部性的情况下，混合经济具有普遍特征，作为一种生产模式的混合经济实际上是现代市场经济的模式。概括地讲，西方资本主义国家的混合经济在理论上大致有四个层次：在国民经济发展的动力机制上体现为自由主义和国家干预主义的结合；在宏观经济调控手段上体现为市场和计划的并用；在所有制结构上体现为私人所有制和公有制的并存；在企业资本构成上体现为私人资本、国有资本以及社会资本的混合（景春梅，2015）。

国外混合所有制企业的存在早于我国，但是数量相对较少，经济比重的占比也相对较低，很多时候混合所有制主要存在于特定时期或特定阶段，而随着过渡期完成，其会逐步被国有股减持或私有化所代替，例如印度在20世纪60年代采用过混合所有制，但后来逐步走向私有化，所以，关于混合所有制的国外研究文献比较少，大部分的研究主要以特定案例研究为主。布鲁克斯（Brooks，1987）研究了英国石油公司和加拿大发展投资公司等混合所有制公司的案例，研究发现政府往往利用股权优势干预企业，政府偏好执行公共政策而不顾公司的商业利益，进而损害了公司的商业价值。巴克斯等（Backs et al.，2002）选择国际上50家航空公司进行实证研究，其中有13家混合所有制企业，研究发现国有航空公司绩效低于私有航空公司，而混合所有制航空公司的绩效优于国有航空公司但低于私有航空公司。帕德等（Peda et al.，2013）研究了爱沙尼亚最大的水务公司的治理和绩效问题，该公司是公私混合所有制，该研究对于理解混合所有制企业财务绩效和非财务绩效的公司治理具有启发意义。

在国外，巴克尔（Barker，1937）最早使用混合经济这一术语，他认为私人企业和公有制是可以共生的。鲍德曼和戴维斯（Boardman & Divis，1989）、贾恩和帕尔（Jain & Pal，2011）论述了混合所有制与混合市场结构的双向关系。哈特（Hart，2003）从不完全契约的角度研究了企业产权配置的合理性。本耐特（Bennett，2002）、本耐特和马乌（Bennett & Maw，2003）对转型国家的国有企业私有化研究发现，在私有化过程中，一些企业继续保留了一部分国有股份，也就是混合所有制企业。博拉迪和赵（Beladi & Chao，2006）指出混合所有制对就业有短期不利和长期有利的影响。萨哈和森萨马（Staha & Sensarma，2011）提及了银行混合所有制发展问题。

（二）国内相关论文评述

目前，国内研究混合所有制的情况，一是对于"积极发展混合所有制经济"存在争论：一种观点认为发展混合所有制是国有资本私有化的一种手段；另一种观点认为发展混合所有制是巩固公有制的主体地位，引导非公有制经济发展的一种形式和手段（周新城，2016；何秉孟，2016），亟待从经济效率角度加以考虑。二是强调发展混合所有制的合理性，并没有考虑发展混合所有制的机会成本问题。薛暮桥（1987）较早提出混合所有制概念，大多数集中在论述混合所有制的合理性（晓亮，1993；朱东平，1994；张卓元，2015；陈艳，2016），涉及国有企业发展混合所有制的产权研究（李保民，2013；季晓楠，2014），以及股权结构和股权制衡研究（陈琼，2014；张文魁2014）等。三是强调影响混合所有制发展的因素（黄速建，2014；黄群慧，2014）。

自薛暮桥（1987）较早提出混合所有制概念后，我国学者关于国有企业混合所有制改革的研究不断丰富，主要涉及混合所有制的性质、形式、类型（倪吉祥，1993；刘烈龙，1995；龚培兴，1996；季丽新，1998；戴文标，2001）；国有企业混合所有制改革的战略取向、改革思路（刘新政，1998；江振华，1999；李涛2002）。2013年党的十八届三中全会首次正式将混合所有制确定为国企改革的方向，混合所有制改革研究在理论界也成了国企改革研究中的活跃领域，研究角度主要集中于国有企业发展混合所有制的产权研究（李保民，2013；陈琳和唐杨柳，2014；张军民，2014；季晓楠，2014；赵奇伟和张楠，2015）；股权结构、股权制衡研究（陈琼，2014；张斌、嵇凤珠，2014；张文魁2014；郝云宏和汪茜，2015；陈俊龙和汤吉军，2016；汤吉军，2020）；员工持股研究（崔志强，2013；黄群慧，2014；刘雨青和傅帅雄，2015；张孝梅，2016）；混合所有制绩效研究（张文魁，2015；张莉艳和安维东，2015）；国有企业发展混合所有制的困境与路径研究（朱敏，2014；刘崇献，2014；吴爱存，2014；高朝辉，2014；唐克敏，2015；卢俊，2015）等。大多数学者的研究都是围绕所有权的禀赋及混合所有制发展的困境、对策、路径展开，这些文献对于推动政府决策、加强国有企业对于混合所有制的理解与发展具有积极的作用，但是实践表明，党的十八届三中全会以后国有企业的混合所有制发展进程与发展质量仍然存在不足，国有企业的混合所有制改革仍然受到约束。

私有企业对混合所有制改革存在着被控制、难以获得治理权和看不到盈利前景的担忧，由此影响着私有企业参与改革的积极性。国有资产总量过大，职工安置成本高、社会负担重、仍有大量的坏账和不良资产，这些都是国企实施混合所有制的沉重历史包袱；国有资本控制的电力、电信、铁路、民航、银行、邮电、城市基础设施等领域，在自然垄断基础上又被行政垄断强化，从而导致民间资本、外商资本在进入时容易遭遇各种政策性障碍；产权保护的缺陷、资本市场结构不完善等制度建设滞后问题也会制约国企的混合所有制改革进程（李正图，2004）。国有企业实施混合所有制的约束因素主要有四个方面：第一，许多国有大企业都被认为承担着重要的国家政策使命，不适合实行民资介入的股权多元化；第二，国有企业高管的行政级别是阻碍国企混合所有制改革的另一重要因素；第三，私有企业自身的一些问题制约了混合所有制的进一步发展；第四，我国尚不完善的市场环境和法律体系不利于混合所有制的发展（黄群慧等，2014）。虽然这些文献探讨了国有企业发展混合所有制的制约因素，但是并没有从混合所有制的企业本质进行研究。混合所有制无论如何"混合"，其本质仍然是企业，而企业是一系列契约的缔结（科斯，1937；Jensen & Meckling，1976），那么，混合所有制企业的本质也就是一系列契约的缔结，而其特殊性仅在于既包括混合过程中的国有企业与私有企业两种不同所有制的契约缔结，又包括混合后的混合所有制企业内部不同资产所有制的各种契约关系（汤吉军，2014；剧锦文，2016）。

因此，迫切需要国有企业改革发展混合所有制的最优规模、动力机制、理论分析与实证研究，寻求公有制与市场经济更好地融合，打破纯私有企业和纯国有企业两分法。运用不完全市场和不完全契约理论研究国有企业发展混合所有制问题，开辟一种新的分析视角，与沉淀成本、产权、信息、交易成本、不完全契约等因素综合起来，真实地考察国有企业发展混合所有制内在机制、路径依赖和演化规律，对于提高国有资本运行效率，做强做优做大国有资本，完善和发展中国特色社会主义市场经济体制具有重要意义。

三、本书的主要内容及结构框架

本书主要研究我国国有企业混合所有制改革，共分为九章，主要内容与结构框架如下：

第一章混合所有制改革的理论基础。本章分别对混合所有制改革涉及的理论基础进行了梳理，包括交易成本理论、委托—代理理论、不完全契约理论、博弈论和路径依赖理论等。

第二章我国所有制结构的历史演变及其特征。所有制结构变迁是不断适应市场经济体制的过程，其为发展混合所有制提供客观条件。在国有企业从"大一统"的一元化到股份制改革的演变过程，本章对国有企业所有制改革在产权多元化、引进境外战略投资者、建立现代企业制度等方面取得的成效进行了评析，最后总结了国有企业所有制改革的主要特点。

第三章我国国有企业发展混合所有制的发展历程、现状及存在的主要问题。本章把我国国有企业发展混合所有制的历程分为三个发展阶段：萌芽阶段（1980~1992年）、实践探索阶段（1993~2012年）和深化发展阶段（2013年至今），对各阶段国有企业发展混合所有制的状况和特点进行了概述，并总结我国混合所有制存在的主要问题。

第四章不同市场结构条件下我国国有企业混合所有制结构分析。通过区分完全竞争与完全垄断以及自然垄断行业来研究混合所有制的优化配置，尤其是以国家所有权形成的路径依赖，研究不同情况下对于发展混合所有制的影响。

第五章交易成本、"敲竹杠"与国有企业混合所有制结构分析。以资产专用性、有限理性和不确定性为前提，通过科斯定理来分析"敲竹杠"问题对于发展混合所有制的不利影响。

第六章我国国有企业发展混合所有制面临的主要障碍。有关混合所有制改革所面临的障碍问题分析包括：一方面，对交易成本过高导致的混合所有制改革失灵、不完全契约导致的混合所有制改革失灵、委托—代理中的道德风险引起的混合所有制改革障碍问题以及混合所有制改革的博弈分析进行了研究；另一方面，对国有企业在进行混合所有制改革中的成本和收益进行了分析，阐述了改革过程中可能遇到的价值风险、决策风险和整合风险。

第七章我国国有企业混合所有制改革的案例研究。旨在通过分析我国混合所有制改革中的典型案例，总结国有企业发展混合所有制改革中的问题,并得出混合所有制改革的启示与教训,有助于深化混合所有制改革。

第八章国外发展混合所有制的经验与借鉴。针对英美德日法等国的混合所有制发展进行阐述,从中得出经验教训,对于我国发展混合所有制提供若干借鉴意义。可以说,国外公私混合企业是在混合经济以及多种所有制的基础上建立起来的。混合经济并非一蹴而成,其发展经历了从单一市场经济到政府干预经济的漫长过程,在此基础上,混合经济得到了巨大的发展,并且逐渐形成了一种较为完善的经济制度。

第九章积极发展我国国有企业混合所有制的政策建议。针对我国国有企业发展混合所有制存在的主要问题,从混合所有制契约关系发展的交易成本、委托—代理、博弈论、路径依赖,以及外部政府监管体系等方面提出积极发展国有企业混合所有制的政策建议。

第一章

混合所有制改革的理论基础

第一节 新古典经济学理论

对于混合所有制改革而言,一般说来,很容易想到的就是新古典微观经济学①。因为在理性选择条件下,是否进行混合所有制改革,实际上取决于混合所有制改革的成本收益分析,它是在一个供求模型中发生变化的。微观经济学又称为价格理论,以此来强调相对价格在其中所起到的重要作用,并为理论进一步拓展奠定了参照系。

一、新古典微观经济学模型的假设前提

在新古典阿罗—德布鲁一般均衡模型条件下,即在完全竞争市场

---

① 需要指出,很多学者对于经济学帝国主义的理解,还不十分清楚和不够全面。确实,新古典经济学帝国主义是非常普遍和盛行的,主要是由芝加哥大学贝克尔首创的。但是由于西方经济学本身并不是铁板一块,经济学流派分支十分多,恰恰可以体现出新制度经济学帝国主义、行为经济学帝国主义、后凯恩斯经济学帝国主义、信息不对称经济学帝国主义等。这样有助于我们清楚某一经济学分支思维方式的理论基础、发展脉络与政策主张,甚至可以看出它们的局限性,从而进行更深入的学科交叉或跨学科研究。

上，企业可以根据市场价格信号自由实现资源优化配置，政府也无法改变人性，也就是每一个人都想从经济活动中获取最大利益，就像古典经济学说假定的那样。因此，无论消费者还是生产者，其作为不同的角色总是追求自身利益最大化，即作为交易者追求最有利可图的投资机会，作为生产者和消费者寻求最小报价，作为雇员寻求最大工资。由于这些理性行为，即使拓展为全球化，在全球化条件下同样追求自身利益最大化，从而看到在资源配置过程中理性人的行为及其政府干预的主要原则。其具体条件主要如下：

第一，信息完全，不存在因信息不完全产生机会主义行为。它包含两个含义，一是市场上所有信息都是真实信息，这也意味着法律和监督体制都完美无缺，在市场上不存在任何虚假信息；二是在信息的生产、传递和验证等一系列过程中不存在任何信息成本，它意味着信息在市场主体之间的分布公平无偏，当事人都有理性预期，不存在逆向选择和道德风险行为。

第二，市场无摩擦性和风险可计量性。市场无摩擦性是指市场中不存在任何交易成本，任何投资者都可以畅通无阻地进行套利交易，而且套利交易可以毫无风险。风险可计量性是指未来的不确定性投资均服从一定的概率分布，风险的大小程度，可以用概率分布的标准差表示出来。隐含信息完全，都可以在事前得到完全内部化。

第三，所有的资源都是完全流动的，不存在产业结构扭曲状况。这意味着厂商自由进入或者退出一个行业是完全自由和毫无障碍的。所有资源可以在各厂商之间和各行业之间完全自由地流动，不存在任何障碍，都可以随着市场价格信号瞬时调整。这样，任何一种资源都可以及时地投向能够获得最大利润的生产，并且可以及时地从亏损的生产中毫无损失地退出。在这里，隐含的假设条件是生产要素或者生产资源市场是完全的，没有任何干扰市场达到均衡状态的因素。实物产业投资与证券金融投资没有任何差别。

第四，当事人都是独立的市场当事人，不受政府直接干预，有关生产什么、如何生产，以及为谁生产等，都是当事人自己做出，因此追求自身利益最大化行为，本身私利行为与社会利益是一致的。这意味着没有任何外部性行为。市场上每一个卖者和每一个买者都掌握与自己决策相关的一切信息。这样，每一个消费者和每一个厂商都可以根据自己所掌握的完全信息做自己最优的经济决策，从而获得最大利益，最终导致个人利益与社会利益一致①。

同样，对于收入分配理论来说，新古典一般均衡理论也为我们提供了一种分析视角。因此，在完全竞争市场条件下，各类生产要素资源配置会实现帕累托最优，不会出现任何冲突问题。但是，完全生产要素市场需要若干假设条件：

第一，消费者是理性经济人，不仅现在而且将来都有使他们的效用函数达到最大的能力。他们拥有完备信息或知识，不存在信息不对称或者有限理性问题。

第二，生产者也是理性经济人，在给定生产函数的条件下，以及在其硬预算约束下随时追求利润最大化，也具有无所不知的能力。

第三，经济的各个部分是完全竞争的，包括资本和劳动市场。商业交易活动，如市场的交易，是没有信息和交易成本的，并不存在任何垄断因素。

第四，所有的生产要素都充分流动，没有进入障碍和退出障碍，可以自由进入和自由退出市场，没有任何沉淀成本。

第五，所有的产品和服务都在市场体系中，换言之，没有不定价的公共产品或环境资源，并且不存在外部性。

第六，经济不受政府干预，各种制度安排是等价的。

由此可见，在新古典瓦尔拉斯一般均衡的完全竞争市场上，由于当事人信息完全，不存在不确定性，交易成本为零，产品市场和生产要素市场都是完全没有任何市场交易成本的，也不会带来任何投资损失。企

---

① 实际上，作为芝加哥学派创始人奈特较早详细明确表述了完全竞争模型最完整的假设条件。奈特曾一再强调，经济人并不是世界上真正的人。经济人理论是其现实相对物的非现实的复制品，目的是为了从现实中进行抽象，从而创立一门严格有用的经济学科学。他甚至承认，经济理论必须在非现实假设的基础上发展，但不应超出"常识"适应性的限度。

业仅仅被看作一个生产函数，内部也没有任何交易成本，仅仅依靠价格信号调节生产和资源配置，即他们可以瞬间恢复均衡。在这种情况下，我们不会遇到机会主义、有限理性，以及资产专用性等问题，经济都会达到最优配置，从而体现福利经济学基本定理。即使遇到外部性等问题，由于科斯定理存在，即当事人讨价还价没有任何交易成本和信息成本，产权的初始分配不会影响经济效率，同样也不会带来任何利益损失。

由于福利经济学基本定理与科斯定理都假设信息完全，当事人完全理性，并且没有任何交易成本，因而可以完全依靠市场价格信号自由转换和自由竞争，此时任何交易都因没有机会主义和有限理性不会给当事人带来利益损失。一般均衡理论有许多丰富的内涵，这些不仅有助于经济学知识的组织，而且更为重要的是对于运动经济分析非常有用。尽管它主要用于解释市场取向的活动，但也可以被拓展至包括许多非市场活动。但是，采用一般均衡理论这一方法，经济注定任何时候都处于均衡状态，而不管经济条件的变化。为了做到这一点，只需假定信息成本和交易成本为零，以提供经济均衡所需条件。信息成本和交易成本概念无疑是有用的，但如果像上面这样被应用，则他们基本掩盖了失衡的持续性。

这样，我们会看到福利经济学基本定理和科斯定理，市场实现最优资源配置。每一个定理都需要许多很强的假定，比如不存在激励与协调问题，因此通常是逻辑的构造而不是对世界的现实描述（亨德里克斯，2007）。其中，科斯定理与福利经济学基本定理相比，科斯定理赋予了制度层面更重要的角色。除了关注市场价格和产量之外，也同样关注了所有权的界定。科斯定理强调，为使市场机制很好地发挥其功能，需要许多制度安排。所有权的界定、契约的设计和制度框架的选择等因素不再是外生的，它们成为重要的研究对象。新古典经济学方法的传统关注范围被证明过于狭窄，因为它仅限于生产成本，忽略了制度成本或交易成本。这些制度成本与组织管理、契约设计和执行相关联。科斯定理对于发展组织理论的重要性在于，它论述了在什么情形下所有权界定并不重要。但是，这些情形非常具体，这意味着它们很少出现。完美的市场功能是特例而不是常态，所有权界定通常被证明是非常重要的。因此，判断在何种情形下科斯定理的条件不能得到满足显得非常重要，这为组织或制度的成长提供了肥沃的土壤，它们取代了市场价格机制来降低市场上交易的无效率。讨价还价无效率构成了解释组织或制度的出发点。

这一推论可以意味着，对于混合所有制来说，在面临困境的情况下，特别是生产要素市场完全时，亏损行业的这些生产要素可以顺利通过市场交易出售，没有任何损失，可以重新进入有利可图的行业中。换言之，在企业产品市场无法实现销售价值，产生亏损的情况下，由于生产要素具有通用性，其再生产的机会成本不会下降，可以重新进行有利可图的投资，因符合完全竞争市场条件，具有完全理性的经济人根据自身利益最大化，会达到双方和谐满意，以实现市场出清，此时生产要素就会随着产品市场价格的变化而自发调节，不会出现任何利益损失，最终必然会实现生产资源的最优配置，进而根据市场价格信号实现资源优化配置。

二、完全竞争市场的假设前提缺陷

在完全竞争市场条件下，我们可以看到斯密"看不见的手"作用，斯密在《国富论》对"看不见的手"的论述："一般地，他确实既不打算促进公共利益，也不知道自己会在多大程度上促进这种利益。……他所考虑的只是自己的利益。但是，在这种场合，像在其他许多场合中一样，他受一只看不见的手的引导去促进一个并非他本意要达到的目的。也并不因为事非出自本意，就对社会有害。他追求自己的利益，却往往使他能够比真心实意要促进时更有效促进社会的利益"。然而，这一理论有严格的假设前提使个人利益与社会利益一致，因而看不到弗勒德和德雷谢尔1950年提出的"囚犯困境"、哈丁1968年提出的"公共地悲剧"和奥尔森1965年提出的"集体行动悖论"（奥斯特罗姆，2000）。那么，我们来看一下完全竞争市场的假设前提的缺陷：

第一，生产要素是同质的，具有完全通用性，没有任何专用性问题。换言之，由于在完全竞争市场上，生产投资资源具有完全通用性，即使发生了不确定性，也不会影响资源价值。在资源或资产流动过程中不会带来任何流动性障碍，即不会发生生产资源沉淀成本，所以可以自由进出市场或产业，从而在市场价格方面实现一价定律，不会出现任何差别定价。由于没有沉淀成本，资源充分流动，即使处于规模经济，实行平均成本定价法，至少可以实现帕累托最优（Baumol et al., 1988），不用担心任何投资错误。

第二，产品和要素市场的信息完全，没有交易成本。由于家庭和企业都了解生产资源的质量、功能和边际产量等，并且假设了解这些信息是免费的，不需要支付任何成本，随时可以获得自己需要的信息，所以，市场上可以实现帕累托最优，不会出现任何潜在利益没有实现的情况。同时，也不会出现因信息不完全或不对称出现的逆向选择和道德风险行为，此时洽谈交易和执行交易都不需要了。

第三，生产要素的私有产权清晰，不会产生任何外部性问题。费雪认为，产权是享有财富的收益并且同时承担与这些收益相关的成本的自由或者所获得的许可，产权不是有形的东西或事情，而是抽象的社会关系，它不是物品。所有权包括以下四个方面：（1）使用资产的权利（使用权）；（2）获得资产收益的权利（收益权）；（3）改变资产形态和实质的权利（处分权）；（4）以双方一致同意的价格把所有或部分由（1）（2）（3）规定的权利转让给他人的权利。既然家庭追求效用最大化，企业追求利润最大化，那么交易双方不会给第三者造成任何影响，不会产生外部性，即私人成本与社会成本一致，私人收益与社会收益一致，从而不会带来资源使用过度或者不足现象（布罗姆利，1996）。

第四，不存在任何自然和人为的垄断因素，可以自由进入和自由退出。由于假设有无数个企业和家庭，任何单个当事人无法控制市场价格，相对于市场需求企业规模是较小的，此时也没有政府干预，所以垄断租金是不存在的，也不存在寻租活动。单个当事人仅仅是市场价格的接受者，依据追求自身最大化利益，按照市场价格进行最优选择，从而实现协调和和谐，不会出现任何利益冲突，此时政府干预无用武之地。

第五，不存在规模经济和固定成本或沉淀成本。正是在规模经济和固定成本情况下，平均成本定价。同时，在固定成本为零或者沉淀成本为零情况下，边际成本定价是可以的。否则，当存在固定成本或沉淀成本的情况下，边际成本定价就会导致企业亏损，甚至是破产。因此，当存在固定成本或沉淀成本的情况下，企业发展就需要改变思维方式，尤其是完全竞争模型，从而走进寡头垄断市场结构模型。

总之，完全竞争市场为我们研究混合所有制提供了一种比较基准或参照系，通过考察其假设前提，我们可以透视出发展混合所有制障碍的原因。由于面临信息不完全、有限理性等，当事人会力求交易成本最小化，从而寻找到最有效率的组织形式，这又隐含组织或制度在完全竞争市场上实现优胜劣汰。然而，这完全忽略了混合所有制所面临的约束条件，即中央计划生产、国有产权和产业结构扭曲这一转型经济现实，特别是在结合西方特定背景下的信息不完全、交易成本、机会主义等因素，使我国发展混合所有制更加困难，难以参与市场经济的发展中来。

进一步说，如果发展混合所有制不考虑不完全市场，那么不仅导致理论错误，甚至政策建议都是错误的，以及由此产生的自由放任政策，会导致发展混合所有制更加困难，甚至出现灾难性后果，造成理论模型与经济现实之间的巨大脱节。就像凯恩斯并不相信所有的经济生活都是不确定性的那样，古典经济学理论对许多市场及其存在的问题具有实用性，如大多数消费品市场、某些特定的企业和行业的定价策略，在这种情况下，我们可以合理地假设更新自我利益的经济主体对市场条件具有充分信息，以达到他们的目标。问题在于古典经济理论一般化到并支配了经济活动的所有范畴，包括所有那些根本无法确定其结果的经济活动。结果古典经济理论过高地估计了市场经济的稳定性，为政策提供了误导的判断。凯恩斯攻击的矛头并没有指向古典经济学本身，而是对它的适用范围和应该性提出了大胆的质疑，正如凯恩斯（2012）所说："显然，如果古典学派的理论只适用于充分就业的情形，那么把它应用于非自愿失业问题上就会一错再错。但是，谁又能否认这个问题的存在呢？古典学派的经济学家，恰似欧几里得几何学家生活在非欧几里得的世界里，当他们发现在日常生活中两条看来是平行的直线会相交时，就要抱怨这两条线为什么直线不直走。在他们看来，直线直行乃是避免二线不幸发生碰撞的唯一办法。然而，事实上除了放弃平行公理，另创非欧几里得学外，别无他途。今日的经济学也需要类似的改造。"[1] 因此，我们需要反思新古典经济学，从而确立不完全市场方法，进一步推进理论创新，更加贴近经济现实。

第二节 交易成本理论

交易成本理论是将财产引入经济分析的重要概念，是用比较制度分析方法研究经济组织制度的理论，并且，这也是西方产权理论的重要基石。交易成本理论的奠基人是科斯、威廉姆森、阿尔钦和德姆塞茨等，他们界定了交易成本，在理论和实际案例的探析上均对交易成本经济学进行了发展与开拓，并将其应用到产业组织、公司治理、公共选择等领域的研究。对交易成本理论的研究有助于认识、理解和发展现代产权理论。在现代社会，企业的交易成本甚至要高于生产成本，因此其具有广泛的应用价值。因此，在推进混合所有制经济发展的进程中，同样不可以忽略改革过程中出现的交易成本。研究交易成本的目的就是通过界定和调整所有权规则，若要有效提升资源配置的效率，则必须要让交易成本大幅度降低。

一、科斯的交易成本理论

交易成本是由著名的英国经济学家罗纳德·哈里·科斯率先提出，这位诺贝尔经济学奖得主的杰出学术贡献是用交易成本揭示了企业的本

---

[1] [英] 凯恩斯. 就业、利息和货币通论 [M]. 宋韵生, 译. 北京: 华夏出版社, 2012: 13.

质。科斯（1937）发表的经典论文——《企业的性质》被认为是交易成本范畴的创立和交易成本理论体系的重要基础。在这篇代表作中，科斯重点对以下两方面进行了探究与分析，其一是企业存在的缘由，其二则是企业边界的问题。当时的其他经济学家们在回答企业产生的原因时，将价格机制看作为经济体制的协调工具，但同时提出也需要特定的计划确保经济体系有序运转。换言之，就是在企业外部，生产情况受市场价格的变动所影响，然而在企业内部，生产则是由企业的高管进行有效的指挥与操控。然而科斯却认为，若企业的生产过程与管理过程均是通过价格机制进行有效调节，即使不存在任何组织，也不会影响生产，那么组织存在的意义何在？科斯指出，价格机制在运行和发挥其作用的过程中是需要花费成本的，也就是市场的运行是存在费用的，为了能使这种费用减少，可以相应地组成一个组织，并且准许某一个权威（可能是"企业家"）来合理高效地配置企业的资源，通过这种办法可以实现降低市场运行成本的目的。根据以上理论，市场运行中成本的存在导致了组织的产生，既然建立企业能够有效节省交易成本，为什么不让企业继续不断扩张直至完全取代市场呢？有关企业的规模问题，在其他条件不变时，科斯提出三个会使企业规模变大的条件：一是当组织成本越低，且随着交易增多但成本上升越慢时，扩大规模会成为企业的目标；二是企业高管所犯下失误的可能性会因为交易量的扩增而降低时，企业也会选择继续扩张；三是当生产要素供给价格会随企业规模的扩大而有下降越低或上升越少的趋势，企业同样会倾向于扩大规模。因此，企业规模的持续扩张会在企业所组织的成本等于在公开市场上完成同比交易的成本时停止，也就是说收益递减问题和要素供给问题决定了企业不可能无限制地扩大，无法完全替代市场的作用。

科斯在《社会成本问题》一文阐释了在经济交易中权利的界定与权利的分配的关键地位（1960），核心思想被归纳成科斯定理。该定理说明了在零交易成本的前提下，不论产权开始是怎样被分配的，参加谈判的两方均能够有效运用市场机制，通过缔结契约，成功找到让每一方利益损失最小化的制度安排，帕累托最优得以实现。但是在现实的经济活动中,基本不会存在交易成本为零的状况,无论在任何领域进行任何活动,都不能避免产生交易成本。科斯进一步指出,当交易成本为正时,产权的界定和安排就对资源配置效率起着至关重要的作用,与此同时,若当经济市场交易存有成本,不一样的产权体制将会产生不一样的成本,资源的有效配置效率自然也就不尽相同。而参与谈判的当事人会通过签订契约抉择出花费相对较少成本的制度安排,制度安排的选择是以它所能带来的生产价值的增加大于它运作所需要的成本而确定的,换言之,权利应当归为能实现社会福利最大化的一方。

二、威廉姆森的交易成本理论

同样,威廉姆森也是交易成本经济学理论的重要奠基人,为推进交易成本经济学的发展做出了巨大贡献。他在科斯的研究基础上拓展了对交易成本的分析,对交易成本产生的原因和交易成本的种类及内涵进行了比较深入的研究。20世纪70年代初期,在威廉姆森发表的文章《生产的纵向一体化:市场失灵的考察》中,他通过对纵向一体化的解释,引出了企业和经济市场的边界(Williamson,1971)。威廉姆森主张交易成本的产生是源于交易内外环境与人性因素互相作用下导致的经济市场的失灵状况。他还指出,市场失灵的重要因素包含了契约的不完备性、专用性投资、由于道德风险和外部性等所导致的战略误传风险、信息处理效应和制度适应问题。其中,由于资产具有专用性可能导致的效率损失与交易成本有关,这是威廉姆森对于交易成本经济学的重要贡献之一,同时有限理性和机会主义也被他强调是出现交易成本的重要原因。

威廉姆森所提出的"交易成本"理论观点是基于契约的理论框架,他把任何一次的经济交易均当作所缔结的一次契约。而威廉姆森通过交易的内涵意义、经济交易的维度、交易的次数以及资产的本质、契约关系进行了多层次多方面的分析与考量,并且通过成本分析的方式进行了整体性的细化。而威廉姆森根据其中的三个关键性特点对经济交易进行了分析：（1）不确定性；（2）交易所发生的总次数；（3）交易过程中专用的投资方式，就该三类维度而言，均会对经济行为产成一连串的影响。由于市场不确定性和信息不完全性问题的存在，签署契约的当事人无法在契约缔结之前看到以后将要发生的事情，因此，为了有效对对方的机会主义行动进行相应的防范，特别是要减少在缔约以后对方利用专用性投资对己方进行敲诈的可能性。因此，参与交易的当事人需要在签署契约之前严谨地考量另一方的情况并约定双方的权利和义务，在这个过程中所支付的高额成本就是威廉姆森界定的"事前交易成本"，这一概念涵盖了起草契约、谈判协商和制定保障契约条款所产生的成本。由于人们的有限理性问题，即使在签约前已经付出很多成本与努力，但也没有办法在一纸契约中将一切可能情况包括进去，这就给缔约后双方可能出现的争议和矛盾埋下了伏笔。在签署了契约书之后，交易当事人还需要通过各种各样的方式来维护契约，也可能出于各种原因对契约进行更新、更换，甚至解除，在这个过程产生的成本被威廉姆森定义为"事后交易成本"，缔约之后的交易成本中主要包含了契约因为未能适应最终所引出的成本、讨价还价的成本以及构建和运行成本和约束成本等。

以交易成本为基础的经济组织决定理论是威廉姆森的另外一个重大贡献，他提出为了最小化交易成本，不同的交易类型应匹配不同的治理方式和治理结构，深层次地探析了各种经济组织问题，使交易成本分析不仅可以用于处理企业与市场的关系，而且可以应用在各个领域，解决其余一系列的组织性的问题，让交易成本经济学在概念上、理论上和实证研究方面实现了重要进展。

三、交易成本的类型

对于交易成本的概念而言，除了是经济体制在运营过程中所花费的成本之外，还包含了创建、维系以及改善制度的基本框架的成本。交易成本通常能够较为分明地被划分成三个类别：其一为市场型交易成本，其二为管理型交易成本，其三为政治型交易成本。

第一种类型是市场型交易成本,科斯(1937)曾经提及:"为了进行市场交易,有必要去发现谁希望进行交易,有必要去告诉人们交易的愿望和方式,以及通过讨价还价的谈判缔结和约,督促契约条款的严格履行等等。"[1] 由此而言,市场型交易成本主要涵盖了为了达成交易的信息和谈判的成本,这两种成本都会给交易带来较大影响。新古典模型的零交易成本正是建立在完全信息的假设上,而这在现实情况中是没办法实现的,市场的不确定性无处不在。对于任意一种产品,没有交易者可以瞬时地、自动地得知有谁同时具备欲望和能力在某种条件下对产品进行购买或者出售。所以要达成交易,首先要做的就是在市场中搜寻愿意与自己进行交易的人,而在此过程中,就必然会产生成本。这些搜寻和信息费用既有可能是直接的支出,比如发布广告、拜访潜在客户等,也有可能是为创造有组织形式的市场,如商业博览会、拍卖会、商品交易所等间接地产生的费用。当然还包括在制作经营方案时调查不同供给者以及竞争对手时所产生的成本,以及买卖双方进行沟通的费用。接下来要达成交易,就要对契约条款形成一致的认识,这就无法避免地产生讨价还价和决策成本,这是交易双方就契约条款协商和谈判必须支付的费用。因为买卖双方的立场往往不同,不同的交易都会在谈判中或多或少存在困难,相应地,就会产生为决策处理信息、聘请顾问以及团队内部达成共识的费用,等等。当契约被签订后,则需要开始履行契约条款并监督其执行,无论是度量交易中有价值的属性,还是保护权利或者履行契约都会出现一系列费用。考虑到此过程中出现的高额成本,签约双方发生违背契约条款的情况就在所难免。

第二种类型是管理型交易成本,也可以理解为组织成本,这种交易成本是在签约后的履行过程中产生的。该种交易成本一方面包含创立、维系或者改革一个组织安排的成本,通常是为创立制度安排所做出的具体化投资,是典型的"固定的"交易成本,正如人力资源的安排、信息技术投入、公共关系管理等。管理型交易成本的另一方面主要是组

---

[1] Coase, R. The Nature of the Firm [J]. Economica, 1937, 4 (16): 386–405.

织在运营中所花费的成本，比如信息费用或者有形产品和服务在可分的技术界面之间转移而产生的有关的费用——例如企业内的运输成本。交易的次数和规模会对以上的两种成本产生影响，可见组织在运行过程中产生的成本往往是"可变的"交易成本。管理型交易成本在会计核算中的重要性在不断增加，因为这种成本对现代工业来说具有严重影响，制造业的间接成本是企业控制管理型交易成本的关键。

第三种类型是政治型交易成本，既然能够达成市场交易，那应当是在良好的政治环境下进行的，这就必定要有一个和经济市场秩序能够达成一致性的体制机制，与此同时，这也表明了存有一个特别的地方性、全国性以及全球性的正式社区组织。这种组织和跟其相关联的公共产品的供给都需要花费成本，这种为构建良好政治环境的成本就被称为政治型交易成本。该成本和管理型交易成本较为相似的是，包含了创立、维系以及变革一个制度安排中非正式和正式的政治组织成本和运行成本。

四、交易成本的理论模型

与其他经济学相比，当今的新制度经济学界更接近于实际，是由于它一直坚持交易成本的存在，因为人们不是"完全知识"或"完全信息"的，在进行经济活动时，获取信息的费用是高昂的，人们做出的决策总要受到有限理性和信息不完全的影响和约束，这些新条件定义的一般均衡模型显然使人们不可能像新古典理论所设想的在交易成本为零的情况下进行经济活动。

除了交易型企业，交易活动同样可以被整合到生产型企业中去，或者是消费者的家庭中。从量的角度来看，可以通过从企业实现的最大总产出（在给定的生产技术下）减去相应的交易成本来估计。这样，净产出曲线就位于总产出曲线以下。如图 1-1 所示，Y 代表马铃薯的产出，Z 代表种子的投入。生产者的传统最优化考虑现在就与净产出函数有关了。从图形可以看出，生产者如果只生产 OA 单位的产品是无法满足 OB 单位的销售数量的，也就是说，为了能够实现 OB 单位的马铃薯供应，生产者必须要生产出 OE 单位的产品。F^+ 曲线可以被看作净产出曲线，即总产出曲线减去交易成本。当存在交易成本时，净产出曲线 F^+ 必然始终位于总产出曲线以下。在每单位投入的地方，净产出曲线的斜率，即净边际生产率，要比相应的总边际生产率小。

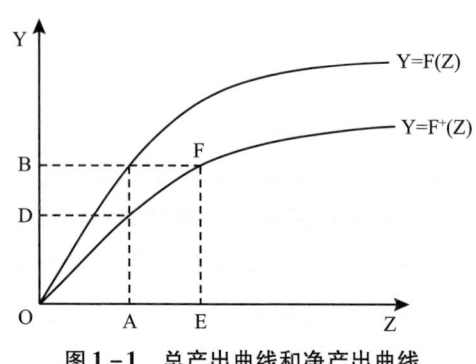

图 1-1　总产出曲线和净产出曲线

通常可知，在当今特定的科学技术的水准下，社会经济活动合作成功的概率越低，净产出曲线函数将低于总产出曲线，且差距越来越大。甚至在极端的情况下，过高的交易成本可能会阻止交易的发生，出现"市场失灵"。于是，人们会转而向组织安排求助，可能是私人企业也可能是政府，组织问题就变得非常重要。由此可见，当一国的制度政策出现问题时，哪怕技术水平再高，也难免会造成经济上无效率的局面。因此，要推动一个国家的经济发展，仅仅是注重生产技术的发展是远远不够的，组织技术的发展不容忽略。如果现行的制度、立法无法与当期的技术知识水平相匹配，即使不会直接带来成本，但也很有可能会抵消由于技术进步所带来的生产率的提高，这将和生产技术上没有产品研发和创新的结果是一样的。换言之，改变经济停滞局面的思路不应局限在大力发展科学技术上，制定高效的、合理的体制政策能够为创立或者重新创立一种更加有效的市场经济降低交易成本，制度上的变革显得尤为重要。

第三节 不完全契约理论

正式探究不完全契约理论的学者是格罗斯曼、哈特和莫尔等,他们一起发展完善了不完全契约和新产权理论,所以该理论也叫作"格罗斯曼-哈特-莫尔"模型(Grossman - Hart - Moore,GHM模型)。GHM模型直接继承科斯、威廉姆森等开创的交易成本理论,并对完全契约进行了批判,尤其质疑产权中性命题。科斯定理的一个重要前提就是在完全竞争市场的环境下,市场的交易成本为零,也就是契约是完全的,那么即使无论信息多么复杂,契约也能涵盖所有可能性,在这种情况下,企业的治理结构选择或者产权结构是无关紧要的。无论是国有企业、私有企业还是混合所有制企业均能实现帕累托最优。然而,由于市场的不确定性、信息的不完全性和人们的有限理性,契约通常是不完全的,进行专用性投资,会相应产生一系列激励与协调不完全的问题,所以产权——剩余所有权和剩余控制权极为重要,是应对契约失灵的一种制度安排。从不完全契约角度分析混合所有制改革的必要性和路径,可为改革提供重要的思路。

一、不完全契约的产生原因

在新古典的一般均衡交易模型中,所有的契约都是价格与数量的交易,这种交易能够在有秩序、不混乱、没有干扰的情况下顺利进行和完成。并且每一份契约都是市场供求关系的均衡点,每一分契约均能被严格地执行,契约都是完备的。一个完备的契约需要清晰地、详尽地列明在契约履行期间出现不可预测事件时,契约的每个当事人在相对应情况下的权利、义务以及风险分担等情形,同时能够有效约束当事者的履约方式以确保契约目标的实现。在完全契约中,每个人都是完全理性的,能够预测未来可能发生的事件,并且有能力将两方都同意的解决方案写于契约中,与此同时,在契约生效后,全部当事人均需自愿遵循契约上的各项条款,在发生纠纷时,第三者能够强制执行契约条款。然而,人们在经济活动中签订的契约往往是不完全的,也就是没有办法缔结一个十全十美的契约。

不完全契约的产生主要有以下几个原因:第一,完全理性决策理论是一种理想模式,人是有限理性的。人的计算力、想象力和设计能力等是有限的,掌握的知识也无法面面俱到,因此签订契约的当事人不可能掌握全部信息,更不可能将所有备选方案列在契约之中。既然是有限理性,那么就无法做出最优决策,在现实生活中,决策者往往最终选择的是次优决策。在图1-2中,信息的完备程度用X轴来表示,Y轴表示预期效果,最优决策下的预期效果用垂直的虚线来表示,次优的预期效果用曲线函数E来表示。图1-2表明,依据有限理性,最优决策和次优决策之间必然存在差距,这种差距主要取决于信息的完备程度,而随着信息完备程度的提升,契约当事者掌控信息资源随之增加,其做出的决策将越来越趋近于理想的最优决策效果。

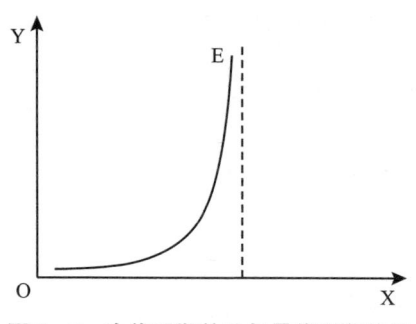

图1-2 次优预期效果与最优预期效果

图1-3表示了社会实际效果与最优决策效果,X轴代表次优预期效果,Y轴表示实际效果,虚线代表最优决策下的预期效果。如图1-3所示,当次优决策不断接近最优决策时,次优决策效果会随之增加,就会使实际产生的社会效果逐渐趋近于最优决策预期效果,差距越来越

小。所以,根据有限理论的模型,尽管决策者渴望理性,但也能接受有限理性的现实,在决策中也不执着于最优标准,真正达成的往往是"满意"标准。

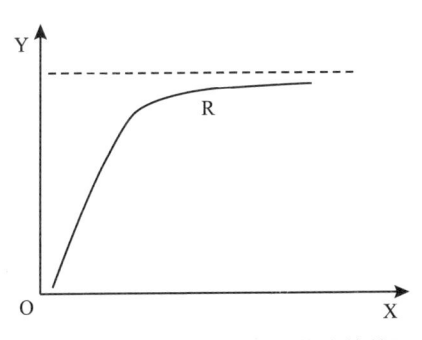

图 1-3　社会实际效果与最优决策效果

第二,契约不完全与交易成本有着密切关系。在交易成本为零的前提条件下的缔约过程中,收集信息、协商谈判以及契约签订后的监督和执行都是不产生费用的。决策人能够将所有意外情况都详尽地列入契约条款,并对每一种意外情况的解决措施也做出相应安排,因此就防止了一切事后纠纷。然而,这与实际情况是不相符的,在当时的经济社会活动中,契约的当事人是契约人,其参与的交易活动要通过契约来完成,而任何契约的签订和履行都是需要付出成本的。由于有限理性和机会主义的存在,契约的当事人在交易过程中设计一份复杂的契约所需要的成本是非常昂贵的,因此也未曾有办法预见可能发生的各种情形,与此同时,有些事件在事前未能被充分考虑,这会变成事后成本的一部分。若出现关系重大的事件,甚至可能会导致契约的重新谈判和重新签署。虽然不能准确预测未来的可能性事件,但可以肯定的是当事人会预期到将来一定会出现某些没有设想到的偶发事件,但如果在最初的契约中增加相应条款,就会增加契约成本。既然无法实现完全契约,契约的当事人宁愿选择理性地漏掉一些可能意外事件也不愿浪费更多成本将大量具体的不太可能发生的事件包含在契约条款中。此外,契约的执行同样是会产生费用的,尤其是发生意外事件后,契约双方当事人出现纠纷时,需要第三者来裁决的契约会花费更高的成本。所以,能够表明交易成本的存在也是契约不完备的影响因素。

第三,契约不完全的另外一个因素是信息不对称。在当今的经济生活中,各类人员对有关信息的掌握是有差异的,所谓信息不对称是指契约一方当事人持有一些其他方所无法了解并验证的信息或知识。在契约的签订和履行过程中,掌握信息更充分的一方当事人,总是处于较为优越的位置上。市场信号虽然在一定程度可以弥补信息不对称的问题,但在市场经济活动中完全消除信息不对称是不可能的。交易成本的存在也和信息不对称有关,正因为这种客观情况,具有机会主义倾向的契约当事人会利用信息优势尽量逃避风险,将交易成本转移到其他当事人身上。

第四,语言运用的模糊性也会让契约变得无法完备。语言的意义可能会因为语境的不同而出现不同的解释,一个契约有时会因为语言表达模棱两可或者不清晰而导致条款内容出现歧义。语言往往只能对事件、实际情况等进行一般性的陈述和总结,但是不能够准确地进行描述与阐释,也就是说语言对所有复杂事件的表述都可能是模棱两可的。在整个契约书中,如果把未来可能的事件和有关条款所适用的语言环境都表述清楚,这就需要给实际的环境划定更多的边界,然而这将会产生更多的问题。由此可见,因为语言在使用中呈现出了模棱两可的问题,但如果为此而细化契约中的条款也可能会引起契约履行中的更多异议。因此,语言使用的模糊性也是造成契约的不完全性的重要原因。

二、不完全契约理论的两个分支

不完全契约理论有两个重要分支:一支是交易成本经济学,以威廉姆森为主要代表人物,该理论学派主张在契约不完全的情况下,通过比较各种不同的治理结构来选择一种最能节约事前交易成本和事后交易成本的制度,被称为交易成本学派;另一支是新产权学派,代表人物是哈特,他指出核心问题是要建立一种有效机制以保护事前的投资激励。

交易成本经济学通过引入交易的不确定性、交易频率和资产专用性三个维度度量交易成本,用以区分不同性质的交易。第一个交易的维度是交易的不确定性,人们在经济活动中做出决策的结果可能有很多种,交易的结果就会出现很多可能性。交易的不确定性产生的影响和约束作用在不同的交易中是不尽相同的,所以,人们会以低交易成本作为挑选交易协调方式的重要标准。第二个交易的维度是资产专用性,资产专用性和沉没成本两者之间的概念密切相关,描述的情况是当一些资源被指定用于某种用途,就难以被再次用于他处;或者在改做其他用途时会导致价值降低甚至变得毫无价值。常见的资产专用性类型有以下几种:物质资本专用性、场地或区位专用性、人力资本专用性、特定资产专用性、品牌资产和时间专用性。如果交易中出现了专用性投资,那契约的连续性就会变得格外重要。若双方中的任何一方当事人投入了专用性资产或专用性生产要素,一旦另一方当事人因机会主义而停止对契约的履行,投资一方必定会因此遭受巨大损失。由此而言,资产专用性的程度直接影响交易两方的依赖程度,需要协调的问题也会相应变化。交易发生的频率是交易的第三个维度。虽然一切交易协作方式的确定与运行均会产生一定的成本,但是成本被收益抵消的情况和交易发生的次数有关。一次性的交易中,为达成交易出现的费用不容易被抵消,但为建立和运行交易的费用在多次重复的交易中会有更大机会得到弥补,可见,交易的相对成本和交易的频率往往呈负相关。

哈特(Hart,1995)和威廉姆森(Williamson,1979)曾经对所有权下过定义,包含两层意思:一层意思是所有权意味着某项财产的所有者可以拥有剩余索取权。由于所有者可以从财产收益中得到额外的收入,因此他将会更加有效地利用它们,从而将全部剩余归财产所有者占有;另一层意思是在剩余索取权之外,所有者还拥有所谓的剩余控制权,也就是说,他拥有决定财产该如何使用的最终权力。在诺思的国家理论中,实际上引入了信息不对称和不完全因素,或者其他认知方面的问题,导致国家并不能完全按照自己的意志来界定产权。

在巴泽尔（Barzel，1997）看来，由于不完全产权的存在，对产权相关的资产的价值认识不清，导致产权界定过程中出现了一些"公共地带"，其价值的分配并不能通过最初的契约来加以解决，而只能通过契约实施过程中出现的情况有针对性地再谈判来解决。这种"公共地带"在协作中表现得最为明显。阿尔钦和德姆塞茨（Alchain & Demsetz，1972）发现，企业的最大特征是联合生产问题，当生产函数不可分割时，就可能出现当事人的偷懒现象，即当事人通过降低自身劳动来扩大对"公共地带"的占有。此时需要一个监督人来监督偷懒行为，但监督人同样面临偷懒问题，所以，阿尔钦和德姆塞茨认为，只有赋予监督人剩余索取权，才可以解决这个问题。这篇论文不仅论证了产权的激励作用，也同时揭示了企业的起源，就是说，企业是作为一种监督机制存在的。

与科斯不同，阿尔钦等认为企业与市场没有本质的区别，它们都不过是规制交易背后的产权的契约形式。张五常（1983）更明确地指出，企业仅仅使用要素市场替代了产品市场，或者说因定价机制的成本的约束，要素定价转到企业内部进行，所以，企业是对要素定价的间接机制，其目的是节约市场的交易成本。一般认为，交易成本分为两个部分：事前的交易成本，包括起草、谈判、和维护一项协议的成本；事后的交易成本，包括交易偏离预期的不适应成本，纠纷带来的摩擦成本以及解决纠纷的成本，为治理交易而建立起来的管理机构的成本，保障契约安全的抵押成本（迪屈奇，1994）。经过阿尔钦等的努力，科斯的企业替代市场是节约交易成本的观点被进一步表述成一种契约对另一种契约的替代，因此，制度的选择就表现为不同契约形式的选择，当一种契约的边际交易成本和另一种契约的边际交易成本相等时，契约均衡实现了，社会选择了最优的契约组合，它构成了作为整体的制度体系。

契约的签订和实施都面临成本的约束，契约条款尽管可以弱化代理人的逆向选择和道德风险行为，但不能完全约束它们，所以，契约在执行过程中总是存在违约的风险。对一份契约来说，要满足稳定性的均衡条件，必须获得一个有效的解决纠纷的附加机制，这个机制就是法庭和各种仲裁机构。当事人之间发生纠纷、无法自动解决时，要求助于外在的第三方，这个第三方可以代表所有当事人的意愿，中立地裁决当事人的利益矛盾。至此，契约经济学从产权和契约着手，揭示了政府的起源和功能。市场经济的运行是以交易为基本活动单位的，交易通过契约来界定当事人的产权，由于契约的签订、执行和纠纷的解决过程中面临交易成本的约束，当事人自身可能无法确保交易结果的有效性，所以需要一个外在机制——政府——来协调当事人的利益关系。

问题在于，外在的第三方能否有能力保证交易结果满足帕累托效率条件？哈特、格罗斯曼和莫尔等表示异议，他们认为，第三方在协调时同样面临交易成本的约束，这种交易成本主要表现为证实成本。也就是说，协调的效果取决于第三方获得证据的能力，但是，获取证据本身是有成本的，比如鉴别当事人提供的证据的真伪要消耗资源；即使能够获取足够的证据，第三方是否有能力利用这些证据来解决纠纷也是不确定的，对于较大规模的机构更是如此，政府的运行效率和政治交易成本的约束直接相关。如果契约的纠纷不能完全通过外在的第三方来解决，就要求有一个契约的自我实施机制，它包括两个部分，一是交易者可以通过中止交易来威胁对方；二是市场形成的声誉机制。但是，自我实施机制是有条件的，中止契约的威胁的有效性取决于对方投资的沉淀成本的大小，只有当对方投资的沉淀成本较大时，威胁才有效，这种情况被威廉姆森称为资产专用性。市场的约束力取决于市场的发育程度，只有当市场可能准确发送代理人的违约信息时，代理人违约才会影响到其预期收益。

以上分析可见，契约实际上是不完全的，主要原因大致可以归为五类：（1）一个契约有时因为语句不清导致模糊地带的出现；（2）当事人可能因为疏忽而没有就有关事项订立相应的条款；（3）当事人订立一个条款解决某一特定事项时，可能收益小于成本；（4）当事人的信息不完全和不对称；（5）至少市场的一方是异质的。给定契约的不完全性条件，当事人可能有意让契约出现模糊地带，以节约交易成本。如果出现纠纷,当事人可以通过再谈判的形式来解决,这就可能以一组短期契约来替代长期交易关系,只要再谈判的成本现值低于完备契约所带来的交易成本现值。在市场完善的前提下,这个条件可以得到满足(Fudenberg et al., 1990)。

(一) 交易成本经济学的不完全契约模型

威廉姆森为不完全契约建立了分析模型,在模型中,K 表示交易中资产专用性的程度。在资产通用性的环境中,$K=0$;在存在资产专用性的情况下,$K>0$。在后一种情形中,契约的一方进行了专用性投资,若整个交易一旦被终止,则投资一方必定要承担较大的损失。因此,为了降低给投资方带来的风险,契约当事人在进行专用性投资的同时会设计保障机制用以维护契约关系中专用性资产的价值。保障体制主要包含创建契约的赔偿准则、创设交易过程中的契约调节机制、编制交易过程中的限定性条款。而在模型内部,该种保障体制的强弱性是用字母 S 来代替,若当 $S=0$ 之时,其主要的含义是未曾在契约中创建保障体制;$S>0$ 表示在契约关系中建立了以上的保障机制。资产专用性 K、保障机制 S 再加上交易中的价格 P 就构成了交易中的契约关系模型。

如图 1-4 所示,当 $K=0$ 时,契约双方均未进行专用性投资,在理想的完全竞争市场下可以自由地选择其他的交易对象,而交易的两方均是自愿进行交易、互相独立的、同时未曾存在任何依赖关系。这种交易往往是一次性完成的,并不需要创建任何保障的体制。当 $K>0$,$S=0$ 时,卖方在契约中进行了专用性投资,产生了专用性资产,却没有建立契约保障机制,一旦交易对方由于机会主义而终止契约,投资方将蒙受重大损失。所以卖方为了降低风险、维护资产价值,会选择把产品的价格定在较高的水平 P_0 上,这无疑会增加买方的成本。当 $K>0$ 且 $S>0$ 时,契约中出现了专用性资产,同时也建立了保障机制,能够有效地协调契约中的纠纷,也会相应地降低交易价格:$P_0>P_2$。这个不完全契约模型揭示了交易中的技术选择、经济组织和市场价格三者之间的相互关系。

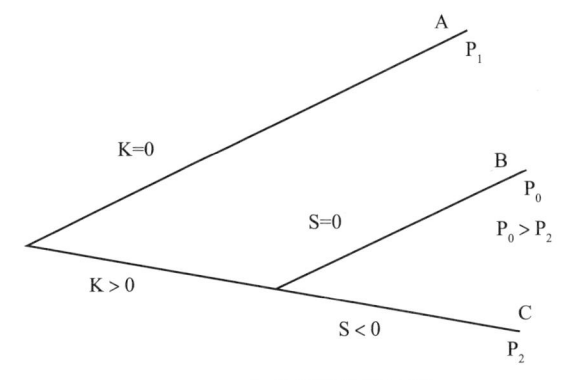

```
                    A
                    P₁
        K=0

                    B
                    P₀
        S=0
                    P₀ > P₂
        K > 0
                S < 0
                    C
                    P₂
```

图1-4　多种契约选择计划

根据多种契约选择计划，可以得出威廉姆森的基本命题，而参与交易的当事人均要依据这三个维度来区别不同性质的各种交易，而且对于不同性质的交易契约需要构建出不同的治理结构，并且对各种治理结构下产生的交易成本进行比较，最后，挑选出耗费最少交易成本的交易协调机制。

（二）产权理论的不完全契约模型

格罗斯曼-哈特-莫尔的不完全契约模型凭借其较强的解释能力和广泛应用，被认为是不完全契约与产权理论的企业理论模型的标准范式。GHM除了承袭了交易成本的理论之外，同时也对其进行了批判和发展。交易成本理论未能回答市场契约不能解决激励问题的原因，也没有强调纵向一体化的成本问题，因此对于企业的本质和边界无法更清楚地论述。GHM模型所提及的"兼并"也同样会出现费用，他们从区分特定控制权和剩余控制权入手，把特定控制权界定为契约中明确指定的财产控制权，而把契约未指定的权利界定为剩余控制权，并且把后者进一步界定为对企业的"所有权"，即企业财产所有者对企业有所有权。委托—代理理论也被称为（完全）契约理论，GHM认为委托—代理理论遗漏了一项重要因素，那就是签订契约的成本，GHM认为用市场的不确定性和信息的不完全性会导致投资和收益不可预知，契约也是不完全的，需要用剩余控制权解释企业的所有权。总体而言，GHM 模型的主要贡献是：区分剩余收入权和剩余控制权；为交易成本理论提供了一个正式而规范的分析模型；指明了兼并也存在成本，以至于让企业边界的界限更加清晰；为规范化分析所有权结构提供了有效工具。

依据 GHM 模型能够得到的所有权结构主要包含以下几种情况：在有唯一投资方的情况下，让投资方掌握所有资产是最佳的产权配置；在交易双方投入了同样重要的资产时，让其拥有各自资产的安排就是合理的；在其中一方投入的资产价值更大时，那么由这一方一体化另外一方就是更有效率的组织形式；若两项投资是严格互补的，这些资产就应当被同时控制；若投入的两项资产是独立的、互不依赖的，则这些资产可以被不同所有者掌握等。但是，GHM 也存在缺陷，正如哈特和莫尔（Hart & Moore，2008）所总结的：第一，该模型过分地强调了事前投资在企业一体化的作用；第二，此模型有一个关于事后效率的假设，即再谈判无成本，但实际情况都和模型的理想假设不符：一方面现实情况中存在权威、授权、科层等问题；另一方面，在规模较大的组织中所有权和经营权是相分离的。所以，这个模型也未能为不完全契约的假设给出一个稳健的基础。

第四节　委托—代理理论

企业的委托—代理关系起源于企业的所有权与控制权的分离。伯利和米恩斯（Berle & Means，1932）通过研究指出大型现代公司中出现了一种普遍现象，即所有权与控制权的分离，股东和经营者形成委托—代理关系且两者存在利益冲突。大约在 1970 年以后，越来越多的学者开始深层次地探究企业内部信息不对称问题与激励问题。进一步发展出委托—代理理论和理论模型。他们的主要观点是：随着专业化分工的进一步细化和发展，规模化大生产越来越多，权利的所有者逐渐由于精力有限或者掌握的知识与技能有限而无法履行其原本的权责。但与此同时，也涌现了一些掌握专门知识与科学技能的代理人可以代为行使所有者原有的权利。詹森和麦克林（Jensen & Meckling, 1976）将这种由于所有权与控制权分离出现的所有者和控制者的关系定义为委托—代理关系，并将其定义为一种契约：某个人或一些人（委托人）聘用其他人（代理人）代表自己来行使某些权利。而在委托—代理的关系中，因为委托人员最终的目标是达到企业经济利润的最大化，但代理人主要追求货币收益、权力、声望或职业发展等个人利益，即两者不一致的效用函数必然产生利益冲突。当两者利益出现矛盾时，代理人很可能会牺牲股东利益为自己牟利，比如为提高个人收入而偏重短期业绩，不顾企业长期经营风险，这些做法会使委托人蒙受损失。只有代理人也以委托人的收益增加为个人目标时，组织才能够实现利益最大化，但问题是在组织内部，信息不对称现象是很常见的，委托人无法直接监督代理人的活动，只能通过观察一些其他的变量来推测代理人的行为，于是就有可能出现所谓的"隐藏行动"或者道德风险。在委托—代理的关系中，代理人行使经营和管理权责，掌握企业运营状态的第一手信息，而委托人对其代理人在履行职责中付出的努力程度和其行动是否确实有助于组织盈利却很难知晓，极易出现机会主义行为。所以委托人的主要任务就是要通过使用可观测的变量对代理人进行监督或激励来达到实现企业利益的目的，委托—代理理论就是通过数学模型研究在信息不对称和利益冲突情况下，委托人如何设计有效的契约对代理人进行激励，使委托—代理双方通过相互博弈达到一种均衡状态。

　　根据委托—代理理论，有效的制度设计应该重点考虑激励与协调问题。第一，激励方面，主要指通过契约的确立，保证委托人的利益最大化。如果股东能够掌握经理管理活动的全部信息，他们就能设计出有效的契约来规定和监督企业每时每刻应采取的管理活动。但实际上股东很难知道经理即将采取的具体做法，所以在企业所有权和控制权相分离和信息不对称的情况下，通常认为向代理人赋予一定的剩余所有权可以起到重要的激励作用，比如以业绩为基础的奖金和工资调整，或者让代理人的财富随着企业价值的变动而变动，即让具有资产专用性的人力资源持有一部分公司股份。同时,非货币报酬也能在一定程度上提供激励作用,权力、地位和荣誉等非货币奖励也是影响经理人的重要激励源,当这些奖励与企业的声望和地位直接关联时,就自然会促使经理站在股东利益的立场进行决策。外部力量的激励作用也不容忽视,产品市场上的竞争让经营不善的企业没有生存空间,从而约束经理人员;管理人才市场的竞争会让经理人员有随时被替代的危机意识;公司控制权市场上的竞争,会让经理警惕收购兼并后可能的降职甚至失业,从而更加敬业为公司谋得利益。第二,协调方面,应当对利益相关者进行科学分类,对其不同的利益诉求都做到足够的重视并尽量满足。因为每一类利益相关者在组织发展中的参与程度不同,贡献度也不尽相同,所以他们的利益诉求也存在差异,甚至有时候会因为利益分配问题出现矛盾。在企业经营出现困难或者经历变革时期,这种利益冲突会更加明显,若企业不能及时有效地平衡各相关利益者之间的利益,调和他们之间的矛盾,这个状况会进一步恶化。利益相关者公司治理的协调原理强调注重所有的利益相关者之间的利益协调,而不是过分关注某个主体的利益诉求。这就需要在公司治理安排中,既做到实现股东利益,同时又做好股东大会、董事会和经理层之间的制衡工作,在其利益诉求出现冲突的时候及时进行调节。

第五节 博弈论与市场结构理论

博弈论是经济学的标准分析工具之一,用于描述和分析多个参与者做出决策的情形,每一方在决策时都考虑其他各方的行为。博弈论是为适应社会科学的需要而发展起来的,用于系统地分析多方参与的情形,它的重要假设就是参与者具有自利的目的并同时预测其他参与者的行为,这为分析、预测和管理社会情形提供了重要的工具,也同样是分析混合所有制改革的有效工具。

博弈是参与人从各自的动机出发而呈现相互作用的状态,将博弈过程与经济过程相比较,著名经济学家诺思认为制度是博弈的规则,其中既有正式规则,也有非正式规则。诺思的观点可以归纳如下:所谓制度的均衡是在一定的前提条件下,当前的制度安排无论怎样变化都不会让任何个人或者团队获得额外的收益(戴维斯和诺思,2014)。制度的均衡包括制度安排的均衡和制度结构的均衡。制度的均衡状态是某个特定制度的供给与需求充分匹配,使整个制度处于相对静止的情形。制度结构均衡是指在社会中存在不同的制度安排,但各种制度之间没有冲突,和平共处,也处于相对静止的状态。由于制度安排和制度结构的主要作用是协调社会各群体之间的利益关系,但不同社会群体的利益诉求通常是不尽相同的,更严重的是有些是互斥的、对立的,若要达到体制均衡的目标,这也是有一定困难的,所以非均衡的制度安排和制度结构在当今社会中是常见的。如果制度处于非均衡状态,那就意味着此时人们认为当前的体制结构不够合理,试图推行体制改革然而又尚未采取行动,抑或是和当前的体制安排相比,有其他更理想的制度安排形式可能给社会带来更多的收益,这种新的盈利机会同时意味着会产生新的潜在制度需求和潜在制度供给。

市场规模的变迁、技术的变革、偏好变化或其他随机因素的冲击都可能会打破制度原有的均衡状态,初期体制结构下的收益总量和分配方式也会相应产生变化,非均衡状态也就随之出现了。但是,非均衡并不一定会导致制度更迭,原因是还有其他很多因素会影响新制度的供给,其中尤为关键的是不同社会主体的博弈过程。制度革新能否成功取决于社会主体之间的博弈结果,在制度变革的过程中,涉及的社会主体众多,当中的博弈过程更是庞杂、烦琐,新旧制度的支持者之间存在博弈,新制度的提供者和需求者之间存在博弈,新制度的需求者之间存在博弈,新制度的供给者之间同样也存在博弈。制度变迁的过程是复杂的,在新的制度安排下,有可能所有博弈主体的收益都大于从前,也有可能部分主体收益的增加是建立在其他主体收益减少的基础上,利益调整方式既有帕累托改进也有卡尔多改进。后者由于部分主体的利益受到损害,博弈过程会更为激烈,制度变迁也会更加困难。很多转轨国家在制度变迁中都会出现一种现象，就是制度转轨初期一般是帕累托改进，计划经济向市场经济的过渡带来了更多的社会总福利，改革进程也较快，但是到改革中后期，有一些既得利益者会利益受损，制度变迁成了卡尔多（Kaldor）改进，改革进程也会因此减缓。

市场结构是构成一定系统的诸要素之间的内在联系方式及其特征。在产业经济学中，产业的市场结构是指企业市场关系（交易关系、竞争关系、合作关系）的特征和形式。它反映市场竞争和垄断关系的概念，也是决定市场的价格形成方式，从而决定产业组织的竞争性质的基本因素。一般说来，划分一个行业属于什么类型的市场结构，主要依据有以下三个方面：第一，行业内部的生产者数目或企业数目。如果行业就一家企业，那就可以划分为完全垄断市场；如果只有少数几家大企业，那就属于寡头垄断市场；如果企业数目很多，则可以划入完全竞争市场或垄断竞争市场。一个行业内企业数目越多，其竞争程度就越激烈；反之，一个行业内企业数目越少，其垄断程度就越高。第二，行业内各企业生产者的产品差别程度。这是区分垄断竞争市场和完全竞争市场的主要方式。第三，进入障碍的大小。所谓进入障碍，是指一个新的企业要进入某一行业所遇到的阻力，也可以说是资源流动的难易程度。一个行业的进入障碍越小，其竞争程度越高；反之，一个行业的进入障碍越大，其垄断程度就越高。因此，根据这三个方面因素的不同特点，可以将市场划分为完全竞争市场、垄断竞争市场、寡头垄断市场和完全垄断市场四种市场类型。其中，完全竞争市场竞争最为充分，完全垄断市场不存在竞争，垄断竞争和寡头垄断具有竞争但竞争又不够充分，也是企业间博弈战略的重要场所。

第六节　制度变迁与路径依赖理论

制度变迁理论是新制度经济学的一个重要内容，更多类似于旧制度经济学或奥地利学派。其代表人物是诺思，他强调，技术的革新固然为经济增长注入了活力，但人们如果没有制度创新和制度变迁的冲动，并通过一系列制度（包括产权制度、法律制度等）构建把技术创新的成果巩固下来，那么人类社会长期经济增长和社会发展是不可设想的。总之，诺思认为，在决定一个国家经济增长和社会发展方面，制度具有决定性的作用。

在诺思看来，制度是一个社会的规则，它构造出了人们在社会、政治或经济方面发生交易的激励结构，制度变迁决定了社会演化的方式。制度的作用是显而易见的，由于日常生活中的人们面临各种不确定性，带来相互交易的困难，因此，需要一些制度来形成稳定的结构，以弱化环境的不确定性，降低交易成本。最典型的例子之一是行车规则，每一个国家或地区均规定驾驶汽车必须朝右或左行驶，无论朝何种方向，只要有确定的制度对该区域的行车路线加以统一和规范，就会形成行车秩序，避免缺乏该制度时驾车者面对不确定性所引致的损害（诺思，2008）。

为了更好地分析制度变迁问题，诺思（2008）从三个重要维度区分了我们通常所理解的模糊的制度范畴：第一，从制度产生的方式看，可分为人造的制度（如宪法等）和演化的制度（如习惯法等）；第二，从制度存在的形式看，可分为正式制度（如法律、政治制度等）和非正式制度（如习俗、行为准则等）；第三，从制度运行层面上看，可分为制度本身和组织，前者是游戏规则本身，后者是在前者约束下有目的创立的具体结构，如政治团体、经济团体、社会团体和教育团体等。

诺思把制度选择的决定因素归结为三类：行动者的动机（其效用函数）、环境的复杂性（特别是根本不确定性）、行动者辨识和安排环境（衡量和实施）能力。在诺思的制度变迁模型中，行动者是有限理性的，面对不确定的复杂的环境约束，进行效用最大化的决策，其决策标准就是交易成本最小。诺思把交易分为人格化交易、非人格化交易和由第三方来实施的非人际交换三类，这三类交易分别涉及正式规则和非正式规则的作用，围绕交易的演变，制度变迁分别表现为两种规则的演化（North，1990）。

给定上述核心思想，诺思假定从事制度变迁的当事人都是企业家（或者准确地说是制度企业家），当技术进步、要素价格比率变化或者信息成本变化导致了相对价格变化，就产生了潜在的盈利机会，企业家为了捕捉这种机会，需要获取相应的知识，获取知识的过程体现为可观察的衡量成本和实施成本的变化过程，以及围绕契约签订和执行进行改变或重新谈判所产生的可观察损益的变化过程。如果企业家的偏好发生变化，上述知识获取过程仍然会出现。当盈利机会出现或偏好改变时，企业家就有动力从事一项新的交易或改变原有的旧交易，但是，任何交易总是在一定规则下进行的，在改变的动力出现时，原有的规则就可能不适应新的交易，企业家需要通过谈判等建立新的规则来适应新交易。新规则的建立过程就是企业家获取知识的过程，企业家既可能通过正式规则的设计来提炼和规范交流知识，也可能通过学习、创新和模仿等行为来适应环境，从而演化出正式规则和非正式规则。

1937年科斯开创了新制度经济学革命，使经济学从零交易成本的新古典世界走向正交易成本的现实世界，从而获得了对现实世界关于制度的强有力解释，在经济学上发生一场类似于凯恩斯宏观经济学的革命。经过威廉姆森、诺思等的发挥和传播，交易成本理论已经成为新制度经济学中极富扩张力的理论框架。引入交易成本进行各种经济学的分析是新制度经济学对经济学理论的一个重要贡献。目前，正交易成本及其相关假定已经构成了可能替代新古典环境的新制度环境，正在影响许多经济学家的思维和信念。

路径依赖最早是用来解释技术演变过程的，但诺思在阐述经济制度的演化时使这一原理声名远扬。路径依赖是指一种制度一旦形成，不管是否有效，都会在一定时期内持续存在并影响其后的制度选择，就好像进入一种特定的"路径"，制度变迁只能按照这种路径走下去。路径依赖有不同的方向。一种情况是某种初始制度选定后，具有报酬递增的效果，促进了经济的发展，其他相关制度安排向同方向配合，导致有利于经济增长的进一步的制度变迁，这是一种良性的路径依赖。另一种情况是某种制度演变的轨迹形成后，初始制度的效率降低，甚至开始阻碍生产活动，那些与这种制度共荣的组织为了自己的既得利益而尽力维护它。此时社会就会陷入无效率制度，进入"锁定"状态，这是一种恶性的路径依赖。也就是说，初始条件选择对后续选择是极为重要的，不能够随意的改变，究其原因恰恰是因为交易成本过大所致。对组织而言，一种制度形成以后，会给这个集团形成一种既得利益，他们对制度就会有强烈的要求，进而巩固和强化现有制度，即使有新的更有效的制度他们也只会保守地忠于现有制度。对个人而言，一旦选择了目标就会投入大量的财力、物力、精力、时间，如果哪天发现自己选择的道路不合适也不会轻易改变，因为一旦改变就会使前期的巨大投入变得一文不值。经济学上称之为"沉淀成本"。诺思从制度角度解释为什么所有国家没有走同样的发展道路，为什么有的国家长期陷入不发达，总是走不出经济落后制度低效的怪圈等问题。诺思通过成功与失败案例考察了西方近代经济史后，认为一个国家在经济发展的历程中，制度变迁存在着"路径依赖"现象（诺思，2008）。一旦人们做了某种选择，就好比走上了一条不归之路，惯性的力量会使这一选择不断自我强化，并无法轻易走出。"路径依赖"理论被总结出来之后，人们把它广泛应用在选择和习惯的各个方面。在一定程度上，人们的一切选择都会受到路径依赖的可怕影响，人们过去做出的选择决定了他们现在可能的选择，人们关于习惯的一切理论都可以用"路径依赖"来解释。

由此可见，新制度经济学至少分为两大分支，一个分支是科斯—威廉姆森传统，回归到交易成本最小化的主流新古典方法上，由此延伸到会计学、政府运作和法律的演变，在此过程中，经济学从有关市场扩展到更广泛的范围，包括组织的内部运作、法律制度和政府管制，体现新古典经济学帝国主义特点；另一个分支包括诺思在内的，并不仅仅寻求所谓的交易成本最小化的配置效率，更多考虑在动态或演化条件下适应性效率大小，强调路径依赖的扭转，从而向非主流经济学靠拢，诸如奥地利学派、后凯恩斯经济学和演化经济学等，进一步看到新制度经济学的根本不确定性基础，远远不是科斯—威廉姆森传统所能囊括的（Davidson，1984）。

第二章

我国所有制结构的历史演变及其特征

1949年10月1日中华人民共和国的成立,标志着中国革命第一阶段新民主主义革命(1921~1949年)的基本结束和中国革命第二阶段社会主义革命(1949~1956年)的开始。中国革命第二阶段的任务,就是要在中国建立社会主义的社会。中国革命第一阶段,完成了反帝反封建的新民主主义革命任务,结束了中国半殖民地半封建社会的历史。中国革命第二阶段,消灭剥削制度和剥削阶级,确立了社会主义制度。事实上,这两个阶段是紧密相连并交叉完成的,在新中国成立初期,党领导人民一方面进行新民主主义改革和建设,在全国范围内建立新民主主义的政治制度和经济制度;另一方面也开始执行社会主义革命的任务,在全国绝大部分地区基本完成对生产资料私有制的社会主义改造,有的任务是新民主主义建设与社会主义革命相互结合。在完成社会主义革命之后,中国进入社会主义初级阶段建设时期(1956年至今),已经经历了艰难探索阶段、改革开放阶段,以及正在进行全面深化改革阶段等。同样,在新中国成立后,我国所有制结构的历史演变[1],大致可分为两个阶段:第一阶段是从新中国成立到1956年社会主义改造的社会

---

[1] 该部分的逻辑结构参见桑东华:《新中国成立以来党的所有制政策的演变与我国所有制结构的变迁》,载《中共党史研究》2010年第7期。

主义革命阶段,将新中国成立初期多种经济成分转变成单一公有制;第二阶段是从1956年至今社会主义初级阶段建设时期,它又可以细化为1956~1978年十一届三中全会单一公有制发展阶段。这个阶段我国实行的是计划经济,生产资料所有制片面追求"一大二公",认为公有制的实现形式越纯越好。从1978年十一届三中全会到2012年党的十八大召开改革开放阶段。这个阶段实行计划经济向市场经济转变,探索公有制与非公有制多种所有制并存形式。2013年至今全面深化改革开放新时代,在这个阶段,打破国有经济与私有经济两分法,将混合所有制经济作为国有企业改革突破口,从而使所有制结构逐渐呈现多元性和多样性,公有制成为所有制结构的主体,对经济的主导作用越来越强;非公有制经济得到蓬勃发展,成为我国社会主义现代化建设的重要力量,坚持两个毫不动摇原则,促进所有制结构与市场经济相融合。

第一节 1949~1978年多种所有制形式向单一公有制转变

从1949年到1978年,我国所有制结构经历了由新民主主义的多种经济成分并存到社会主义单一公有制的历史性转变主要源于社会主义改革实践及计划经济体制的推行。这大致经历了三小阶段。

一、1949~1952年三大改造前的所有制形式

新中国成立时经济底子十分薄弱,百废待兴。新中国成立后,国家实行了"公私兼顾、劳资两利、城乡互助、内外交流"的基本政策,优先发展国营经济;积极鼓励和扶持合作社经济和公私合营经济;利用和限制私人资本主义经济;对个体经济,则通过互助合作的方式,积极而又慎重地引导其发展,从而使五种经济成分在国营经济领导下"分工合作、各得其所",使我国的所有制结构发生了重大变化:

第一，新中国成立后，国营经济在革命根据地发展的基础上，通过取消帝国主义的特权、没收官僚资本，国营经济空前壮大并确立了自己的领导地位。1949年底，国营工业在全部工业总产值（包括手工业）中的比重为26.7%，在全国大型工业总产值中的比重达41.3%，拥有全国发电量的58%，原煤产量的68%，生铁产量的92%，钢产量的97%，水泥产量的68%，棉纱产量的53%。国营经济还掌握了全国的铁路，绝大部分银行业务和对外贸易，控制了全国的经济命脉。经过三年的经济恢复，到1952年，全国工业总产值比1949年增长了145%，平均每年递增34.8%。① 而其中的国营工业发展更快，三年增长287%，平均每年递增51%（蒋家俊等，1989）。

第二，个体经济比重下降，个体经济基础上的集体经济有了一定的发展。我国由于生产力水平低，经济落后，细小分散的个体经济在整个国民经济中一直占有很大比重。1949年，在工农业总产值中约占3/4。经过三年的经济恢复，我国个体经济发生了以下变化：首先是个体经济的比重有所下降。个体经济在国营经济的扶助下，发展较快，但由于现代工业恢复和高速发展，1952年个体经济在工农业总产值中的比重下降到2/3左右。其次，个体农民的互助合作运动积极而稳妥地开展，集体经济初见端倪。

第三，在"利用、限制、改造"政策的指导下，民族资本主义经济发生了深刻的变化，出现了国家资本主义的初级形式。一方面，在国民经济恢复时期，民族资本主义经济有了较大的发展，但由于国营经济发展的速度更快，私营经济在国民经济中的地位大大下降。私营工业产值在全国工业总产值（不包括手工业）中的比重，由1949年的63.3%下降为1952年的39%。在一些重工业部门，私营工业比重下降更大。另一方面，国家通过加工订货将其纳入国家计划的轨道，创造了国家资本主义的初级形式。到1952年，加工订货、包销、收购的产值已占私营工业总产值的56%，商业方面也已出现批购、经销、代销等形式。公私合营的工

---

① 根据《中国统计年鉴》（1981）相关数据计算。

业企业共有907家，其产值占全国工业总产值的5%（陈文辉，1994）。

该时期的一系列政策适应了我国经济发展不平衡和商品经济不发达的特点与生产力发展要求，使各种所有制经济成分都得到了较大发展，对繁荣经济和发展生产起到了十分重要的作用，国民经济很快得到恢复和发展。

二、1953~1956年"三大改造"时期的所有制形式

在国民经济得到初步恢复后，我国在1953~1956年实施了"三大改造"，使所有制结构由多种经济成分并存向单一公有制的过渡。之所以出现这种情况，一方面是因为当时我国百废待兴，工农商业的基础都十分薄弱，开展大规模的经济建设必须集中力量优先发展重工业。原有的多种经济并存的所有制结构难以形成合力，不利于资源的优化配置。另一方面，在当时的历史条件下，国家对社会主义理论与实践的认识更多的是遵循苏联模式，并没有结合我国实际国情来探索自己发展的特殊模式，简单地认为生产资料的公有制体现了社会主义生产关系的本质要求，认为"只有完成了由生产资料的私人所有制到社会主义所有制的过渡，才有利于社会生产力的迅速向前发展，才有利于在技术上引起一个革命"。

1953~1956年，随着我国生产资料社会主义改造的不断加速，首先，在国民收入中，1956年同1952年相比，国有经济的比重由19.1%上升到32.2%，集体所有制经济由1.5%上升到53.4%，公私合营经济由0.7%上升到7.3%，私营经济则由6.9%下降到0.1%以下，个体经济由71.8%下降到7.1%。前三种社会主义公有制经济已达93%。其次，在工业总产值中，1956年同1952年相比，国营工业的比重由41.5%上升到54.5%，集体所有制工业由3.2%上升到17.1%，公私合营工业由4%上升到27.2%，私营工业由30.7%下降到0.04%，个体手工业由20.6%下降到1.2%。前三种社会主义公有制工业已达98.8%。再次，在商业领域中，以社会商品零售总额为例，国营经济所占比重由16.2%上升到34%，合作社经济由18.2%上升到30.1%，国家资本主义

及合作化经济由 0.4% 上升到 28.3%，私营经济由 65.2% 下降到 7.6%（陈文辉，1994）。

从 1953 年底到 1956 年，原计划用三个五年计划完成的社会主义改造在极短的时间内就完成了，多种经济成分并存的所有制格局演变为只有全民所有制和集体所有制的单一公有制，而且在生产和流通领域形成了组织形式过于单一的局面，难以发挥个体经济与私人资本主义经济等其他经济成分在繁荣市场、拾遗补阙等方面的优势。同时，全民所有制经济占绝对优势和垄断地位以后，缺乏必要的外部竞争，使得经济越来越缺乏活力。

三、1957～1978 年单一公有制发展阶段

1957 年以后，我国的所有制结构受极"左"思想的影响，排斥非公有制经济，公有制单一的程度逐步加强，非公有制经济基本上被消除。一方面，片面强调全民所有制的优越性，低估集体所有制存在和发展的必然性，混淆全民所有制和集体所有制的界限，将"一大二公"作为判断所有制形式先进与否的标准，即认为社会主义公有制的范围越大越好，公有化的程度越高越好。另一方面，完全排斥非公有制经济的存在。连农户一些少量的家庭副业也被当作"滋生资本主义和资产阶级的温床"，不断地加以挞伐。这严重束缚了生产力的发展。在此基础上，建立起来的是高度集中统一的计划管理体制，否定市场机制的作用，微观经济主体无法成为自主经营、自负盈亏的独立的经济实体，经济失去了协调发展的动力与活力。到 1978 年，在全国工业总产值中，全民所有制经济占 77.63%，集体经济占 22.37%，非公有制经济几乎没有，所有制结构已成为单一的公有制。而这种单一的公有制结构并不适合我国生产力发展的需要，严重阻碍了社会经济发展。

1957～1978 年，我国所有制结构演变具有快速变迁、行政力量主导及单一的特征，很容易看到与 1949～1957 年发展阶段的差别，更加突出社会主义公有制的特征，如表 2-1 所示。

表 2-1　　　　　1949～1978 年我国所有制结构　　　　单位：%

年份	国有经济比重	集体经济比重	公有制经济比重	非公有制经济比重
1949	26.29	0.5	26.79	73.21
1950	32.67	0.79	33.46	66.54
1951	34.47	1.29	35.76	64.24
1952	41.54	3.26	44.8	55.2
1953	43.04	3.87	46.91	53.09
1954	47.13	5.34	52.47	47.53
1955	51.29	7.58	58.87	41.13
1956	54.55	17.07	71.62	28.38
1957	53.77	19.03	72.8	27.2
1958	89.17	10.83	100	0
1959	88.55	11.45	100	0
1960	90.6	9.4	100	0
1961	88.51	11.49	100	0
1962	87.8	12.2	100	0
1963	89.33	10.67	100	0
1964	89.54	10.46	100	0
1965	90.07	9.93	100	0
1966	90.18	9.82	100	0
1967	88.46	11.54	100	0
1968	88.42	11.58	100	0
1969	88.71	11.29	100	0
1970	87.61	12.39	100	0
1971	85.91	14.09	100	0
1972	84.88	15.12	100	0
1973	84.02	15.98	100	0

续表

年份	国有经济比重	集体经济比重	公有制经济比重	非公有制经济比重
1974	82.41	17.59	100	0
1975	81.09	18.91	100	0
1976	78.33	21.67	100	0
1977	77.03	22.97	100	0
1978	77.63	22.37	100	0

资料来源：新中国 60 年统计资料汇编，转引自李亚平，雷勇. 建国以来我国所有制结构的演变及效率研究 [J]. 经济纵横，2012 (3): 54-59.

由表 2-1 可见，1949~1958 年，公有制经济的比重呈现出快速上涨的趋势，到 1958 年时达到了 100%，此后一直延续到改革开放，整个国民经济的所有制结构极其单一。非公有制经济由 1949 年的 73.21% 快速下降，直至 1958 年被消灭。在公有制经济内部，整体上说，国有经济的比重呈现下降的趋势，集体经济发展比较快，到 1978 年已经占据了 20% 以上。

第二节 1978 年改革开放后多种所有制形式发展阶段

以党的十一届三中全会为标志，我国进入了对内改革、对外开放的新发展时期，所有制改革成为经济体制改革的重要内容。自 1978 年至今，经过各届政府在理论与实践上的不断摸索与努力，最终确立了公有制为主体、多种所有制经济共同发展的基本经济制度，极大地促进了我国社会经济的快速健康发展。大致可划分为四个小阶段。

一、1978~1988 年的引入非公有制经济阶段

该阶段是单一公有制的所有制结构开始转变的时期，公有制经济仍

为主体，非公有制经济开始发展，成了公有制经济的补充。

该阶段最大的突破在于非公有制经济重新出现。以家庭联产承包责任制的普遍推行为标志，农村改革率先取得突破，催生了乡镇企业及其快速发展，不仅创造出大量产值，而且在促进农村劳动力就业、提高农民收入、加速农村城市化进程、增加国家财政收入等方面发挥了重要作用。城镇集体和个体经济的新发展有效地缓解了当时严峻的就业压力，也活跃了经济。以解决就业问题为契机，不仅各类集体所有制企业开始得到大力提倡和鼓励，而且社会主义改造后长期受到排斥甚至被取缔的个体经济也重新获得扶持。

党的十一届三中全会之后，党中央恢复了解放思想、实事求是的思想路线，坚持生产力标准，积极探索符合我国现实国情的所有制结构。党的十一届六中全会通过的《关于建国以来党的若干历史问题的决议》明确提出："一定范围的劳动者个体经济是公有制经济的必要补充。"1982年12月，这个论断被载入宪法，个体经济获得了合法地位，自此个体经济得到了爆炸式发展。私营经济也得到了合法性。1987年10月，党的十三大明确使用"私营经济"这一概念，作出"私营经济是公有制经济必要的和有益的补充"的论断，强调"目前全民所有制以外的其他经济成分，不是发展得太多了，而是还很不够。对于城乡合作经济、个体经济和私营经济，都要鼓励他们发展"。根据1984年党的十二届三中全会通过的《中共中央关于经济体制改革的决定》，1988年4月进一步对外资在我国社会经济中的地位和作用给予定位："利用外资，吸引外商来我国举办合资经营企业、合作经营企业和独资企业，也是对我国社会主义经济必要的有益的补充。"这标志着私营经济的合法地位被载入国家根本大法。私营经济在实践上开始受到法律的保护，进入新的发展时期。

此外，长期以来被坚决排斥的外资经济也逐步兴起。党的十一届三中全会决定调整对外经济政策，要求公有制企业"在自力更生的基础上积极发展同世界各国平等互利的经济合作"。1984年的《中共中央关于经济体制改革的决定》首次就外资经济的地位和作用予以明确定位，指出"利用外资,吸引外商来我国举办合资经营企业、合作经营企业和独资企业,也是对我国社会主义经济必要的有益的补充",强调要进一步扩大对外和国内的经济技术交流。截至1985年底,全国已累计批准建立中外合资经营企业2300多家,中外合作经营企业3700多家,外商独资企业120家。外资投入集中的珠江三角洲、长江三角洲、环渤海三个外向型经济区,成为20世纪80年代所有制改革和经济发展最快的经济带。

这样,经过几年的改革和发展,我国原来单一的公有制结构逐渐被打破。在坚持公有制经济主体地位的前提下,国有经济的主导地位继续加强,集体经济发展迅速,个体经济、私营经济和外资经济等非公有制经济成分取得了令人瞩目的发展。以公有制经济为主体,非公有制经济为补充的新格局开始形成。这是我国所有制结构伴随改革开放后在党的思想理论上的第一次解放所完成的重大改革。

二、1989~1997年公有制经济与非公有制经济共同发展阶段

随着多种所有制经济共同发展,以及国内外形势的变化,20世纪80年代末、90年代初期对于姓"社"姓"资"的问题,我国思想领域中出现了较多不同观点。一部分人坚持公有制,将其作为社会主义的标准,排斥非公有制经济,将其作为资产阶级自由化思潮产生和泛滥的根源。在这种错误思想的影响下个体、私营等非公有制企业的发展遭受了重大冲击。

对于这种思想混乱现象,1992年邓小平发表了具有深远意义的南方谈话指出,改革开放迈不开步子,不敢闯,说来说去就是怕资本主义的东西多了,走了资本主义道路。要害是姓"资"还是姓"社"的问题,并提出了"三个有利于"标准,纠正了错误的思想观点,为改革进一步扫清了思想障碍。党的十四大确立了我国经济体制改革的目标是建立社会主义市场经济体制,鲜明地提出了多种经济成分"长期共同发展"的方针。1992年党的十四大更加明确地指出,在所有制结构上,

以公有制包括全民所有制和集体所有制经济为主体，个体经济、私营经济、外资经济为补充，多种经济成分长期共同发展，不同经济成分还可以自愿实行多种形式的联合经营。党的十四大以后，随着社会主义市场经济体制的逐步确立和非公有制经济的迅速发展，进一步深化了对社会主义初级阶段多元的所有制结构和积极探索社会主义公有制的实现形式的认识。1997年党的十五大明确指出：公有制为主体、多种所有制经济共同发展，是我国社会主义初级阶段的一项基本经济制度；非公有制经济是我国社会主义市场经济不可或缺的重要组成部分；国有经济的主导作用主要体现在控制力上，在确保公有制的主体地位和国有经济主导作用的前提下，非公有制经济比重的上升，公有制经济比重的下降，国有经济比重的下降，不会影响社会主义基本经济制度的根本性质。党的十五大关于调整和完善所有制结构的一系列理论创新，是对社会主义所有制结构理论重大的发展和完善。

该阶段是我国所有制结构演变的承上启下的阶段，公有制为主体、多种所有制经济共同发展的基本经济制度的确立，是在生产关系领域一次深刻的思想解放，为加快社会主义市场经济体制的建立，进一步深化国有企业改革，继续调整和完善所有制结构，指明了前进的方向。

三、1998～2013年坚持"两个毫不动摇"发展阶段

党的十五大以后，按照"一切符合'三个有利于'的所有制形式都可以而且应该用来为社会主义服务"的原则，我国一方面坚持公有制经济为主体，继续深化国有企业改革，积极探索公有制的有效实现形式；另一方面坚持多种所有制经济共同发展，鼓励、支持、引导非公有制经济发展，公有制为主体、多种所有制经济共同发展的基本经济制度得到进一步完善和发展。

继续深化国有企业改革是发展公有制经济的必然要求。党的十五大以后，国家对国有经济进行了大刀阔斧的改革，实行"抓大放小"的战略性调整。国有经济和国有资本逐步向关系国民经济命脉的重要行业

和关键领域集中,向大企业集中,国有企业量多面广和过于分散的状况开始有所改观,国有经济布局趋向优化,整体素质有所提高,活力、控制力、影响力得到增强。同时,积极探索公有制的有效实现形式。1998年以后,按照建立现代企业制度的要求,大批国有企业进行了公司制和股份制改革。不少大型企业和企业集团按照国际惯例进行资产重组后,在境内或境外的资本市场成功上市,不仅募集了大量社会资金,改善了资产结构和经营状况,而且在建立现代企业制度、促进多元化的投资融资体系形成、扩大国家财政收入渠道、提高经济运行效率等方面都发挥了重要作用。通过调整和改革,虽然国有企业的数量有所减少,但国有经济的总体实力进一步增强,公有制经济的主体地位更加巩固。

与此同时,国家大力推动非公有制经济加快发展。1997年以后,国家对非公有制经济的发展制定了一系列切实可行的政策措施,非公有制经济由此进入改革开放以来发展最快的时期,显示出蓬勃生机。到世纪之交2000年,非公有制经济在国民经济中所占的份额快速增长,成为支撑我国经济增长的基础性力量。它们在东南亚金融危机后抗击经济衰退、促进经济回升中大显身手;担当了城市下岗职工再就业的主渠道;成为国家财政收入的重要来源;为化解农村贫困、提高农民收入开辟了道路,并推动我国经济进一步向纵深发展。公有制经济和非公有制经济在社会主义市场经济条件下的共同发展,形成了"国进民也进""国强民也富"的生动局面,使社会主义初级阶段基本经济制度的优越性得到充分体现。党的十六大根据解放和发展生产力的要求,进一步强调必须毫不动摇地巩固和发展公有制经济,毫不动摇地鼓励、支持和引导非公有制经济发展。坚持公有制为主体,促进非公有制经济发展,统一于社会主义现代化建设的进程中,不能把两者对立起来。党的十七大从历史发展的新起点出发,在坚持"两个毫不动摇"思想的基础上,又提出了"两个平等",即坚持平等保护物权,形成各种所有制经济平等竞争、相互促进的新格局,从而进一步深化了对社会主义基本经济制度含义的认识。党的十八大报告强调要完善以公有制为主体多种所有制经济共同发展的基本经济制度。党的十八届三中全会《中共中央关于全面深化改革若干重大问题的决定》指出,"公有制为主体,多种所有制经济共同发展的基本经济制度,是中国特色社会主义制度的重要支柱,也是社会主义市场经济体制的根基"。这种提法提高了非公有制经济的社会地位,它们不仅仍然是"社会主义市场经济的重要组成部分",而且上升为"我国经济社会发展的重要基础",提出了"非公有制经济财产权同样不可侵犯",这一提法的最大突破是,从政策和法律角度更加清晰地界定了非公有制经济的财产所有权以及对经营给予合理的保护和承认,必将大大增强各类非公有制经济主体的发展信心与创业动力。这一系列的理论及思想创新,为各种所有制经济的稳步成长及有效融合提供了更加可靠的制度保证,为不断完善社会主义基本经济制度提供了更加坚实的理论基础。

在实践中,政府不断转变政府职能,按照社会主义市场经济的客观要求,不断健全和完善各种相关政策和法规,消除对非公有制经济在价格、税收、金融市场准入等方面的偏见与歧视。例如《物权法》《企业所得税法》《劳动契约法》《反垄断法》等多部法律为各类市场主体平等参与市场竞争提供了法制保障。2005年2月,国务院颁布了新中国成立以来第一部全面促进非公有制经济发展的重要政策性文件——《关于鼓励支持和引导个体私营等非公有制经济发展的若干意见》。2010年5月,国务院发布《关于鼓励和引导民间投资健康发展的若干意见》(即"新非公36条"),以拓宽民间资本的投资领域和投资范围。同时,国家有关部门及各级地方政府也出台了各项配套政策,奠定了非公有制经济政策体系的基本框架。

四、2013年至今公有制经济与非公有制经济混合发展阶段

党的十八届三中全会提出要积极发展混合所有制,全会决定坚持和发展党的十五大以来有关论述,提出要积极发展混合所有制经济,强调国有资本、集体资本、非公有资本等交叉持股、相互融合的混合所有制经济,是基本经济制度的重要实现形式,有利于国有资本放大功能、保

值增值、提高竞争力。这是新形势下坚持公有制主体地位，增强国有经济活力、控制力、影响力的一个有效途径和必然选择。全会指出："改革开放以来，我国所有制结构逐步调整，公有制经济和非公有制经济在发展经济、促进就业等方面的比重不断变化，增强了经济社会发展活力。在这种情况下，如何更好体现和坚持公有制主体地位，进一步探索基本经济制度有效实现形式，是摆在我们面前的一个重大问题。"全会强调必须毫不动摇巩固和发展公有制经济，坚持公有制主体地位，发挥国有经济主导作用，不断增强国有经济活力、控制力、影响力。

党的十八届三中全会从多个层面提出鼓励、支持、引导非公有制经济发展、激发非公有制经济活力和创造力的改革举措。在功能定位上，明确公有制经济和非公有制经济都是社会主义市场经济的重要组成部分，都是我国经济社会发展的重要基础；在产权保护上，明确提出公有制经济财产权不可侵犯，非公有制经济财产权同样不可侵犯；在政策待遇上，强调坚持权利平等、机会平等、规则平等，实行统一的市场准入制度；鼓励非公有制企业参与国有企业改革，鼓励发展非公有资本控股的混合所有制企业，鼓励有条件的私营企业建立现代企业制度。这将推动非公有制经济健康发展。这为我国所有制结构调整提出了一个新的方向——混合所有制经济。其有两层含义，一是宏观层面，一个国家或地区既有国有、集体等公有制经济，也有个体、私营、外资等非公有制经济，还包括合资、合作经济；二是在微观层次，混合所有制是指在一个企业中，产权主体多元化，由不同所有制性质的投资主体共同出资组建，主要形式是股份制。当前我国的资本可以分为公有制资本与非公有制资本，而公有制资本又包括国有资本与集体资本。按照党的十八届三中全会关于混合所有制经济的表述，国有资本与集体资本之间的融合也可以称为混合所有制。但是，考虑到我国的集体资本所占公有制资本比重很低，以及当前改革的需要，很多学者如季晓南（2014）认为，混合所有制经济可以更为准确地定义为公有资本与非公有资本的交叉持股及相互融合。

五、1978年改革开放后我国所有制结构演变情况

第一,改革开放后,公有制与非公有制比重之间的关系呈现出此消彼长的趋势。1991~2011年我国公有制和非公有制经济结构如表2-2、图2-1所示。

表2-2　　1991~2011年我国公有制和非公有制经济结构　　单位:%

年份	国有经济比重	集体经济比重	公有制经济比重	非公有制经济比重
1991	56.17	32.99	89.16	10.84
1992	51.52	35.27	86.79	13.21
1993	46.95	34.02	80.97	19.03
1994	37.34	37.72	75.06	24.94
1995	33.97	36.59	70.56	29.44
1996	28.48	39.39	67.87	32.13
1997	25.52	38.11	66.63	33.37
1998	28.24	38.41	66.65	33.35
1999	28.21	35.37	63.58	36.43
2000	47.34	17.57	64.91	35.09
2001	44.43	13.87	58.30	41.70
2002	40.78	11.73	52.51	47.49
2003	37.54	9.10	46.64	53.36
2004	35.24	5.65	40.89	59.11
2005	33.28	4.42	37.70	62.30
2006	31.24	3.93	35.17	64.83
2007	29.54	3.43	32.97	67.03

续表

年份	国有经济比重	集体经济比重	公有制经济比重	非公有制经济比重
2008	28.37	2.45	30.82	69.18
2009	26.74	2.44	29.18	70.82
2010	26.61	2.06	28.67	71.33
2011	26.18	1.81	27.99	72.01

注：（1）将联营企业中的国有联营，计入国有经济中；将联营企业中的集体联营计入集体经济中；另外，由于国有联营与集体联营数值较小，所占比重相应较少，上表中的计算都将其列入国有经济中，不影响最终计算结果。
（2）股份合作制企业通常是在集体经济中，但股份制企业并不纳入集体经济。
（3）公有经济的计算中采用的是广义的国有企业，即指具有国家资本金的企业，可分为三个层次：纯国有企业（包括：国有独资企业、国有独资公司、国有联营企业）、国有控股企业（包括：国有绝对控股企业、国有相对控股企业）。
（4）公有制经济所占比重与非公有制经济所占比重之和等于1。国有经济所占比重和集体经济所占比重之和为公有制经济的比重，因此，可以算出非公有制经济占工业总产值的比重。
资料来源：历年《中国统计年鉴》和《新中国60年统计资料汇编》。

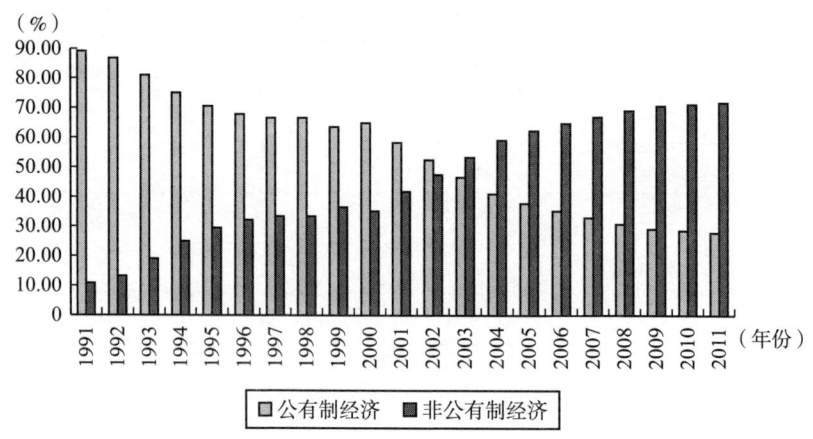

图2-1 1991~2011年我国公有制和非公有制经济结构

由表2-2和图2-1显示，我国所有制经济结构逐渐由单一的公有制经济向以公有制为主体、多种经济成分共同发展的所有制结构演变。公有制经济的比重越来越低，2003年时已经不足50%，2011年已经降至不到三成。非公有制经济工业总产值占全部工业总产值的比重呈逐年上升的趋势，由10.84%增至2011年的72.01%，在数量上占据绝对优势。

第二，集体经济比重经历了快速增长，然后快速下降的过程。这与国家的经济政策密切相关。图2-2为1991~2011年我国国有经济和集体经济结构。

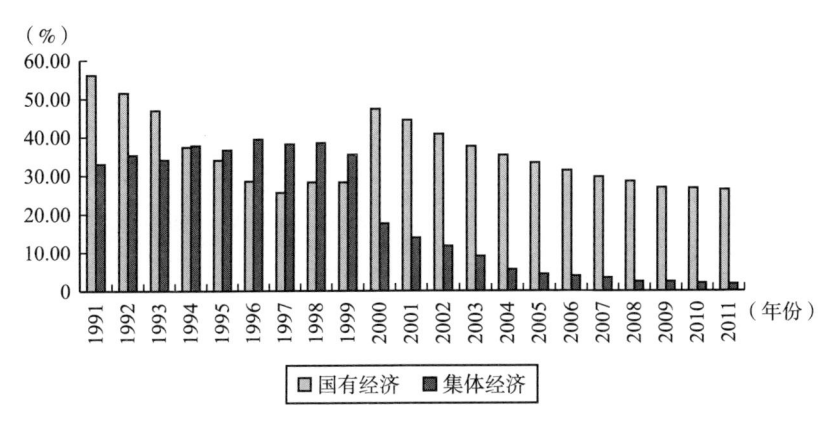

图2-2　1991~2011年我国国有经济和集体经济结构

在公有制经济内部，集体经济例如乡镇企业在经历了快速发展后，在20世纪90年代占据了相当高的比重，大约1/3。但是，进入21世纪后，随着经济体制改革的不断深入，大量的集体经济实现了改制，集体经济占整个公有制经济的比重也越来越低，2011年已经不足2%，这说明国有经济不断成为公有制经济的绝对主体。

第三，混合所有制经济兴起，成为所有制结构的重要形式。混合所有制经济是在坚持基本经济制度的前提下，由不同所有制（公有或非公有）的产权主体多元投资、交叉持股、融合发展的经济形式，是我国基本经济制度的重要实现形式，也是公有制经济有效的实现形式。党的十五大在阐述公有制经济的含义时首次提出了混合所有制经济，随后党的十六大、十六届三中全会、十七大都从不同的角度提出要发展混合所有制经济，党的十八届三中全会、十九大、十九届五中全会提出要积极发展混合所有制，并将其提高到基本经济制度重要实现形式的高度。我国社会主义市场经济的发展实践已经证明，混合所有制经济有助于发挥不同所有制的比较优势，促进公有制与非公有制经济的和谐发展，维护市场公平，深化国有企业改革。在当前深化经济体制改革，加快经济发展方式转变的时代背景下，大力发展混合所有制经济具有很强的现实意义。

下面将利用2004~2011年的相关数据来说明混合所有制经济的发展。

（1）混合所有制经济的范围。2011年之前，国家统计局与国家工商总局等部门将我国企业按登记注册类型划分为国有企业、集体企业、股份合作企业、联营企业、有限责任公司、股份有限公司、私营企业、港澳台企业、外商投资企业和个体企业等10种类型，其中5种类型又分别细分为2~5种次级类型。

这10种企业中，拥有两种性质资本股权以上的企业类型主要是：联营企业中的国有与集体联营企业、有限责任公司中的非国有独资企业、股份有限公司、私营企业中的私营股份有限公司、港澳台企业中的股份有限公司、外商投资企业中的股份有限公司六种企业。这六种类型企业至少有两种以上的不同资本投资形成，因此，都属于混合所有制经济。

（2）混合所有制经济主要数据分析范围：以《中国统计年鉴》为代表，我国有关部门公布的经济数据基本上都是国有企业、集体企业、股份合作企业、联营企业、有限责任公司、股份有限公司、私营企业、港澳台企业、外商投资企业和个体企业10种经济类型企业数据，只有少数统计数据，如规模以上工业统计中的部分数据，有上述6种混合所有制经济企业的统计数据，如表2-3、表2-4、图2-3所示。

表2-3　2006~2011年我国混合所有制经济成分

单位：亿元

年份	其他联营企业	其他内资企业	与港澳台商合作经营企业	中外合作经营	股份有限公司	港澳台商投资股份有限公司	外商投资股份有限公司	有限责任公司中其他有限责任公司	港澳台商合资经营企业	中外合资经营企业	合计
2006	208.35	573.62	1632.64	1851.54	33597.46	1672.04	1961.36	55212.96	12643.55	29079.10	138432.62
2007	280	1328	1837	2539	40159	2015	2893	72002	16919	37178	177150
2008	239	1764	1674	2229	50204	2070	3331	90197	18270	43806	213784
2009	149	2173	1706	2073	50209	2182	3563	99049	18678	45783	225565
2010	143	2876	1977	2458	63804	2944	4826	128928	22976	56652	287584
2011	361	10434	2002	2968	83464	3388	4966	166111	27578	63876	365148

资料来源：历年《中国统计年鉴》。

表 2-4　　　　2006~2011 年我国混合所有制经济结构

年份	混合所有制经济产值（亿元）	工业总产值（亿元）	比重（%）
2006	138432.62	316588.96	43.73
2007	177150	405177	43.72
2008	213784	507448	42.13
2009	225565	548311	41.14
2010	287584	698591	41.17
2011	365148	844269	43.25

注：由于公布的统计数据有限，10 种类型企业中的联营企业数量很小，有限责任公司中的国有独资公司、私营企业中的私营股份有限公司和港澳台及外商企业中的股份有限公司，占其所在类型企业数量中的比重一般在 1%~5%，从数据收集可靠和分析方便，我们将有限责任公司与股份有限公司即公司制企业作为混合所有制经济的主体进行数据分析。严格讲，在将公司制企业作为混合所有制经济时，要扣除其中的国有独资公司，同时要加上国有与集体联营企业，以及私营和外资企业中的股份有限公司。这一增一减，总体上看混合所有制经济总量要略大于公司制企业经济总量。

资料来源：历年《中国统计年鉴》。

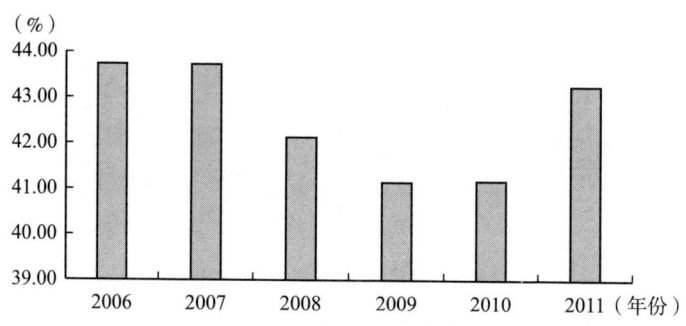

图 2-3　2006~2011 年我国混合所有制经济结构比重

由表 2-3、表 2-4 和图 2-3 可知，混合所有制经济占我国工业总产值的比重已经稳定在 40% 以上，这说明国企改革与所有制结构调整取得了突出的成就。但是，混合所有制经济比重这些年来没有明显增长，这说明混合所有制经济发展遇到了"瓶颈"，必须要进一步深化经济体制改革，释放改革红利。回首新中国成立以来我国所有制结构的演变，可以得出这样的结论：必须坚持以公有制为主体、多种所有制经济共同发展的基本经济制度,而不能搞私有化或"纯而又纯"的公有制。由单一的公有制到以公有制为主体、多种所有制经济共同发展的所有制结构模式,我国所有制结构发生了历史性变化,是改革开放以来我国经济奇迹的关键原因之一。多年的改革开放使我国综合国力和国际影响力由弱变强,逐步摆脱低收入国家,以年均9.8%的经济增长速度。尤其是在国际金融危机下的2008年,我国经济在困难中保持了9%的增长速度,对于世界经济增长的贡献超过20%。我国经济迅速崛起的实践证明:以公有制为主体、多种所有制经济共同发展的所有制结构是生产力发展的客观要求。中国特色社会主义的道路和理论体系,明确要求"毫不动摇地巩固和发展公有制经济,毫不动摇地鼓励、支持和引导非公有制经济发展,是我国社会主义初级阶段的基本经济制度",这为我国所有制结构的发展和完善指明了方向。

第三节 启 示

新中国成立以来我国所有制结构变迁的经验告诉我们如下几点。

第一,所有制关系有其自身产生、发展和变迁的内在规律,人们必须遵守而不是肆意违背。人的主观能动性的发挥必须要遵循经济发展规律。公有制还是私有制并不是简单地取决于主观偏好。任何能最大限度地促进生产力发展的所有制形式就是高级的;否则,就是低级的。过去,人们普遍认为,公有制程度越高就越能促进生产力的发展,于是盲目地消灭非公有制经济,实现在社会主义初级阶段尚不具备条件的纯而又纯的大一统的公有制结构。实践证明,这是极其错误的,造成了严重的社会经济后果。在今后的所有制结构调整中,人们必须要充分发挥市场的决定性作用,政府要起到宏观调控的补充作用,要按照市场规律有序渐进地优化所有制结构。

第二,所有制结构调整必须要兼顾效率与公平。所有制结构调整作为一项制度变迁,所产生的收益应当在社会范围内公平、高效地分配。

因此，公有制经济与非公有制经济应当公平竞争，前者不能依靠政府的扶持而获取垄断利润，这对于非公有制经济是不公平的。同样，不能为了效率，过度迷信国有企业私有化，否则会使国有经济主导地位受到影响，从而影响人民当家作主的地位。

第三，同样地，公有制也不是越少越好。改革开放以来，公有制经济比重逐步下降，我国经济快速发展，很多人认为公有制经济越少越好，甚至有人提出私有化。这与认为公有制程度越高越好的观点如出一辙，都是极端错误的想法。改革开放后，虽然公有制经济比重下降，但是资产总量、效益确实越来越高，控制力、影响力、带动力和抗风险能力越来越强，并不能因为比重下降就否定其主体地位或主导地位。我国人民当家作主的地位决定着公有制必然是国民经济的主体，这与比重并没有必然关系。实际上，公有制经济应当占据多少比重更多地要看市场，能由市场决定的便由其决定，决定不了的由政府来弥补，从而将"两只手"有机结合起来，共同促进国民经济健康、可持续发展。

第三章

我国国有企业发展混合所有制的发展历程、现状及存在的主要问题

虽然国有企业发展和改革取得了举世瞩目的成绩,但是,国有企业效率仍有待提高,诸如政企仍未分离、产权改革停滞不前、垄断和不公平竞争尚未打破、预算软约束、激励约束机制不健全、创新和实际盈利能力不足等问题仍亟待改革。2013年党的十八届三中全会明确提出混合所有制作为新一轮国企改革的方向,国有企业改革由此进入了新的历史阶段。由于混合所有制改革仍然存在诸多问题,影响和制约着我国国有企业的混合所有制健康发展。

为此,我们首先把国有企业发展混合所有制的历程划分为三个发展阶段:萌芽阶段(1980~1992年)、实践探索阶段(1993~2012年)和深化发展阶段(2013年至今),并对各阶段国有企业发展混合所有制的状况和特点进行了概述。其次,在国有企业发展混合所有制的现实历程基础上提出国有企业发展混合所有制存在的混合障碍、逆向选择、混合目标冲突,以及混合所有制资产专用性投入不足、"敲竹杠"与控制权争夺、制度路径依赖等问题。

第一节　我国国有企业发展混合所有制的发展历程

一、我国国有企业发展混合所有制的萌芽阶段

改革开放初期，乡镇企业与国营企业联营、乡镇企业与个体农户联营以及乡村集体企业与农户私营企业联营等形式实际上就是两种所有制的联合，是农村中最早的混合所有制经济的典型形式（伯娜，2007），这些合作经济体反映的是一些农户、农户私营企业或乡村集体企业利用土地、劳动力等资源优势与国有企业资金和技术优势相结合，通过取长补短，实现联合共赢。20世纪80年代中期，部分小型国有企业转为集体所有制企业，甚至私有企业，还有一些出现了股份制，这一阶段的改革虽然在当时存在争议，但国有企业发展混合所有制已具有了早期萌芽。直到1986年，国务院做出决定允许地方国有企业选择少数大中型企业进行股份制改革，国有企业的股份制改革拉开帷幕，到1988年底，全国3800家股份制企业，其中800家是国有企业转制完成。1992年国务院颁布了《股份有限公司规范意见》《有限责任公司规范意见》等11个法规，引导股份制试点走向规范化。

二、我国国有企业发展混合所有制的实践探索阶段

1993年党的第十四届三中全会首次提出"混合所有"概念后，关于混合所有制的引导政策不断出台，如1997年，党的十五大首次提出"混合所有制经济"，提出社会主义可以发展股份制，同时提出建立现代企业制度的国有企业改革方向，要求对国有大中型企业实行规范的公司制改革，使企业成为适应市场的法人实体和竞争主体；1999年发布的《中共中央关于国有企业改革和发展若干重大问题的决定》提出大

力发展股份制和混合所有制经济；2002年，党的十六大要求国有企业积极推行股份制，发展混合所有制经济，明确建立国有资产管理体制，提出"除极少数必须由国家独资经营的企业外，积极推行股份制，发展混合所有制经济。实行投资主体多元化，重要的企业由国家控股"；2003年发布的《中共中央关于完善社会主义市场经济体制若干问题的决定》提出建立国有资本、集体资本和非公有资本等参股的混合所有制经济，实现投资主体多元化，股份制成为公有制的主要实现形式；2005年发布的《国务院关于鼓励支持和引导个体私营等非公有制经济发展的若干意见》（简称"非公36条"）提出"非禁即入"原则，鼓励个体私营企业积极发展混合所有制；2010年发布的《国务院关于鼓励和引导民间投资健康发展的若干意见》（简称"新非公36条"）进一步细化了民间投资覆盖的行业领域，这些文件的出台都积极促进了国有企业发展混合所有制的实践探索。

20世纪90年代以后，改革开放不断推进，随着国外资本越来越多地参与我国的经济建设中，外商投资为主体的混合所有制迅速发展，"三资"企业中的外商联合国内国有企业、集体企业创办的中外合资企业以及中外合作企业都是混合所有制企业的表现形式。例如TCL公司就是在外商投资的机遇中发展起来的，从1990年开始，经过几年的实践，TCL发展成三级企业组成的多种所有制形式并存的混合所有制集团企业，其一级企业为国有独资集团公司，二级企业为公众公司，三级企业为中外合资或股份合作制公司；此外，比如中国的国有汽车企业多数都是在这一时期借助外资企业技术、资本成立的一级或二级股份制合资企业，也都是国有企业发展混合所有制的形式。20世纪90年代中后期，国有企业改革促进了国有控股、参股企业的迅速发展，民营企业发展空间也随之增大，国有企业与民营企业结合的混合所有制发展不断深入。以混合所有制发展较快的浙江为例，1997年以后浙江全面推开国有、城镇集体产权制度改革，截至2003年底，国有企业改制比例达97.81%，城镇集体企业改制比例达到98.62%，改制成混合所有制企业的占90%（徐善长，2006）。2008年沪深300指数的300家成分公司中，混合所有制企业达到42家，普及度为14%，通过调研改制国有企业的950家样本中，混合所有制的普及度达到80%左右（张文魁，2015）。2005~2012年，根据股票市场发行的可转债统计，我国现有的国有控股上市公司引入民间投资达638项，金额达15146亿元，到2012年底，在378家由中央国有企业及其子公司控股上市的公司中，非国有股权已经超过53%（邹硕，2016）。

三、我国国有企业发展混合所有制的深化发展阶段

2013年党的十八届三中全会明确提出国企改革的混合所有制发展方向，提出混合所有制经济是基本经济制度的重要实现形式，鼓励非公有制企业参与国有企业改革，鼓励发展非公有资本控股的混合所有制企业；2015年发布的《关于国有企业发展混合所有制经济的意见》又明确提出了深化国有企业改革的重要举措，在两个重要文件的顶层设计下，无论在数量、特征还是行业领域分布，国有企业发展混合所有制已进入深化发展阶段。

从国有企业发展混合所有制的数量上看，截至2014年底，全国工商登记注册存续企业共有1819.28万户，其中，非国有投资企业1782.11万户，占97.96%，国有投资企业37.17万户，占2.04%，37.17万户国有投资企业中，国有全资企业20.03万户（含国有独资企业18.89万户），占53.89%；国有非全资企业，即混合所有制企业17.14万户，占46.11%，在17.14万户混合所有制企业中，可以分清混合类型的企业共11.41万户，其中，仅含私营企业投资的混合所有制企业数量最多，占38.26%，仅含自然人投资的混合所有制企业，占36.49%，两者合计达74.75%，加上既含私营企业投资，又含自然人投资者的11.60%，共计86.35%，绝大多数混合所有制企业是国有资本与国内私人资本的合资企业；根据对企业成立时间和非国有资本进入时间对比分析，大致1/3混合所有制企业为国有资产存量改制形成的，2/3为国有资本与非国有资本共同出资新设成立的；从注册资本看，国有投资企业占全部企

业的37.28%，混合所有制企业占国有投资企业的50.15%、占全部企业的18.69%，无论从数量还是注册资本看，在国有投资企业中混合所有制企业已经占到一半左右（肖庆文，2016）。

从我国国有企业发展混合所有制的特征来看，竞争性领域国有企业的混合所有制发展较快，中央企业的子公司混合力度大，而混合所有制发展形式主要是成立新公司和增发以及股权转让。此外，混合所有制的股权激励或员工持股实施较有效。

从我国国有企业发展混合所有制的行业布局来看，农林牧渔业、批发和零售业、房地产业、住宿和餐饮业、居民服务、修理和其他服务业、制造业、科学研究和技术服务业、文化、体育和娱乐业这些行业中，混合所有制企业注册资本占国有投资企业比重均在50%以上；电力、热力、燃气及水生产和供应业、采矿业、交通运输、仓储和邮政业、金融业、水利、环境和公共设施管理业、租赁和商务服务业、信息传输、软件和信息技术服务这些行业中除金融和采矿业外，混合所有制企业注册资本占国有投资企业比重均低于50%。金融和采矿业混合所有制企业注册资本占比虽高，但混合所有制企业注册资本中非国有资本占比并不高（肖庆文，2016）。

第二节 我国混合所有制结构的现状

回顾改革开放以来我国的所有制结构调整，可以发现，整个所有制调整过程是一个公有制经济由占绝对优势的比重逐步下降，非公有制经济由无到有，不断上升，并超过公有制经济比重，在数量上占据绝对优势地位的过程。

2011年，我国所有制结构中公有制经济比重占27.99%，非公有制经济比重占72.01%，非公有制经济比重远超过公有制经济比重，如图3-1所示。

公有制经济
27.99%

非公有制经济
72.01%

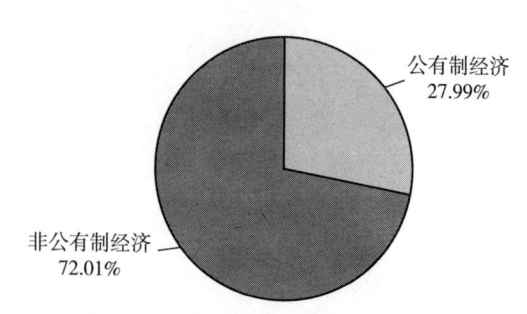

图 3-1　2011 年我国所有制结构成分

注：公有制经济包括国有经济、集体经济以及混合所有制经济中的国有成分和集体成分；非公有制经济是相对于公有制经济而产生的一个名词，它是我国现阶段除了公有制经济形式以外的所有经济结构形式，是社会主义市场经济的重要组成部分，其主要包括个体经济、私营经济、外资经济等。

由图 3-2 可知，2011 年，在我国公有制经济中，国有经济占主要地位，占公有制经济的 93.53%，而集体经济在公有制经济中的比重较小，仅占 6.47%。

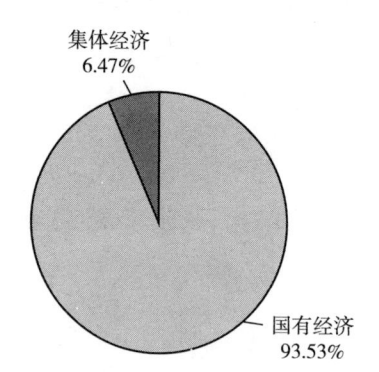

集体经济
6.47%

国有经济
93.53%

图 3-2　2011 年我国公有制经济成分

由图 3-3 可见，如果将所有制结构分为纯公有制、纯非公有制及混合所有制经济的话，混合所有制经济已经成了比重最高的所有制形式，占四成以上。纯公有制、纯非公有制都不足三成，这反映出我国市场的开放程度越来越高，资源配置效率不断提升。

第三章　我国国有企业发展混合所有制的发展历程、现状及存在的主要问题 | 71

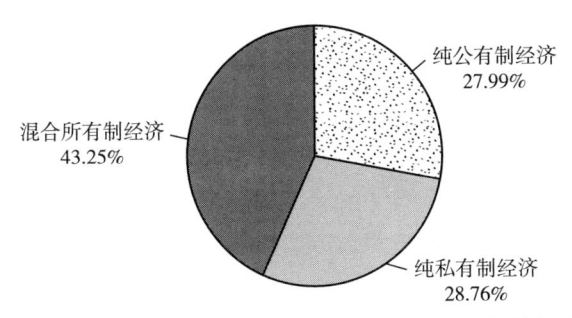

图 3-3　2011 年我国纯公有制经济、纯私有制经济及混合所有制经济比重

从整体结构上说，我国经济的所有制结构已经彻底改变了计划经济时期公有制一家独大的局面，非公有制经济在总量上处于主体地位。但是，公有制经济的主体地位仍未改变。党的十八届三中全会明确指出："公有制为主体、多种所有制经济共同发展的基本经济制度，是我国特色社会主义制度的重要支柱，也是社会主义市场经济体制的根基。"

虽然总量不断下降，但是通过持续的体制改革，原有体制僵化的国有及集体企业逐步改制为符合市场竞争要求的现代企业组织，质量上得到了大幅度的提升，出现了一大批在国际上具有足够竞争力的国有大型企业集团（国家队），大量企业入选世界 500 强，并且通过有限责任、股份有限等灵活多样的实现形式，极大地提高了公有制的控制力。此外，随着国有经济战略性调整，一大批处于劣势地位的国有大中型企业先后从纺织、轻工、造纸等竞争性领域退出，国有资本逐步向能源、装备、石化等重要行业、关键领域和大企业集中。国有企业数量过多、分布过广过散的状况明显改观，国有经济比重过高和所有制结构单一的局面得到扭转，已形成国有、民营、外资等多种所有制形式并存的竞争局面。而非公有制经济则是社会主义市场经济的重要组成部分，对促进经济增长、增加就业及促进产业机构优化升级等起着不可替代的重要作用。以国有及国有控股企业为例，如表 3-1 所示。

表 3-1　1998~2011 年国有及国有控股工业企业主要指标

年份	企业单位数（个）	工业总产值（亿元）	资产总计（亿元）	负债合计（亿元）	所有者权益合计（亿元）	主营业务收入（亿元）	主营业务成本（亿元）	主营业务税金及附加（亿元）	利润总额（亿元）	全部从业人员年平均人数（万人）
1998	64737	33621.04	74916.27	35648.27	26759.22	33566.11	27092.45	993.53	525.14	3747.78
1999	61301	35571.18	80471.69	49877.69	30566.88	35950.70	28919.13	1062.21	997.86	3394.58
2000	53489	40554.37	84014.94	51239.61	32714.81	42203.12	33473.62	1150.28	2408.33	2995.25
2001	46767	42408.49	87901.54	52025.60	35741.27	44443.52	35522.47	1250.18	2388.56	2675.11
2002	41125	45178.96	89094.60	52837.08	36139.17	47844.21	38048.00	1401.82	2632.94	2423.63
2003	34280	53407.90	94519.79	55990.53	38381.02	58027.15	45987.63	1589.87	3836.20	2162.87
2004	35597	70228.99	109708.25	62005.79	47479.25	71430.99	57187.96	1921.90	5453.10	1973.20
2005	27477	83749.92	117629.61	66653.58	50625.00	85574.18	69302.41	2121.74	6519.75	1874.85
2006	24961	98910.45	135153.35	76012.52	58656.37	101404.62	81957.80	2612.74	8485.46	1804.00
2007	20680	119685.65	158187.87	89372.34	68568.59	122617.13	98515.08	3242.18	10795.19	1742.99
2008	21313	143950.02	188811.37	111374.72	77388.89	147507.90	122504.18	3882.05	9063.59	1794.10
2009	20510	146630.00	215742.01	130098.87	85186.57	151700.55	124590.48	6199.11	9287.03	1803.37
2010	20253	185861.00	247759.90	149432.10	98085.57	194339.70	158727.40	8016.31	14737.65	1836.34
2011	17052	221036.25	281673.87	172289.91	109233.21	228900.13	187783.79	9053.12	16457.57	1811.98

资料来源：历年《中国统计年鉴》。

由表3-1可见，1998~2011年，国有及国有控股工业企业的数量是不断下降的，由1998年的74737个降为2011年的17052个，全年从业人员年平均人数由1998年的3747.78万人降至2011年的1811.98万人，这说明国有经济进行了大范围的战略性调整，从很多领域中退出了。但是，工业总产值却是快速增长的，2011年的总产值是1998年的6.57倍，利润是31.35倍，资产总计是3.76倍。可以说，随着所有制结构的不断调整，国有经济的市场范围越来越窄，但效率越来越高，很大程度上得益于所有制结构调整。

第三节 我国所有制结构存在的主要问题

虽然我国所有制结构改革取得了突出的成绩，但是，从市场准入、产业结构和布局方面，我国所有制结构仍存在一些问题偏差。

一、国有企业垄断问题

在能源、电信、金融、公用事业、交通运输等领域，公有制经济仍处于绝对主体地位，非公有制经济基本上没有涉足或涉入不够，容易造成垄断，严重影响了非公有制经济的发展和国有经济的战略性调整。虽然国家在2010年发布了旨在引导非公有制经济发展的《鼓励和引导民间投资健康发展的若干意见》（"新非公36条"），鼓励与引导民间资本进入基础产业和基础设施建设、金融服务、国防科技工业、国有企业改革等领域，从形式上已经没有了显性的市场壁垒。但这些政策在实践中并没有得到切实落实，市场进入和退出方面仍面临着很高的壁垒。

事实证明，打破国企的行政垄断，非但不会损害国家安全，相反会促进市场效率的提高。以我国汽车产业为例，汽车产业是国民经济重要的支柱产业。1988年前，我国的汽车产业几乎被中央企业垄断，本国民企和外国资本遇到了极高的市场进入壁垒，此时汽车为奢侈度极高的商品，价格远非普通民众所能承担，且产品类型较少，质量水平很低，带有明显的计划经济印记。此后，国内汽车产业逐步开放，引入了大量外资及先进技术，价格相对降低，品牌逐步增加。但从总体上说，开放程度依然有限。随着改革力度的不断加大，吉利、奇瑞、长城、比亚迪等我国这些汽车民企如雨后春笋般崛起，国外知名品牌的汽车也纷纷进入了我国汽车市场，很大程度上改变了汽车产业的竞争结构。中央企业的垄断地位不再如以前那样稳固，越来越重视成本控制、技术研发、品牌打造等。在市场竞争的作用下，汽车产品的价格不断降低，种类大规模增加，很多不同层次的收入人群都有购置、使用汽车产品的能力，汽车逐步由奢侈品向普通消费品过渡。时至今日，在我国汽车行业当中，央企的垄断势力仍旧存在，一汽等中央企业仍然占据了很大的市场份额，有着很强的市场控制力，但竞争性的市场结构已经初步形成，市场竞争机制的功能日益显著（汤吉军、陈俊龙，2011）。

　　对于垄断问题，需要政府进行有效的管制与监管。当前，我国政府对垄断的监管能力存在很多不足，突出表现在监管意识、人力资本、组织建设、监管手段及方式等多个方面。一是监管意识淡薄，理念落后。政府在监管过程中"官本位"现象严重；在监管过程中，理念上仍受传统计划经济时代的旧观念的束缚，将监管看作一种管理权利，而未作为一种公共服务；二是一些政府及其领导干部对非国有资本尤其是私营企业仍在观念上有一些歧视性的偏见，夸大其追逐利润的天性，在许可证审批、检查及行政处罚等环节，对私人资本设置了很多人为障碍，不利于市场的公平竞争；我国政府在垄断监管人才培育上投入的资源不足，人员选拔机制不合理，缺乏行之有效的培训，很多监管人员根本就不具备监管资质，难以形成熟悉各公用事业的高素质人才队伍，执法效率不高；监管主体单一，缺乏独立性。我国对企业垄断监管的主体却十分单一，政府掌握着几乎全部的监管权利，而社会公众及其他相关利益者却没有相应的监管权利，即使名义上有，那也很难得到切实履行；政府与国有企业存在天然的密切关系，政府有关机构在对国有企业进行审批、现场及非现存检查、行政罚款等监管的过程中，独立性不强，经常受到上级政府部门及利益集团的干预，难免对国有企业实行一定程度的软约束，实质上违反了公正性原则。

在反垄断法律方面，《中华人民共和国反垄断法》（以下简称《反垄断法》）的出台，标志着我国反垄断事业进入了制度化、规范化的轨道，对于深化公用事业改革具有重大的基础性指导意义。但是，该法律主要是原则性规定，是概括性很强的基本法律，尚没有一套完善的配套政策措施，将原则性的规定具体化、详细化。该法第二条规定指出，"中华人民共和国境内经济活动中的垄断行为"以及"中华人民共和国境外的垄断行为，对境内市场竞争产生排除、限制影响的"适用本法，却没有将行政垄断与自然垄断进行明确地区分。《反垄断法》对行政权力进行了大量严格的限制，主要针对行政垄断，但是对于公共交通、通信、电力等公用事业，并没有明确是否纳入反垄断的范畴，极大地增加了实践中政府对公用事业行业监管的难度，使其无明确的法律可依。这些问题导致了《反垄断法》的实践效果远远低于其象征意义，难以对公用事业垄断实施强有力的监管。

二、国有与非国有经济缺乏有效合作及融合

国有经济与非国有经济都是促进社会主义市场经济持续健康发展的重要力量，它们之间并不存在对立关系，而是竞争与合作并存的关系。但在实践中，双方的合作及融合程度较低，尚未达到共赢。此外，在当前的社会经济条件下，大力发展混合所有制经济是优化所有制结构的重要途径，党的十八届三中全会就特别提到了要大力发展混合所有制。但是，当前混合所有制经济比重偏低，根据《2012 中国统计年鉴》的相关数据统计，比重仅有 43.25%（统计的是规模以上工业企业），而且质量也不高，存在很多问题，影响了国有企业改革进度、产业结构升级与国民经济的快速发展。

随着国企改革的不断深入，越来越多的国有企业进行了股份制改革，由单一的公有制变为多种所有制并存，扩大了规模，焕发了活力，

增强了实力。但是,国有控股企业普遍存在股权结构不合理问题,严重抵消了融合所产生的积极效用。一部分上市公司中的国有股和法人股比重偏高,主要表现在总股本中国有股占据绝对优势,以国有商业银行为例,总股本中限制流通股的比重过大;法人股股权比重不断上升。同时,外部股东对企业经济行为和经理人的约束作用弱化,无法切实保障中小股东的权益。因为国有股不具备流动性,所以它导致股票市场的资源配置功能被弱化,严重抑制了公司控制权市场化的发展。与此同时,股权分置造成流通股东与非流通股东长期存在着利益输送与利益索取的关系,这直接影响上市公司治理结构的完善(罗峰和张准,2013)。在此情况下,国有股在国有上市公司中呈现出"一股独大"的现状,容易诱发大股东——国有股东为了维护自身利益而做出有损于中小股东利益的决策,对企业的可持续发展造成损害,表3-2为截至2014年9月30日我国五大国有商业银行股权结构。

表3-2　　五大国有商业银行股权结构(截至2014年9月30日)

银行	股东	股东性质	持有比例(%)
工商银行	中央汇金投资有限公司	国家	35.32
	中华人民共和国财政部	国家	35.08
	香港中央结算代理人有限公司	境外法人	24.47
	中国平安人寿保险股份有限公司-传统-普通保险	境内非国有法人	1.28
	工银瑞信基金-特定客户资产管理	国有法人	0.30
	中国证券金融股份有限公司	国有法人	0.23
	安邦保险集团股份有限公司-传统保险产品	境内非国有法人	0.15
	中国人寿保险股份有限公司-传统-普通保险产品	国有法人	0.09
	南方东英资产管理有限公司-南方富时中国A50	境外法人	0.09
	中国平安人寿保险股份有限公司-传统-高利率	境内非国有法人	0.07

续表

银行	股东	股东性质	持有比例（%）
建设银行	中央汇金投资有限责任公司	国家	57.26
	香港中央结算（代理人）有限公司	境外法人	29.86
	淡马锡控股私人有限公司	境外法人	6.39
	国家电网公司	国有法人	1.08
	宝钢集团有限公司	国有法人	0.91
	中国平安人寿保险股份有限公司-传统-普通保险	境内非国有法人	0.86
	中国长江电力股份有限公司	国有法人	0.41
	益嘉投资有限责任公司	境外法人	0.34
	中国平安人寿保险股份有限公司-传统-高利率保	境内非国有法人	0.24
	中国证券金融股份有限公司	国有法人	0.11
中国银行	中央汇金投资有限责任公司	国家	67.68
	香港中央结算（代理人）有限公司	境外法人	29.20
	三菱东京日联银行（Bank of Tokyo-Mits Ufj）	境外法人	0.19
	南方富时中国A50ETF	境外法人	0.05
	华信信托股份有限公司	境内非国有法人	0.04
	中国铝业公司	国有法人	0.04
	神华集团有限责任公司	国有法人	0.04
	中国南方电网有限责任公司	国有法人	0.03
	中国证券金融股份有限公司	国有法人	0.03
	王景峰	个人	0.02
农业银行	中央汇金投资有限公司	国家	40.28
	财政部	国家	39.21
	香港中央结算（代理人）有限公司	境外法人	9.04
	全国社会保障基金理事会	国家	3.02
	中国平安人寿保险股份有限公司-传统-普通保险	境内非国有法人	1.48
	全国社会保障基金理事会转持三户	国家	0.41

续表

银行	股东	股东性质	持有比例（%）
农业银行	中国人寿保险股份有限公司 – 分红 – 个人分红	国有法人	0.38
	渣打银行（Standard Chartered Bank）	境外法人	0.37
	中国双维投资公司	境内非国有法人	0.23
	国网英大国际控股集团有限公司	境内非国有法人	0.23
交通银行	中华人民共和国财政部	国家	26.53
	香港中央结算（代理人）有限公司	境外法人	20.08
	香港上海汇丰银行有限公司	境外法人	18.70
	全国社会保障基金理事会	国家	4.42
	首都机场集团公司	国有法人	1.68
	上海海烟投资管理有限公司	国有法人	1.09
	中国平安人寿保险股份有限公司 – 传统 – 高利率保	境内非国有法人	0.95
	中国第一汽车集团公司	国有法人	0.89
	云南红塔集团有限公司	国有法人	0.89
	鲁能集团有限公司	国有法人	0.77

资料来源：网易财经，http://money.163.com/。

软预算约束是一种严重的低效行为，在这里，本书以此为例来探讨"一股独大"对企业绩效的损害。

假设有一家国有上市公司，国有股份具有控股权，经理人 A 作为国有股份的代表来充当整个企业的代理人，掌握的现金流权，即按持股比例拥有该公司的财产分红权为 $\alpha(0<\alpha<1)$，因此 A 成为企业内部的实际控制人，掌握了企业剩余索取权的分配。再假设，经理人 A 面临两个投资项目的选择，一个是好的新项目的新投资，一个是坏的老项目的再投资，新项目 g 可以产生总价值为 V_g，V_g 由经理人的私人收益 S_g 及企业整体（全体股东包括国有股份）收益 T_g 两部分组成，私人收益包括声誉及机会主义行为获取的收益，个人总收益为 $R_g = S_g + \alpha T_g$。老

项目 b 可以产生总价值为 V_b，V_b 由经理人的私人收益 S_b 及企业整体（全体股东）收益 T_b 两部分组成，个人总收益为 $R_b = S_b + \alpha T_b$。此外，$V_g > V_b$，但老项目比新项目能够给经理人带来的私人收益 $S_g < S_b$，因此 $T_g > T_b$。如果不存在委托—代理问题，那么经理人理所应当会选择好项目，但是如果 $R_g = S_g + \alpha T_g < R_b = S_b + \alpha T_b$，即 $V_g - V_b < (1/\alpha - 1)(S_b - S_g)$，那么经理人就会选择对老项目进行再投资，而非对新项目进行投资，也就构成了软预算约束。

在其他条件既定情况下，经理人掌握的现金流权 α 越高，$(1/\alpha - 1)$ 值就越小，$(1/\alpha - 1)(S_b - S_g)$ 就越小，那大于 $V_g - V_b$ 的可能性就越小。反之，α 越小，则 $V_g - V_b < (1/\alpha - 1)(S_b - S_g)$ 成立的可能性更大，选择对老项目增资也就是软预算约束产生的概率就越大，全体股东包括国有股东的利益受侵害的可能性也就越高。如果公司治理机制完善的话，那么一方面，经理人不会谋求机会主义带来的私人收益，另一方面，除了考虑自身的现金流权外，还必须考虑国有股东的现金流权，而后者往往远大于前者，这样 α 的值就越大，不等式成立及软预算约束的可能性就越小。

上述分析指出了经理人与整个企业之间的委托—代理问题，假设股东的利益是一致的。如果股东之间的利益存在差别，即使国有股东与其代理人——经理人之间的利益是一致的，同样可能因国有股东追求自身利益而产生软预算约束，分析的逻辑与上述模型分析是一致的，但问题的严重性要轻一些。而这一问题的产生与股权结构（"一股独大"）密切相关。包括跨国国有企业在内的国有上市公司普遍"一股独大"，股东大会及董事会被大股东所操纵，成为其而非全体股东的利益代言人，这样大股东收益就包括了控制权收益、扩大投资收益及剩余索取权收益，而中小股东收益仅为剩余索取权收益。也就是对于投资决策，大股东独享投资收益，而风险由全体股东承担（汤吉军、陈俊龙，2011）。也就是说，很多上市国有企业的投资决策往往由国有大股东决定，而中小股东尤其是广大散户很难对其决策行为进行有效影响。在缺乏内部利益相关者监督的情况下，软预算约束问题就很容易产生。

可见，股权结构不合理作为所有制结构的微观问题，严重影响国有控股企业的生产决策行为，最为严重的情况下，中小股东完全被忽视，成为大股东机会主义行为的工具。从微观层面来讲，要想优化所有制结构，必须要完善国有控股企业的公司治理结构。

三、产权制度不完善

所有制结构的根本还是在于产权制度，产权制度高效了，所有制结构的优化也就有了保障。产权是一种极其重要的制度安排，在公司治理中处于核心地位。剩余控制权与剩余索取权的清晰界定与配置，能够有效地激励及约束相关主体行为，使他们在责任约束下努力提高经济效率，索取更多的剩余。产权的类型有多种，私人产权的界定与分配往往较为容易，而国有企业产权具有特殊性，具有非排他性，难以清晰界定。从名义上说，国有企业资产属于全体公民，政府作为全民的代理者行使相应的职责。政府内部会设置相应的管理部门来具体管理国有企业及其资产，例如国务院国有资产监督管理委员会代表国家实施出资者责任。虽然从表面上看产权是清晰的，但是由全民担当国有企业产权主体的可操作性太低，实施成本过高，因此长期以来，国有企业产权主体"虚置"现象一直存在，也就是产权主体模糊，缺乏能真正负得起责任的所有者。因此，产权明晰一直以来是国有企业改革的重大难题与重要方面。党的十六届三中全会《关于完善社会主义市场经济体制若干问题的决定》提出要建立一个"归属清晰、权责明确、保护严格、流转顺畅"的现代产权制度，指出了国有企业产权制度改革的目标及方向。具体到跨国国有企业海外投资，境外国有资产产权不清也是长久以来存在的问题，而且与国内国有资产相比，由于重视程度不够，政策制定及实施较晚，加之信息成本高昂，产权不清、分布混乱、虚置的问题更为严重（陈俊龙，2013）。

对于非国有企业而言，同样也存在着一些问题。一些私营企业发展到一定程度时，故步自封，不懂得股份制对企业可持续发展的重要性，丧失了很多机遇。更为重要的是，对于私人产权的保护，还存在很大的制度漏洞与制度冲突。我国私营企业的成长与私有产权制度的发展是紧密相关的。1988年与1999年我国就私营经济问题先后进行了两次修宪，极大地促进了私营企业的成长，但是仍未达到国外发达国家对私有财产的保障力度。例如，对于"私有财产神圣不可侵犯"原则仍存在极大的争议。党的十八届三中全会指出，"完善产权保护制度。产权是所有制的核心。健全归属清晰、权责明确、保护严格、流转顺畅的现代产权制度。公有制经济财产权不可侵犯，非公有制经济财产权同样不可侵犯""国家保护各种所有制经济产权和合法利益，保证各种所有制经济依法平等使用生产要素、公开公平公正参与市场竞争、同等受到法律保护，依法监管各种所有制经济"。与过去相比，将非公有制产权与公有制经济产权放在了平等的地位，使私人产权保护制度取得了跨越式的进步。

四、各地区不同所有制企业发展不均衡

从地域上看，我国所有制结构呈现出中部、西部、东北地区所有制结构调整滞后、公有制经济比重高、非公有制经济发展滞后，而东部沿海发达地区所有制结构呈现调整快、公有制经济比重低、非公有制经济快速发展的格局。所有制结构地区分布的不均衡是与我国地域辽阔、经济发展极不平衡的客观的生产力背景相适应的，这也是我国所有制结构市场化过程中一个必然的阶段。

公有制企业与非公有制企业发展差异大。虽然非公有制经济的比重已经超过了公有制经济，但非公有制经济普遍存在规模小、发展不规范、生命周期短等特点，与国有企业尤其是大型央企差距十分明显，竞争力明显不足。这种巨大的差异一方面制约了非公有制经济质量的提升，使其在与国有企业的竞争中处于不利地位；另一方面，使其与国有企业融合缺乏条件，因为国有企业不会选择与自己差距过大的企业合作。例如，在2012年世界500强排行榜中，中国上榜公司达到79家

（含港、台地区），达到历史最高水平，已经超过日本，仅次于美国。其中，国有及国有控股企业达到了 64 个，处于绝对的主体地位，内地的民营企业却很少。这充分体现了国有企业与民营企业发展之间巨大的不均衡。

五、非公有制经济的发展仍未受到充分的重视与支持

第一，对于石油、通信、电力等垄断行业，虽然国家出台了新"非公 36 条"等鼓励非公有制资本进入的措施。但实际上，很多非公有制资本难以进入这些行业与国有企业竞争，即使进入了也面临大量的政策性与市场性障碍，产生大量的沉淀成本。一些积极推动混合所有制改革的国有企业尤其是央企，虽然开放了一些领域，但多属于微利甚至亏损业务，私有资本很难独立地与国有企业进行行业内的公平竞争，导致私有资本不愿意深度参与国有企业主导的混合所有制改革。

第二，受传统计划经济体制的影响，长期以来，姓"资"姓"社"的问题一直存在着激烈的争论，很多人依旧对非公有制经济存在"所有制歧视"，不利于其发展；"恐私、怕私、惧私"的传统观念还在束缚人们的手脚；所有制关系的"补充论"、不同所有制成分的"机械数量论"、所有制的"优越程度排座次论"等导致体制内外仍然是"两张皮"。对于非国有企业而言，在当前国家积极促进国企民企融合的时代背景下，很多企业家不愿意或害怕与国有企业融合，怕被国企吞掉，丧失企业控制权。这些思想误区自改革开放以来都是制约我国所有制改革的重要障碍。

第三，国有企业股权结构下存在着大量既得利益者，为了维护当前股权结构下的既得利益，对于降低国有股比重的改革兴趣不大，甚至是反对，更不用说丧失大股东地位而从属于同行业或相似行业的私有资本。加之，与私有企业相比，国有企业在规模、实力、政策支持、社会资源等各个方面处于优势地位，很多国有企业即使想吸收外来资本，也主要关注海外资本及其他优质的国有资本，对同行业或相似行业的私有

资本抱有错误的思想观念。另外，由于私有企业发展存在很多问题，国家相关职能部门出于保证市场控制力及防范国有资产流失的考虑，只愿意转让少量国有股权给私有资本，以避免民营资本的进入影响国有企业的稳定发展。这些都导致很多国有企业虽然形式上实现了混合所有制，但实际上"一股独大"严重，无法吸收同类行业中的优质私有资本，无法真正发挥混合所有制优势。

第四节 以东北地区为例考察混合所有制改革

改革开放40多年来，中国采取了高投入、高消耗、高污染、低产出的经济增长模式，保持着惊人的增长速度，久而久之，使人们对高经济增长速度司空见惯。但是，这种高速增长模式建立在对资源环境的过度消耗之上，随着时间的推移，面临着越来越严峻的资源环境瓶颈、体制瓶颈与技术瓶颈，不可能一直保持高速增长，不利于社会经济的可持续发展。受此影响，以重化工业为经济支柱的东北经济亟待高质量发展，经济增长速度持续低于全国平均水平，表3-3为2013~2015年东北三省GDP增速及全国排名。

表3-3　　2013~2015年东北三省GDP增速及全国排名

地区	2013年GDP增速（%）	排名	2014年GDP增速（%）	排名	2015年GDP增速（%）上半年	排名
吉林	8.74	22	6.5	28	6.1	28
辽宁	9.07	20	5.8	29	2.6	31
黑龙江	8.09	27	5.6	30	5.1	29
东北地区	8.60	—	5.9	—	4.6	—
全国平均	7.70	—	8.5	—	7.4	—

资料来源：国家统计局网站。

东北地区作为传统的老工业基地,产业结构以重化工业的第二产业为主,经济增长对第二产业尤其是重工业的依赖度很高,而第二产业又主要以国有经济为主,对资源依赖度很高。由表3-4可见,辽宁和吉林第二产业占GDP的比重都在50%以上,平均比重高达47.3%,高于全国平均水平4.6个百分点。同时,东北地区第三产业对GDP的贡献落后于全国平均水平,差距高达6.6个百分点。可见,东北地区产业结构不优化,第二产业比重过高,第三产业发展滞后。

表3-4　　　　　　　　2015年东北地区产业结构

地区	国内生产总值（亿元）	第一产业 绝对值（亿元）	第一产业 比重（%）	第二产业 绝对值（亿元）	第二产业 比重（%）	第三产业 绝对值（亿元）	第三产业 比重（%）
辽宁	28626.58	2296.13	8.0	14370.54	50.2	11965.91	41.8
吉林	13803.14	1518.35	11.0	7288.06	52.8	4996.74	36.2
黑龙江	15039.38	2616.85	17.4	5549.53	36.9	6888.04	45.8
东北地区	57469.1	6431.33	10.0	27208.13	47.3	23850.69	41.5
全国	636138.7	58336.1	9.2	271764.5	42.7	306038.2	48.1

资料来源:2015年《中国统计年鉴》。

本节以工业企业为对象,以社会固定资产投资为指标,来分析东北地区混合所有制经济现状,如表3-5所示。从比重来看,吉林的混合所有制经济比重高于全国水平,黑龙江基本接近全国水平,辽宁低于全国水平。从数量上看,整个东北地区混合所有制经济处于全国的平均水平。

表3-5　　　　　东北地区混合所有制经济现状　　　　　单元:亿元

企业类型	辽宁	吉林	黑龙江	全国
其他联营企业	38.2	35.4	57.0	1562.1
其他企业（内资）	898.1	715.1	569.2	24309.3

续表

企业类型	辽宁	吉林	黑龙江	全国
中外合作经营企业	26.8	17.3	27.4	1992.5
股份有限公司（内资）	1035.7	546.5	311.1	22371.5
港澳台商投资股份有限公司	1018.4	88.1	85.5	11934.5
外商投资股份有限公司	596.3	81.5	50.8	11052.6
其他责任有限公司	5876.8	3680.7	2809.0	136462.2
总计	9490.3	5164.4	3910	86868.7
占全部社会固定资产投资比重	34.1%	45.4%	39.5%	40.6%

资料来源：2015年《中国统计年鉴》。

虽然东北地区国有企业改革取得了一定的成绩，但是，其混合所有制仍存在着很多问题。

第一，股份制改革不彻底，法人治理结构不健全。经过改制，很多国有企业虽然吸收了非国有资本，但在很多方面需要继续完善和深化。一方面，一些国有企业还没有实现股权多元化的股份制改革，仍为国有独资企业。另一方面，已改制国有企业的股权结构不合理，法人治理结构不健全。当前东北地区国有企业虽然基本建立了现代企业制度，但离建立责权统一运转协调、有效制衡的公司法人治理结构还有很大距离。这表现在股东大会、董事会、监事会的职能尚不规范与有效实施，企业内部尚未形成有效的激励与约束机制。国有股仍处于绝对的支配地位，非国有股东难以对国有大股东形成有效的制约，企业的决策权与经营权牢牢掌握在大股东手中。这导致混合所有制的内部治理监督功能大打折扣，非国有资本难以获取应有的权益，从而弱化了参与改革的动力。

第二，缺乏统一的成熟市场，沉淀成本高昂。成熟统一的市场经济是东北地区国有企业混合所有制一体化发展的市场前提。如果没有统一的经济市场，一方面，很难消除在混合所有制经济中国有企业"一股独大"的现象；另一方面，不利于民营资本顺利进入混合所有制经济中，不利于消除对民营企业的"所有制歧视"。当前，东北地区未形成统一的产品与资本市场，条块分割严重，一方面是由于政府间缺乏协调发展的意识与政策，另一方面在于传统产业结构导致的高额沉淀成本，导致混合所有制改革阻力大。东北地区国有企业经过几十年来的发展，已经投入巨额的沉淀成本投资，一些老厂房、老设备、相关人员如何安置、配置及衰退产业如何有效地退出、改造等问题严重制约国有企业混合所有制改革进程。

第三，历史遗留问题尚未完全解决，改革负担重。东北地区国有企业在其改革过程中产生了众多历史遗留问题，构成了国企改革的沉重变迁成本。要实现国有企业混合所有制的有序稳步发展，必须妥善处理好各种历史问题，让企业轻装上阵。对此，在过去的十几年里，中央及各级政府给予了大量的资金与政策支持，例如完善社会保障体系试点、分离企业办社会职能和辅业改制、政策性破产、中央投资倾斜、历史欠税豁免等，有利于东北地区国有企业摆脱历史包袱，化解国有企业存在的突出矛盾，增强企业发展后劲。但是，历史遗留问题的解决绝非一朝一夕，东北地区相较其他省份尤其是沿海发达省份来说，民营经济不发达，政府在行政效率、财力等方面又存在很大不足，对老职工的安置、离退休职工的医疗、养老保险等社会保障体系方面往往力不从心。因此，仍有一部分国有大中型工业企业依然存在"办社会"、负债率高、亏欠职工工资、"三金"欠账、债务大、富余人员多、就业压力大等问题，致使改组改制难度大，自我积累与发展能力严重不足。特别是近两年来，由于经济不景气及转型压力，历史遗留问题再次凸显，严重制约着国企混合所有制改革进程。历史遗留问题解决的关键在于清晰的责任划分。在现实国有企业改革中，科斯定理所要求的前提是不存在的，产权界定困难，历史遗留问题的责任很难得到清晰界定。历史遗留问题必须要有政府的强力支持。但是，由于政府能力有限，缺乏解决历史遗留问题的资金及制度设计能力，以及"职能错位"，导致政府未承担起应担的改革责任。

第四，投资环境尚待优化，对外部优质资本吸引力有限。由于传统计划经济体制的影响及地理位置的限制，东北地区在政府能力、投资环境、服务意识、监管理念等方面均落后于东部发达地区,与全国其他地区相比,其吸引港澳台资及境外战略投资能力差,难以吸收区域外优质的资本参与东北地区国有企业混合所有制改革,制约了国有企业混合所有制改革的进程及质量。

自 2003 年中央提出并实施振兴东北地区等老工业基地战略以来,经过各级政府与企业自身的不懈努力,东北老工业基地国有企业进行了较为深入的所有制改革,"坚持有所为有所不为""抓大放小",采取灵活的所有制实现形式,通过联合、破产、兼并、转让等方式优化国有企业资源,成立了一批技术能力强、资金雄厚、市场竞争力强的大型企业集团。此外,通过股份制尤其是上市,吸收了大量的社会资金特别是非国有资本,外资资本也越来越多。国有企业数量过多、分布过广过散的状况明显改观,国有经济比重过高和所有制结构单一的局面得到扭转,已形成国有、民营、外资等多种所有制形式并存的竞争局面。在这个过程中,东北地区混合所有制经济发展迅速,在整个所有制结构中的比例越来越高。

混合所有制是由国有成分、集体成分、私有成分、港澳台商和外商成分相互混合而成的一种所有制形式,是公有制经济与非公有制经济的有机融合。同类经济成分的结合,例如国有联营企业,私营股份有限公司等纯公有制或非公有制经济都不能称为混合所有制经济,只有既有公有制经济也有非公有制经济才能称为混合所有制经济。此外,混合所有制经济不仅是一种"控股经济",还有其他联营、合作、合资等其他形式,不能以偏概全。基于此,根据 2011 年由国家统计局、国家工商总局印发的《关于划分企业登记注册类型的规定》,混合所有制经济包括其他联营企业、其他内资企业、中外合作经营企业、合作经营企业(即港澳台资)、股份有限公司(内资)、港澳台商投资股份有限公司、外商投资股份有限公司、其他有限责任公司(内资)、合资经营企业(即港澳台资)、中外合资经营企业 10 种。表 3-6 为 2011 年东北地区及全国混合所有制经济构成及数量。

表3-6　　2011年东北地区及全国混合所有制经济构成及数量　　单位：亿元

企业类型	吉林	辽宁	黑龙江	东北地区	全国
其他联营企业	3.09	19.02	8.84	30.95	361
其他企业（内资）	863.89	348.51	13.52	1225.92	10434
中外合作经营企业	59.42	170.58	2.91	232.91	2968
合作经营企业（港澳台资）	25.79	52.56	0	78.35	2002
股份有限公司（内资）	3108.91	5451.33	1666.83	10227.07	83464
港澳台商投资股份有限公司	7.73	14.65	0	22.38	3388
外商投资股份有限公司	71.52	102.49	63.85	237.86	4966
其他有限责任公司（内资）	2629.81	6877.83	3484.73	12992.37	166111
合资经营企业（港澳台资）	158.75	993.45	85.66	1237.86	27578
中外合资经营企业	2838.99	3462.76	270.41	6572.16	63876
总计	9767.9	17493.18	5596.75	32857.83	365148
工业总产值	16917.61	41776.73	8008.32	66702.66	844269
比重（%）	57.74	41.87	69.89	49.26	43.25

注：吉林、辽宁、全国统计的是规模以上工业企业，黑龙江统计的是大中型工业企业。
资料来源：2012年《中国统计年鉴》。

由表3-6可知，东北三省的混合所有制经济比重还是比较高的，高于全国平均水平，这都得益于2003年以来对东北老工业基地国有企业大刀阔斧的改革。目前，东北三省国有企业完成改制覆盖面达90%以上，基本上实现了股份制改革目标。通过改革，原国有中小企业国有股基本退出，国有大型企业基本实现投资主体多元化，初步形成多种所有制共同发展的新格局。改制后企业以股份制这一典型的混合所有制为主。

但是，东北三省混合所有制经济质量并不高。第一，一些公有制与非公有制资本在融合之后存在利益冲突,严重制约了改制效果。第二,由于操之过急,很多改制更多的是停留在形式而非实质,一些企业改制后的企业运营管理体制并没有实现真正转型,传统国有企业的体制弊端依旧存在。第三,一些改制后的股份制企业依旧存在"一股独大"与"内部人控制"问题,中小股东权益难以得到有效保障。第四,对外商及港澳台资的吸引力差。东北地区混合所有制经济更多的是内地公有制资本与非公有制资本的融合,与全国水平相比,吸引港澳台资及外资能力差,没有充分利用外资发展混合所有制经济。

第四章

不同市场结构条件下我国国有企业混合所有制结构分析

第一节 竞争性市场条件下混合所有制结构

在新古典瓦尔拉斯一般均衡的完全竞争市场上，交易成本为零，产品市场和生产要素市场都是完全的，没有任何交易成本，不会带来任何投资损失，使私有企业都可以追求利润最大化。厂商仅仅被看作一个生产函数，内部也没有任何交易成本，仅仅依靠价格信号调节生产和资源配置。在这种情况下，我们不会遇到机会主义、有限理性，以及资产专用性等问题，经济都会达到最优配置。

因此，分析生产的帕累托最优条件的方法与分析交换的帕累托最优条件的方法相似，仍采用埃奇沃思盒状图来分析，如图 4 - 1 所示。假定市场中有生产要素为劳动（L）和资本（K），劳动与资本的数量是不变的。假设市场是完全竞争的，此时，需要将两种生产要素在国有企业与非国有企业之间进行分配，生产出公有制企业产品 X 与非公有制企业产品 Y。

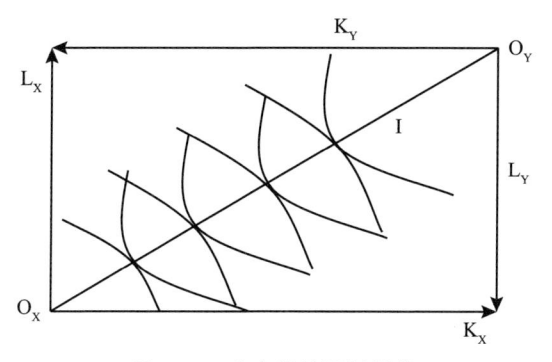

图 4-1　生产的帕累托最优

盒状图的水平长度表示资本的数量 K，盒状图的垂直高度表示劳动的数量 L。O_X 为公有制企业产品的原点，O_Y 为非公有制企业产品的原点。从 O_X 水平向右代表公有制企业对资本的消耗量 K_X，垂直向上表示公有制企业对劳动的消耗量 L_X；从 O_Y 水平向左代表非公有制企业产品对资本的消耗量 K_Y，垂直向上表示非公有制企业对劳动的消耗量 L_Y，$K_X + K_Y = K$，$L_X + L_Y = L$。U_X 为公有制企业的等产量线，U_Y 为非公有制企业的等产量线，有无数条。双方无数条等产量线的切点代表着帕累托最优的实现，这些切点组合而成的线如果偏离，而在契约曲线以外的任何一点，则存在帕累托改进的余地。最有效率的生产，应该在两条等产量曲线的切点上。这些切点组成的曲线叫作生产契约曲线，为 I。由于每一个生产契约曲线上的点都是生产的帕累托最优，每个点都对应着相应数量的 X 与 Y，因此可以看作最大程度上所能实现的两种产品的产量组合。这样就可以推出生产可能性边界 V，如图 4-2 所示。

每一种产品组合都会给社会带来不同的社会福利，公有制企业产品更注重一般性，非公有制企业产品更具有私人性，因此存在社会无差异曲线 U。U 与 V 的切点 D 是最优点，代表着生产帕累托最优与社会福利最大化。此时，分配给国有企业与非国有企业的资源是最优的，由此而形成的所有制结构也是最优的。

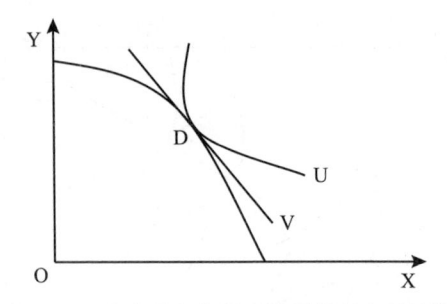

图 4-2 完全竞争条件下的最优所有制结构

第二节 完全竞争条件下混合所有制结构分析的局限性及拓展

以上分析基于的是传统新古典经济学完全竞争的假设，假定要素市场和产品市场都是完全的，企业处于规模收益不变或规模不经济（收益递减的小企业）条件下，资源充分流动或者完全可逆，没有任何沉淀成本投资，产品市场的价格变动瞬间会引起要素市场的价格变动。反之，要素市场的价格变动也会瞬间引起产品市场的价格变动。从长期看来，将会实现帕累托最优配置，并没有固定成本和规模经济状况。为了进一步突出"看不见的手"机制，即使处于规模经济（收益递增的大企业）情形下，假定要素市场完全，投资成本包含固定成本，但并没有沉淀成本，潜在竞争这一"弱看不见的手"机制，也会使自然垄断企业至少会实现帕累托次优，亦即拉姆齐最优（Baumol et al., 1982）。此时即使发生了不确定性冲击或机会主义行为，因没有沉淀成本，资源可以自由进入和自由退出市场或产业，也可以无成本损失地实现重新优化配置，不会产生任何经济问题。在此条件下，公有制企业与非公有制企业能自由地进出市场，按照边际收益等于边际成本的利润最大化原则或者收支正负原则来决定是否进入市场，投入多少，是否与其他所有制企业合作等决策，此时所有制结构就会在市场机制的作用下自然而然达到最优。

第一，为什么需要国有经济与民营经济共同发展，而不是国有经济

第四章　不同市场结构条件下我国国有企业混合所有制结构分析 93

大规模私有化，这些对于经济高质发展具有什么重要意义。究其原因就是因为国有企业，尤其是大型国有企业具有沉淀资本或专用性资产，从而无法轻易地市场化。依据科斯定理，在交易成本为零条件下，产权的界定不会影响经济效率。换言之，这是在完全信息条件下做出的，因此我们需要理解为什么所有制结构调整困难？为什么国有企业不能完全私有化？民营企业为什么进入困难？第二，如何才能实现国有经济与民营经济平衡？最根本的问题是，国有企业投资具有沉淀成本，以及由此引起的有限理性和不确定性（或交易成本），由于国有企业沉淀投资，而被代理人或经营者"敲竹杠"，尤其在信息不完全条件下，致使国有资产流失和侵蚀利润。反过来说，如果国有企业没有沉淀成本，资产具有完全通用性或者没有沉淀成本，那么国有企业也会在市场上重新配置资源，不会遇到任何经济问题。第三，恰恰是由于沉淀成本的存在，才使国有企业走向重组之路，包括国有企业一体化、组建企业集团，而没有走向大规模私有化道路。在这种情况下，还要积极鼓励民营企业进入，从而与国有企业共同发展。在这种情况下，如何形成国有与民营经济之间的均衡关系。因而可以根据国有与私营运行的不同成本变化分析国有经济与民营经济之间的均衡及其变动。第四，解决所有制结构调整的重点是管理好沉淀成本，使国有经济与民营经济共同发展，最终目标是促进整个社会和谐发展，如图4-3所示。

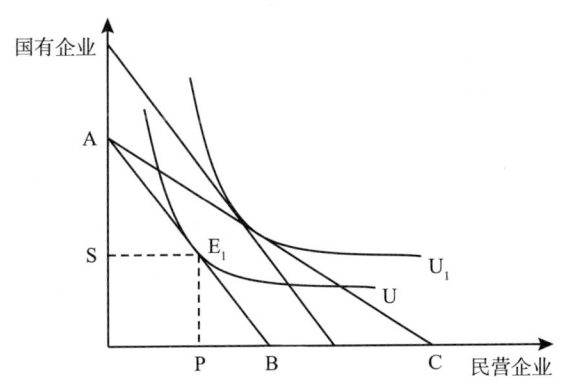

图4-3　国有企业与民营企业平衡及其变动分析

在当前的经济条件下，完全国有化不符合经济发展现实，因为任何制度运行都需要支付一定的成本，而这个成本也就是它们运行的价格。如果国有和民营经济运行，必将出现单位货币的边际效用相等而达到均衡，进而分析是国有或民营运行价格发生变化，还是偏好发生改变，导致均衡点发生变化，以及理解发挥好国有经济的主导作用、处理好国有经济和民营经济的关系，分析如何坚持"两个毫不动摇"，即必须毫不动摇地巩固和发展公有制经济；必须毫不动摇地鼓励、支持和引导非公有制经济发展，本身恰恰由于沉淀成本所致，由此产生委托—代理和"敲竹杠"问题。即使私有企业运行也需要花费成本。

完全竞争存在致命缺陷，就是严重地偏离现实，因此最优所有制结构在现实中也不会出现，如果我们忽略现实而盲目地追求完美条件下的所有制结构的话，那必将事倍功半。问题的关键之一在于忽视了沉淀成本，突出表现为交易成本、沉淀成本的存在导致市场是不完全竞争的。所谓沉淀成本是指投资承诺之后无法通过转移价格或再出售价格得到完全补偿的那些成本，它是投资者的一种净损失。它产生的原因主要有以下几种：（1）信息不完全导致利益受损会产生沉淀成本。信息不完全存在于市场中，虚假信息以及噪声相互交织在一起；而且信息的生产、传递与验证都需要投入时间和资源，使经济主体利益无法形成理性预期，因而有些潜在利益无法实现。（2）专用性资产投资特征产生沉淀成本。（3）信息不完全条件下引发的交易成本也是沉淀成本的重要来源，特别是当交易成本增加初始投资支出以及减少打捞价值时。例如，解雇工人、培训、谈判成本、运输成本、在买卖间信息不对称等都会进一步减少再出售价格。（4）政府的折旧政策、税收政策等也是产生沉淀成本的重要原因。大多数的研究没有重视资产折旧对于沉淀成本的影响。相反，把资产价值下降看作生产效率下降的反映。（5）由于交易成本存在和经济主体有限理性，任何契约安排都不是完全的。经济主体往往既无确实可靠信息，又无去伪存真、正确分析信息和甄别能力，实际中的经济主体仅仅是有限理性的主体。此时，因资产专用性、机会主义和交易不确定性，使契约安排不完美，从而会出现"敲竹杠"现象，减少投资主体的经济利益，这也会产生沉淀成本。由于契约不完备，经济主体的利益不可能完全被预见，因而很容易遭受机会主义和有限理性因素干扰而使利益受损，以致产生沉淀成本。从现代产业组织理论的开拓者贝恩（Bain，1956）开始，一直将沉淀成本看作市场不完全竞争的来源。他们认为，沉淀成本是企业进入（投资）、退出（负投资）和进入威慑博弈的决定因素。该种看法既考察了沉淀成本对在位优势和竞争优势的影响，又解释了可竞争市场与产业结构之间的反方向关系，并得到沉淀成本与市场结构之间的经验关系（Sutton，1991；Ross，2004；Kessides & Tang，2010）。对于所有制结构而言，必须要研究在不完全竞争尤其是寡头垄断条件下的所有制结构最优问题，否则将无法适应我国国情。

基于此，我们试图从交易成本和垄断这两种情况来更现实地剖析所有制结构问题，构建一个更实际的理论框架，找出我国所有制结构调整的问题及障碍，提出可操作性强的对策建议。

第三节　交叉所有权、国有股最优比重与国有企业混合所有制改革

在对国有股最优比重的已有研究中，通常假设国有企业的股份制或部分私有化改革是通过引入外部的非国有资本完成的，同一行业或相似行业的私有企业是不参与的，也就是与国有企业只存在竞争关系，不存在交叉所有权安排。交叉所有权（cross ownership）是指投资者拥有其他不同企业（与投资者所拥有的企业存在交易关系或竞争关系）大量股份的投资安排。交叉所有权不同于交叉持股，不是企业间股权的相互持有而是单向的。同时，又不同于股权投资，其投资方向局限于同一个或相似的市场，从这一点来说，与横向一体化具有相通之处。一般来讲，一个企业持有竞争对手的股份（交叉所有权），可以获取对方创造的一部分利润，通过投资组合多元化分散风险；加强企业间的联系，控

制企业间的竞争水平；获取对方的专用性技术，增强自身的竞争力。国内外大量的经验证据表明，实现部分私有化的国有企业与私有企业在市场中已经实现了竞争与共存，交叉所有权并非仅仅存在于私有企业之间，也广泛地存在于国有企业与私有企业之间。

实际上，交叉所有权与国有股比重存在相互作用的关系。一方面，政府对于国有企业的股份制改革具有重要的决策权，会受竞争企业交叉所有权安排的影响。在确定国有股比重时，主要考虑的是整体社会福利（生产者剩余与消费者剩余之和）而不像私有企业那样只考虑自身利润。私有企业对国有企业的交叉所有权安排会改变国有企业和私有企业的效用函数及原有的市场均衡状态，私有企业是否持有国有企业股份将影响国有企业股权结构改革的预期，进而影响政府对于国有企业国有股比重的决策。

另一方面，政府对于国有企业国有股比重的决策也会影响私有企业是否实施交叉所有权安排。一个持有竞争对手的股份并不代表着控制对手的决策，对决策制定的控制力取决于持有股权比重的高低。一个企业是否持有竞争对手的股份以及持有多少基于自身利润最大化，前提是从竞争对手获取的利润要大于原企业因均衡价格或产量变化所带来的损失，而这与竞争对手的目标函数密切相关。因此，国有股比重是交叉所有权不可回避的问题，国有企业中的国有股份比重多少决定着企业是国有控股还是非国有控股，进而决定着私有企业交叉所有权安排是否有利可图。

国有股比重问题是关系混合所有制经济发展的重要问题之一。如果国有股比重过高，容易导致企业控制权牢牢地掌握在国有股东手中，非国有股东话语权得不到保障，存在被国有大股东攫取准租金的风险。如果国有股比重过低，企业被非国有资本控制，那么容易出现在某一行业国有经济的控制力受到影响，企业经营目标偏离社会福利最大化，国有资产也面临流失与损失的风险，这一点已经从 20 世纪国企改革的教训中得到验证。因此，应当探索国有股最优比重，充分发挥出交叉所有权对混合所有制经济发展的推动作用。

交叉所有权对于混合所有制经济也具有一定的影响。从直接的角度来看，党的十八届三中全会指出，"国有资本、集体资本、非公有资本等交叉所有权、相互融合的混合所有制经济，是基本经济制度的重要实现形式"。通过交叉所有权安排，可以将与国有企业密切相关的私有资本引入国有企业，形成不同类型资本的相互融合与制约，一方面有助于促进规模经济，拓展市场范围，增强企业的核心竞争力；另一方面，由于同处的行业相同或类似，交叉所有权安排有助于各种资源的高效整合，减少不必要的交易成本，提高整个行业的经济绩效。从间接的角度来看，由于交叉所有权安排会影响国有企业股权结构改革的预期及政府的相关决策，而国有股比重对于混合所有制经济具有直接作用，所以交叉所有权安排对于混合所有制经济具有间接作用。但是，由于私有企业追逐的是自身利益最大化，如果私有企业的效率达不到一定程度，那么交叉所有权安排所导致的产量及价格变化很可能不利于社会福利的提升。

总之，交叉所有权与国有股比重存在相互作用的关系，是私有企业与国有企业进行博弈的重要变量。交叉所有权与国有股比重对于混合所有制经济具有一定的影响，进而对社会福利产生作用。在不同的条件下，产生的作用也不尽相同，既有可能促进，也有可能阻碍。

为了证明以上论点，我们构建由国有企业与私有企业的双寡垄断市场模型，剖析该种市场结构下私有企业对国有企业的交叉所有权、国有股最优比重与社会福利。

一、模型构建

假设存在一个由国有企业与私有企业构成的双寡垄断市场，分别为企业1与企业2。Q为市场供应量，$Q = Q_1 + Q_2$。两个企业产品既可能是同质的，也可以存在差异，取决于$\partial(0 \leq \partial \leq 1)$的数值，$\partial$越大，产品的差异程度就越小。当$\partial = 0$时表示两个产品没有任何同质性，当$\partial = 1$表示两企业产品是完全同质的。企业t面临的市场需求函数为$P_i = $

a − Q_i − ∂Q_i，i 及 j 的取值为 1 或 2，而且 i≠j。为了简化分析，假设 ∂=0，即双方是同质的。

双方之间的竞争是古诺竞争，产量是决策变量，双方都准确地了解市场的需求曲线。没有外部企业的进入。企业 1 与企业 2 的生产技术都是规模报酬不变的，因此他们的成本都是常数，假设企业 1 的边际成本为 b，企业 2 的边际成本为 c，且 a>b，a>c。对于国有企业与私有企业的效率对比，学者们一般认为，由于产权不清及委托—代理问题，国有企业效率普遍低于私有企业，即边际成本高于私有企业。但也有一些学者认为两者是相同，甚至国有企业效率有时高于私有企业效率。对于我国来说，国有企业长期以来存在委托—代理、"一股独大"、政企不分等问题，严重影响了国有企业效率，但是通过持续的国有企业改革，国有企业效率显著提升，与私有企业相比具有明显的规模经济优势。所以，与私有企业相比，国有企业的相对效率应该分为两种情况。第一种是私有企业的边际成本 c<b，第二种是两种企业效率相等，即 c=b。

国有企业与私有企业不同，其目标并不局限于自身利润的最大化，而是追求整体社会福利的最大化。假设企业 1 与企业 2 的利润分别为 π_1 和 π_2，其效用函数 W = π_1 + π_2 + CS，CS 代表消费者剩余（consumer surplus），CS = $\frac{(Q_1 + Q_2)^2}{2}$ 股份制改革改变了国有股比重，使企业 1 的目标偏离了社会福利目标，效用函数变为 U_1 = (1 − δ)π_1 + δW。假设企业 1 进行股份制改革或私有化决策，关系着是否打破及多大程度上打破国有股的垄断地位，吸收非公有制资本进入。当前我国大多数国有企业已经实施了此项改革，未来将进一步深化，大力发展混合所有制经济。假设改制后的国有股比重为 δ(0≤δ≤1)，δ 越大，表明国有股比重越高，吸收的非公有制资本就越少。当 δ=1 时，意味着没有进行股份制改革；当 δ=0 时，表明实现了完全的私有化。此时，δ 成为企业 1 效用大小的内生变量，企业需要选择最优的 δ 值来实现效用的最大化。

企业 2 作为私有企业，其追求自身利润的最大化，即 Maxπ_1。鉴于交叉所有权的好处，企业 2 会决定是否持有竞争对手企业 1 的股份以及持有多少，假设持有的股份占非公有制股份的比重为 $\lambda(0 \leq \lambda \leq 1)$，$\lambda$ 值越大，持有国有企业的股份就越多。当 $\lambda = 0$ 时，表明没有发生持股行为，$\lambda = 1$ 时表明企业 2 实现了对企业 1 最大限度地持股。这样，企业 2 的效用函数可以表示为：$U_2 = \pi_2 + \lambda(1-\delta)\pi_1$。

假设企业 1 与企业 2 进行的是三阶段的序贯动态博弈。

阶段 1：制定国有企业股权改革方案，确定国有股比重，即确定 δ 的数值；

阶段 2：私有企业根据国有股权改革方案，选择最优的参股水平，即确定 λ 的数值；

阶段 3：在混合双寡垄断的市场结构下，分别进行产量决策。双方之间的竞争既可能是古诺竞争，也可能是斯塔克尔伯格竞争。该阶段最终决定社会福利的大小。

由于企业 1 与企业 2 进行的是古诺竞争，双方同时进行产量决策，即第三阶段是静态博弈。

二、边际成本不等情况下的古诺模型分析

现在假设企业 1 与企业 2 效率不等，按照传统的观点，国有企业效率低于私有企业，因此 $c < b$。借鉴简恩、帕尔（Jain & Pal，2012）的研究思路及方法，并为了便于处理，假设 $c = 0$，且 $0 < b < \dfrac{a}{4}$。[①] 通过计算，可以推出均衡状态下的产量、价格、利润、消费者剩余以及整体的社会福利，如下：

企业 1 的均衡产量 $Q_1^* = \dfrac{a - 2b}{1 + (2-\lambda)(1-\delta)}$

企业 2 的均衡产量 $Q_2^* = \dfrac{b + (a - a\lambda + b\lambda)(1-\delta)}{1 + (2-\lambda)(1-\delta)}$

---

① $0 < b < \dfrac{a}{4}$，是为了保证企业产量在均衡状态下为正。

市场中的均衡价格 $P^* = \dfrac{(1-\delta)(a-b\lambda)+b}{1+(2-\lambda)(1-\delta)}$

企业1的均衡利润 $\pi_1^* = \dfrac{(a-2c)^2(1-\delta)}{[1+(2-\lambda)(1-\delta)]^2}$

企业2的均衡利润 $\pi_2^* = \dfrac{[b+a(1-\lambda)(1-\delta)+b\lambda(1-\delta)][a(1-\delta)+b-b\lambda(1-\delta)]}{[1+(2-\lambda)(1-\delta)]^2}$

均衡状态下的消费者剩余 $CS^{**} = \dfrac{[a-b+(a-a\lambda+b\lambda)(1-\delta)]^2}{2[1+(2-\lambda)(1-\delta)]^2}$

均衡状态下的社会福利:

$$SW^{**} = \dfrac{a^2[1+(1-\delta)(3-\lambda)][1+(1-\delta)(1-\lambda)]+2ab[(1-\delta)(-3+\lambda)+(1-\delta)^2\lambda-1]+b^2[3-(1-\delta)(-8+2\lambda+\lambda^2-\lambda^2\delta)]}{2[1+(2-\lambda)(1-\delta)]^2}$$

首先看博弈的第一阶段。在不存在交叉所有权,即 $\lambda=0$ 时,可以证明:

当 $b<\dfrac{a}{5}$ 时,符合社会福利最大化的最优国有股水平 $\tilde{\delta}=\dfrac{a-5b}{a-4b}$;

当 $\dfrac{a}{5}\leqslant b<\dfrac{a}{4}$ 时, $\tilde{\delta}=0$。

其含义是,在不存在交叉所有权安排的情况下,国有企业效率越低或两者间的效率差距越大,国有股比重越低。当效率差距高到一定程度时,完全的私有化是最优的。

再看第二阶段的博弈。在国有股比重既定的情况下,观察企业2的交叉所有权行为,求均衡结果。当 $\delta(\delta>0)$ 满足 $b+3b(1-\delta)-2(a-3b)(1-\delta)^2-3(a-2b)(1-\delta)^3=0$ 时,设为 $\bar{\delta}$,可以推出:

当 $0\leqslant\delta\leqslant\bar{\delta}$ 时,均衡的持股水平 $\tilde{\lambda}=1$;

当 $\bar{\delta}<\delta<1$ 时,均衡的持股水平 $\tilde{\lambda}=0$。

其含义是,如果国有股比重低于一定的水平,那么私有企业应当持有其全部非国有股份;如果高于一定的水平,则不持有任何股份。同时,企业2的交叉所有权决策只有不存在($\tilde{\lambda}=0$)与完全持股($\tilde{\lambda}=$

1) 两种，不存在部分交叉所有权的均衡状态。

给定任意数值的 λ，求均衡状态下的国有股比重。可以证明，如果 λ 的值满足 $\frac{\partial SW^*}{\partial \delta}\big|\delta = 1 < 0$，那么政府对国有企业进行股份制改革是最优的。前面已经证明当 $\lambda = 0$ 时，国有企业实施股份制改革甚至是完全私有化是最优的。现在考虑 $\lambda = 1$ 时的情况，可以证明，此时 $\frac{\partial SW^*}{\partial \delta}\big|\delta = 1 > 0$，其含义是当存在完全交叉所有权安排时，完全的国有化是符合社会福利最大化目标的最优选择。但是，$\lambda = 1$ 只有在 $0 \leq \delta \leq \tilde{\delta}$ 时才可成立。可见，国有企业与私有企业的相互博弈不会出现产生交叉所有权安排的均衡状态。但可以证明，在满足 $\tilde{\delta} < \bar{\delta}$，即 $b < \frac{a(9-\sqrt{13})}{34}$ 时，双方存在博弈均衡，均衡条件下，不存在交叉所有权，对国有企业实施混合所有制对于政府来说是最优的。当 $b \geq \frac{a(9-\sqrt{13})}{34}$ 时，$\tilde{\delta} < \bar{\delta}$，存在完全的交叉所有权，最优国有股比重比没有交叉所有权安排时要低。其含义是，如果国有企业与私有企业的效率差距达到并超出一定的水平，交叉所有权安排的存在影响了国有企业的最优国有股比重。

三、边际成本相等情况下的博弈

假设企业 1 与企业 2 的效率相等，即 $c = b$。给定具体的 δ 与 λ 值，可以得出均衡状态下的产量、价格、利润、消费者剩余以及整体的社会福利，如下：

企业 1 的均衡产量 $Q_1^{**} = \frac{a-c}{1+(2-\lambda)(1-\delta)}$

企业 2 的均衡产量 $Q_2^{**} = \frac{(a-c)(1-\lambda)(1-\delta)}{1+(2-\lambda)(1-\delta)}$

市场中的均衡价格 $P^{**} = \frac{a(1-\delta)+c[1+(1-\delta)(1-\lambda)]}{1+(2-\lambda)(1-\delta)}$

企业 1 的均衡利润 $\pi_1^{**} = \dfrac{(1-\delta)(a-c)^2}{[1+(2-\lambda)(1-\delta)]^2}$

企业 2 的均衡利润 $\pi_2^{**} = \dfrac{(1-\delta)^2(a-c)^2(1-s)}{[1+(2-\lambda)(1-\delta)]^2}$

均衡状态下的消费者剩余 $CS^{**} = \dfrac{[1+(1-\delta)(1-\lambda)]^2(a-c)^2}{2[1+(2-\lambda)(1-\delta)]^2}$

均衡状态下的社会福利 $SW^{**} = \dfrac{[1+(1-\delta)(3-\lambda)][1+(1-\delta)(1-\lambda)](a-c)^2}{2[1+(2-\lambda)(1-\delta)]^2}$

在企业 1 与企业 2 产品同质、边际成本相同的情况下，假定 δ 为任意定值且大于0，λ 为变量，可以推出：$\dfrac{\partial Q_1^{**}}{\partial \lambda} > 0$，$\dfrac{\partial Q_2^{**}}{\partial \lambda} < 0$，其经济含义是交叉所有权安排使企业 1 的产量增加而使企业 2 的产量下降，持有企业 1 股份越多，导致企业 2 在市场竞争中会缺乏竞争力，致使产量就越低。

此外，交叉所有权对于企业 1 产量的边际增加额要小于企业 2 产量的边际减少额 $\left(\dfrac{\partial(Q_1^{**}+Q_2^{**})}{\partial \lambda} < 0\right)$，对市场总产量而言，企业 2 掌握的企业 1 的股份越多，总产量降低得就越多，直接导致消费者剩余降低 $\left(\dfrac{\partial CS^{**}}{\partial \lambda} < 0\right)$。

还可以推出：$\dfrac{\partial \pi_1^{**}}{\partial \lambda} > 0$，$\dfrac{\partial \pi_2^{**}}{\partial \lambda} < 0$，表明企业 1 的利润与企业 2 持有企业 1 的股份大小正相关，持有股份越多，利润越高。企业 2 的利润则反之。但是，无法推断出交叉所有权对于整个市场总利润的影响，即无法判断出 $\dfrac{\partial(\pi_1^{**}+\pi_2^{**})}{\partial \lambda}$ 与 0 的关系。但是，可以推出 $\dfrac{\partial SW^{**}}{\partial \lambda} < 0$，其含义是交叉所有权不利于增进社会福利。

再假定已经存在交叉所有权，对于任意水平且大于 0 的 λ 值，在产品同质、边际成本相同的情况下，可以推出，对于任意的 $\delta(0 \leq \delta \leq 1)$，都有：

$$\frac{\partial Q_1^{**}}{\partial \delta} > 0, \quad \frac{\partial Q_2^{**}}{\partial \delta} < 0, \quad \frac{\partial (Q_1^{**} + Q_2^{**})}{\partial \delta} > 0,$$

$$\frac{\partial CS^{**}}{\partial \delta} > 0, \quad \frac{\partial \pi_2^{**}}{\partial \delta} < 0, \quad \frac{\partial (\pi_1^{**} + \pi_2^{**})}{\partial \delta} < 0$$

其含义是，国有股比重越高，企业1的产量就越高，企业2的产量与利润就越低，总产量与消费者剩余就越高，市场上的总利润就越低。对于国有股比重对社会福利的影响，则取决于消费者剩余的增加额与市场总利润的减少额之间的比较，最终取决于 λ 的数值。可以证明，当 $\lambda = 0$ 时，只有 $\delta = 1$ 时，社会福利（SW）达到最大化。其含义是，在不存在交叉所有权的情况下，国有企业实现完全的国有化是社会最优选择。由此，可以得出均衡状态下，不存在私有企业对于国有企业的交叉所有权安排，国有企业不会进行股份制改革，完全的国有化是最优的（陈俊龙和齐平，2017）。

通过以上分析，可得出如下结论：

结论1：交叉所有权与政府的国有股比重决策具有相互作用，共同对社会福利产生影响，政府可以通过国有股比重决策来影响私有企业的交叉所有权策略；只有在国有股比重足够低的情况下，交叉所有权安排对私有企业才是有利可图的；在均衡环境下，交叉所有权安排对于私有企业而言是无利可图的，但这意味着政府不会对国有企业进行股份制改革或混合所有制改革。

结论2：在国有企业与私有企业边际成本相等的情况下，交叉所有权行为并不能增进社会福利；在不存在交叉所有权的情况下，完全的国有化是最优的；在均衡状态下，不存在交叉所有权行为。

结论3：当国有企业效率低于私有企业效率时，不存在最优的部分交叉所有权安排。在国有企业与私有企业效率差距低于一定水平时，会出现博弈均衡，在均衡状态下，不会存在交叉所有权行为，混合所有制经济对于政府而言是最优的。如果国有化水平足够低，则完全交叉所有权对私有企业来说是最优的；反之，则交叉所有权不会出现。在不存在交叉所有权的情况下，如果国有企业的边际成本足够高或国有企业与私有企业的效率差距足够大，对于政府而言，完全的私有化是符合社会福利最大化的选择；反之，则最优的国有股比重与国有企业的边际成本或国有企业与私有企业的效率差距负相关。在国有企业与私有企业效率差距超过一定水平的情况下，交叉所有权安排对最优国有股比重产生影响。

以上分析为政府对私有企业在双寡垄断市场中的交叉所有权安排控制提供了一个新的工具，即国有股比重的确定。这是一种经济手段，比严厉的法律规制及行政手段往往更为尊重市场规律，更能体现出市场的决定作用。本研究着眼的社会福利只是针对一个行业而言，在国有经济战略性调整的大局中，为了完成整体和长远的战略性目标，政府可以利用这种工具来吸引本行业或类似行业中的私有企业入股，从而使国有资本向更为高效的领域流动。

第四节　自然垄断行业的国有企业混合所有制结构调整

一、混合所有制推动国有企业改制重组的条件

国有企业改革过程中，可以针对客观条件选择混合所有制中不同的股份构成比例。无论国有企业选择控股还是参股，公有制是扩张还是收缩，都围绕着是否促进生产力发展这一大原则进行。但在改革的过程中，完全没有必要刻意追求混合所有制。早期的研究由于其研究方法和研究对象的特点，往往得出国有经济效益相对较低的结论，即在控制了一系列相关变量的情况下，国有企业的经济效益相对弱于私有企业（Boardman & Vining，1989），这一类结论曾经被广泛认可；但进入20世纪后，对我国国有企业的研究结果又出现了新的变化，通过相关数据研究表明，国有经济的技术效率增长超过了混合所有制企业

(Zhang et al.,2001)。现实已经证明,在一个具有良好监控体系的国有企业内部,通过现代企业制度建设,可以最大限度地降低人为因素对国有企业的损害。毕竟在一个完善的职业经理人制度下,企业产权的构成形式与企业的运行效率没有直接联系。

可见,如今已经发展起来的混合所有制形式,是在一个市场体系尚不完善、国有企业未去行政化、存在着大量监管漏洞的情况下,由市场自身进行制度选择所产生的结果。这一结果与现实的客观情况相吻合。但随着国有企业改革的深化,市场的各种配套制度完善,混合所有制所能带来的效果也必然逐步降低,这也是必然的发展趋势。即使在近期,也并非所有的国有企业都需要向混合所有制形式的方向发展。中国的生产力构成注定了在很大的范围内存在着适应社会化大生产的行业,社会化大生产客观要求全社会占有生产资料,这实际上是一个减少企业间交易成本的过程,也是减少企业运行负外部性的手段。在此类行业中,国有企业具有先天的所有制优势,而一味地追求混合所有制,反而会在某种程度上增加企业运行过程中的交易成本,因此,对于那些已经具有良好监管体制与成熟职业经理人体系的国有企业,其生产效率极高,制度设置已经足以满足生产力发展的要求,混合所有制这种改变企业内部股权结构的构成绝非其改革的方向,同时,对于存在较高负外部效应的行业,对国有企业的私有化将会减少社会总福利水平,因此这类行业中的国有企业不应该被私有化(Cato,2008)。只有针对客观条件,认清社会主义初级阶段生产力发展的客观要求,进行相应的制度调整,才是国有企业改革所要遵循的原则,混合所有制仅仅是实现改革目的的手段,绝非目标。

利用混合所有制对国有企业进行重组,需要具备以下几个条件:

第一,减少政府对经济及国有企业的干预,让国有企业真正融入市场。

作为"看得见的手",政府通常以宏观调控的名义干预经济和企业活动。政府对经济的宏观调控由于政策上的时滞性和不恰当的执行,在实际执行过程中往往变成政府不适当的干预,甚至变成了对企业具体经营行为的干预。我国各级政府对市场干预的程度本身就远远大于发达市场经济国家。在过去的改革中，这种强权的干预曾经取得了良好的效果，但也带来了相当的负面效应。随着社会主义市场经济体系的建立与完善，党的十八届三中全会进一步提出了"市场在资源配置中起决定性作用"的论断。但在实际运作过程中，政府依旧有意无意代替市场、代替企业。在对以往经验总结后，政府宣布并已开始实施"简政放权"。政府对于经济的干预正在减少，但依然还存在着大量需要行政审批的环节，无必要的行政审批使市场机制被扭曲，竞争被寻租取代。必须减少政府对经济运行微观层面的干预，让市场机制充分发挥作用，让大型国企成为真正市场主体，与其他所有制成分进行平等谈判、兼并重组。

第二，实行国有企业管理者的去行政化，避免管理者的经营行为扭曲。

在国有企业中，管理者是上级主管部门指派的代表，代表了主管部门的意志，在董事会内部有实际上的决策权。同时，由于国有企业监事会成员来源主要有两部分：一是职代会推选，二是股东提名，职代会推选代表属董事长下属，而股东提名的监事会成员须向提名者即股东负责，实际上都已经失去了监督的能力；外部董事由于信息不对称，也无法对董事长的行为做出有效的制约。对董事会和监事会而言，他代表着资产所有者；对国家国有资产管理部门而言，他代表着企业管理者，这种交叉的地位为其隐藏道德风险提供了极大的便利，国有企业内部民主决策机制、权力制衡、监督机制失效，企业内部无法制约董事长的行为。同样，由于信息不对称的存在，董事长与上级主管部门的交流中处于信息优势，使得主管部门无法发觉其道德风险的发生，也就是说，对于企业管理者而言，监管几乎可以忽略不计。

由于在国有企业管理模式下存在着一种"政治发展空间"的预期，使国有企业管理层的利益激励中多了一项选择——政治利益。委托人与代理人的关系变成上下级的行政关系，董事长与经理的职能重合，经理变成了董事长的工具，"设计一个激励和契约，诱使代理人在给定的自然状况下对委托人最有利的行动"已经无法完全实现。对于一个偏好于政治收益的管理者而言,在进行管理决策选择时,其追求的主要目标是权力,即追求国有企业规模的最大化,以实现自己权力的最大化;同时,他对风险极其厌恶,在决策上规避责任,当上级主管部门与企业利益发生冲突的时候,他刻意保持与上级主管部门的一致性,以获得政治上进一步提升的可能,甚至有可能利用企业的资产,用非正当手段为自己谋取政治利益;另外,为了获得更多的政治收益,他会追求企业的短期利益而忽视企业的长期利益,会以损害企业长远发展的决策为自己换取政治利益。

只有国有企业真正实行去行政化,才能让职业经理人制度切实有效地实行,避免国有企业决策的失误,为混合所有制顺利实施提供条件。

二、非国有资本参与国有企业改制的目标

第一,实现国有资本的保值增值,壮大发展国有企业。

非国有资本参与国有企业改制,其根本目的是为了获取经济利益。而国有企业利用非国有资本参与本企业的改制,其目标是实现国有资产的保值增值,发展壮大国有企业,实现国有经济的作用,保证国有经济的控制力。从根本上讲,两者并不存在矛盾。利用混合所有制对国有企业改制重组,其目的是发挥市场经济的作用,激活市场竞争,改变国有企业固有的弊端,实现国有企业的发展壮大。成为混合所有制的国有企业发展壮大,意味着投入资本的各方均获得丰收的收益,非国有资本获得了良好的投资回报,国有企业又在市场化体系下得到充分的发展,获得双赢的结果。

第二,加快推动行政性垄断行业改革。

国有企业很多处于垄断性行业,但并非所有的垄断性行业都是违背市场的,只有行政性垄断才是违背市场运行规则。打破行政性垄断,让企业在市场竞争中获得活力,促进社会总福利的提升,这才是国有企业进行混合所有制改革的目标。推进垄断行业改革一直是国有企业改制的一个重要方面,早在2005年,国务院就推出开放部分垄断领域的政策,

随后又对民间资本开放了基础产业、金融领域、国防科技工业等以往被禁止进入的领域。但并不是所有行业的垄断都需要打破，都要引入民间资本。只有以往因为行政性干预而被禁止入内的垄断行业，才是改革的重点。盲目地开放所有垄断性行业，甚至用行政命令让国有企业让出市场，本身就是违背市场规则的，也不利于帕累托最优的实现和社会总福利的提升。在某些自然垄断行业，盲目引入竞争实际上是降低企业效率，甚至是社会资源的严重浪费，在经历了充分的市场竞争后，这些行业必然形成新的垄断，但大量的资源和社会福利却在此过程中无谓的消耗损失了。通过混合所有制改革降低民资进入门槛，允许民资进入垄断产业参与公平竞争最重要的一点，是打破行政垄断行业，让市场发挥作用。

三、非国有资本参与国有企业改制的途径

对于非国有资本参与国有企业改制，必须遵循"市场化"的途径：即国家对混合所有制的实施不设置障碍，国有企业自身有进行混合所有制改革的意愿，在改革过程中遵循"市场运作"的原则。

第一，国有资本、私有资本、外资资本等不同来源的资本共同投资新建企业，建立混合所有制企业。这种新成立的混合所有制企业不会改变原有参与者的股权结构，在策划到成立的过程中完全遵循市场化运作的原则，能从制度建立伊始就适应市场运行，综合各种资本经济体的长处，克服不足部分，成为一个优良的运行主体。

第二，国有资本、私有资本、外资资本等独资企业增资扩股、引入其他类型资本形成混合所有制企业。这里的增资扩股、引入其他类型资本并非只是针对国有企业自身，也包括私有和外资独资企业。混合所有制改革重组并非仅仅是非公有制成分引入国有企业中，也要令国有企业参与到运行良好、有市场发展前景的非公经济中，只要这一过程符合市场化的原则，有利于社会总福利的增加，有利于国有资产的保值增值，就可以放手而为。

第三,国有资本的股份有限公司,通过员工持股改革形成混合所有制企业。职工持股改革本身是混合所有制实现的一个重要方式。通过职工持股计划,可以将原有的国有资本股份制公司股权结构变得更加丰富,激活企业内在的活力,完善监督和分配机制,实现企业经济效益的提升和分配公平,促进社会总福利的提升,更有利于国有资产的保资增值,实现国有企业的功能。

第四,国有企业、私有企业或外资企业的股份制公司,通过股权流转或资产重组,引入其他类型的资本,形成混合所有制企业。同样,股权流转或资产重组过程中形成混合所有制企业,也并不是国有企业片面引入和开放,其中也应该包括私有和外资企业对国有资本的开放。本着市场化运作的原则,让社会资源得到更充分的利用,实现有效的资源流动,激活各种性质经济主体的沉淀成本,形成优势互补、分工协作,用企业内部管理代替市场交易,节省大量的交易成本,让经济运行的效率更高。

第五,国有资本、私有资本、外资资本通过公开发行股票上市,被其他类型资本认购,最终形成混合所有制企业。这是形成混合所有制企业最简单的形式。国有企业通过公司上市实现股权分散,可以激活企业内在的监督机制,让国有企业管理更加市场化、正规化、透明化,同时也可以迅速增强国有企业的实力,实现快速扩张,有利于国有资本的保值增值。同样,国有资本在公开发行股票市场认购其他经济成分公司的股份,甚至多种经济成分的公司相互之间形成交叉持股,也有利于资源配置的优化,形成混合所有制企业的过程更简单、更正规,但难度也因为需要满足上市公司的条件而变得更大。

总之,发展混合所有制的目的是为了国有企业的发展壮大,为了社会生产力的提升。衡量某一行业或某一行业的某一环节是否应该发展混合所有制的标准,就在于实行混合所有制后能否带来效率的提升、社会总福利的增加。

第五章

交易成本、"敲竹杠"与国有企业混合所有制结构分析

第一节 交易成本概述

科斯在 1937 年发表的经典论文《企业的性质》中写道"利用价格机制是有成本的"。在 1960 年发表的《社会成本问题》明确了交易成本的概念，交易成本是市场交易的成本或发现相对价格的成本，包括搜寻、谈判和实施费用。威廉姆森（1985）认为交易成本是经济世界中的摩擦力，包括契约签订之前的交易成本和契约签订之后的交易成本。张五常（1999）认为交易成本可以定义为鲁滨孙·克鲁索经济中不可能存在的各种各样的成本，即一切不直接发生在物质生产过程中的成本。针对交易成本这一概念，经济学家从不同角度对其进行了阐述，很难得到统一简洁的概念。交易成本可以说是经济制度建立和运行所付出的代价。交易成本涉及交易的全过程，包括交易前的搜寻成本、交易过程中的讨价还价成本和交易后的监督成本。交易活动的每一步都是需要付出代价的。

企业的成本是交易成本和生产成本的总和。交易成本产生于人与人之间的关系。生产成本产生于人与自然的关系。因为信息不完全的存在，诺思曾指出交易成本在很大程度上可视为获取信息的成本。交易成

本中的信息成本主要是指获得有关人的信息而付出的成本,以及为防止受到别人损害而必须收集关于客观物质世界的信息所花费的成本,也可以说是与潜在的交易对手相关的各种成本。生产成本中的信息成本是指单纯以物质生产为目的而支付的信息成本。交易成本、信息成本与生产成本之间的关系如图 5-1 所示,椭圆 A 表示交易成本,椭圆 B 表示信息成本。椭圆 C 表示生产成本。信息成本既不与交易成本相交也不与生产成本相交的部分代表着人对世界的认识过程中既不涉及生产也不涉及交换的那部分成本。

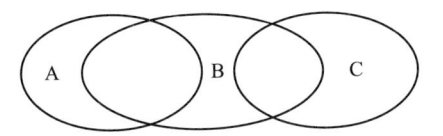

图 5-1 交易成本、生产成本和信息成本的关系

分析了交易成本与生产成本的关系,再分析交易成本对产出的影响。交易活动转换到生产者所进行的活动中是非常容易的。从量的角度来讲,这种情形可以通过企业实现的最大总产出(在给定的生产技术下)减去相应的交易成本来估计。如图 5-2 所示,Y 代表产出,Z 代表投入,$Y = F(Z)$ 指不包含交易成本的产出曲线,即总产出曲线;$Y^* = F^+(Z)$ 指包含交易成本的产出曲线,即净产出曲线。在极端的情形中,太高的交易成本可能阻止任何交易发生。

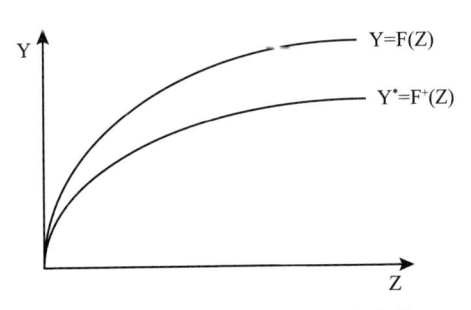

图 5-2 总产出曲线与净产出曲线

一、交易成本的概念及产生原因

交易成本是普遍存在的，契约的复杂程度与期限直接关系到交易成本的高低。所谓交易成本，学者们从不同的视角进行了大量的论述。科斯从契约的角度研究企业问题，提出了交易成本的概念，认为企业和市场都是资源配置机制，市场配置依靠的是价格机制，企业配置依靠的是机制协调，而企业就是市场机制的替代物，实质上为节省交易者之间的交易成本。弗鲁博顿和芮切特（2006）认为，"交易成本包括动用资源建立、维护、使用、改变制度和组织等方面所涉及的所有成本"。科斯将交易成本解释为"利用价格机制的成本"。阿罗认为交易成本是"经济制度运行的成本"。张五常形象地把交易成本比喻为鲁滨孙世界中不存在的成本。威廉姆森认为交易成本是"经济系统运转所付出的代价"。交易成本一般分为市场型、管理型和政治型交易成本。市场型交易成本包括搜寻及信息成本、讨价还价的成本、监督和契约义务履行成本；管理型交易成本包括设立、维持或改变组织设计的成本以及组织运行的成本；政治型交易成本包括设立、维持和改变体制中的正式与非正式政治组织的成本以及政体运行的成本。从本质上说，它是人们在社会交换活动中为了达成合作所付出的各项成本，它存在于经济、政治、文化等各个领域。

交易成本理论认为，市场与企业是相互替代的交易机制，两者可以相互替代；企业取代市场的原因在于减少交易成本，这也是企业存在的原因；企业内部也存在交易成本，表现为管理型交易成本；交易成本的降低是企业制度演变的动力。交易成本理论很注重微观分析，在人性假设上更贴合现实，例如有限理性、机会主义行为等；注重利用交易成本来进行制度的比较分析；将企业作为一种治理结构，而不像新古典经济学那样作为一个生产函数。交易成本是对有限资源和社会财富的无效或低效配置，它的提出突破了传统古典与新古典经济学只认识到生产领域中的资源配置无效或低效，忽略了经济交换中也有高昂的代价。它本身是不可能彻底消除的，但是可以采取适当的措施进行降低。

交易成本产生的原因有以下几种，一是机会主义。市场中存在大量的信息不对称，交易各方都要随时提防对方的机会主义行为。人们的这种机会主义倾向增加了市场交易的复杂性，产生了交易成本，导致了市场低效。二是资产专用性。资产专用性反映了某些资产在投入后被锁定的程度，资产专用性越高，被"敲竹杠"的概率越高，垄断程度也就越高。三是人的有限理性。人们在进行决策时，智力是有限的，认知能力也是有限的。正如威廉姆森（2002）所说，"理性有限是一个无法回避的现实问题，因此就需要正视为此所付出的成本，包括计划成本、适应成本，以及对交易实施监督所付出的成本"。人的有限理性、机会主义是产生交易成本的主观条件，而资产专用性是产生交易成本的客观条件，其中机会主义是最根本的原因。威廉姆森还将资产专用性、交易频率、交易的不确定性作为交易的三种维度，它们不仅决定了交易成本的高低，还可以用来区分不同的交易，从而设置适当的治理结构来有效地降低交易成本。

威廉姆森将交易成本的成因概括为两方面的因素：行为假定和交易维度。

第一，行为假定。行为假定包含有限理性和机会主义。威廉姆森认同西蒙的有限理性，"理性有限却刻意为之"。如果没有有限理性，所有的经济交换都能够通过契约有效地组织。由于有限理性的存在，人们不可能解决契约中所有的问题，因此契约是不完全的。不同于新古典经济学中的完全理性，有限理性更加注重人本身的特质，在新古典经济学的基础上拓宽了研究范围。

有限理性使完全契约变得不可能，若交易方是完全值得信赖的，不完全契约也能解决交易问题。但在现实生活中，存在威廉姆森所说的"利用欺骗的手段进行自利"的行为，对交易方是否存在机会主义行为进行辨别和预防会阻碍复杂契约的产生。交易成本经济学超越了正统的简单的自我利益追求，认为探索性策略行为可以表现为逆向选择、道德风险，普遍表现为机会主义（Williamson，1981）。机会主义是一种自私自利的行为倾向,即契约一方为了获取个人私利,可能会利用自己所拥有的私人信息损害另一方的利益,强调的是用掩盖信息和提供虚假信息的方式损人利己。

机会主义行为包括事前的机会主义行为和事后的机会主义行为。既然对方存在随时想利用各种机会损人利己,当事人就需要想尽办法使自己的利益免受损失,这一过程难免要花费时间、精力和资源,因此交易成本产生。在签约后,当事人还要监督和检查契约的执行情况。对方的违约行为,被称为事后的机会主义(樊纲,1992)。起因多是资产专用性,理由存在"可挤占准租金"①。可挤占准租金是因存在的资产专用性可以在缔约后进行敲诈的部分。机会主义行为包括公开和隐藏两种形式。公开的表现形式就是所谓的"敲竹杠",当存在着较大专用性投资的一方的一部分准租金会被商业投资的其他一方或多方攫取,这种现象就会发生;隐藏的表现形式包括签约之后的道德风险和签约之前的逆向选择。

第二,交易维度。交易维度主要包括资产专用性、不确定性和交易频率。资产专用性是指在不牺牲产品价值的条件下,资产配置给其他使用者或者被用作其他用途的程度。资产专用性可分为六种:地点专用性、物质资产专用性、干中学产生的人力资产专用性、品牌资产、指定性专用资产和临时的专用性。资产专用性尤其是前五种形式造成了双边依赖性并引起更多的缔约风险。资产专用性提高了一切治理形式的交易成本(Williamson,1991)。资产专用性会带来套牢效应,套牢效应是当契约一方比另一方投入了较大的交易专用性投资而产生的,在雇佣契约中特别重要。另外资产专用性也会带来可占用性准租金。可占用性准租金指资产的准租金可剥夺的、专用性部分,是其价值超过次级使用所能获得价值的那部分。可占用性准租金产生于非市场交易或对竞争性资产加以限制的地方(Klein et al.,1978)。若企业专用性投资较大并存在

---

① 准租金(亦可称准剩余):一种资产的价值与其次有用途的价值之间非差额,即其价值超过机会价值的余额,所谓机会价值是指资产次有使用多得到的回报。

可占用性准租金，其他资产的所有者就有潜在能力通过占用准租金流量来进行"敲竹杠"。潜在"敲竹杠"的大小是专用性资本（即存在可占用性准租金）与正被谈论的确定和执行销售契约的费用的函数（陈郁，2006）。

不确定性是指人们对未来的变化没有确切的把握，主要是因为不完全信息和有限理性。要签订一个完全契约来应对所有的不确定情况是不可能的。不确定性意味着缺乏明确的概率分布。不确定性主要包括环境不确定性、行为不确定性和组织不确定性。环境不确定性（外部不确定性）是指由于外部环境的随机改变导致的不可预见性；行为不确定性是指由于交易方歪曲信息、故意伪装等机会主义行为导致的对行为的不可预测性；组织不确定性是指组织内部不能进行及时有效的信息交流和沟通导致的无效决策和错判（Williamson，1979）。

交易频率是指交易发生的次数。如果交易频率很高，交易双方会建立一般性的治理结构来降低交易成本。威廉姆森认同麦克尼尔的契约三分法，在交易与治理的关系中，根据不同交易频率类型和资产专用性程度，提出六种与治理结构匹配的交易，指出古典式契约适用于所有的标准化交易，采用市场治理结构；新古典契约适用于偶然进行的非标准化交易，采用三边治理结构；关系契约适用于重复进行的非标准交易，采用双边治理或者一体化的治理结构（Williamson，1979）。

二、交易成本的类型

由于产权不清、委托—代理、国有资产管理体制不健全等一系列的因素，企业具有高交易成本的特征。一是企业内部的交易成本过于高昂。主要表现在：（1）公司制改革不彻底，国有企业不仅承担着经济职能，还承担着一定的社会职能，内部存在着机构臃肿、管理不善等一系列组织问题，增加了企业内部交易成本；（2）许多企业经营者没有意识到交易成本的重要性，过于重视生产，忽略交易活动的各项成本；（3）企业内部存在着严重的委托—代理问题，造成了高额的代理成本

(交易成本),对企业有限的资源造成了严重的浪费;(4)企业一直处于改革、转轨的动态发展中,在这个过程中,必然会出现各种摩擦,甚至冲突,产生交易成本。同时,改革过程中存在"一股就灵"的误区,没有根据不同企业的实际情况确定适应的治理结构,造成了治理结构与企业自身条件的冲突,产生了更多的交易成本。二是企业外部的市场交易成本。我国现有的市场体系仍不完善,缺乏高效率的为产品、资本、经理人等提供市场有序运行的制度支持,最主要的是相关法律法规供给不足或已有供给效率低下,对市场交易中违法行为的发现、惩治等仍缺乏有力的制度约束,使国有企业在与其他企业和个人交易的过程中,不得不花费大量的交易成本来防范机会主义行为。在与政府的交易行为中,仍然存在着政企不分,政府与企业的权责利划分不清,政府过多干预企业的生产经营,容易出现利益冲突,企业既要维护好与政府的关系,又要维护自身利益,必然会投入一定的成本用于解决双方的摩擦,比如用于寻租的成本(汤吉军和陈俊龙,2010)。

第二节 资产专用性与所有制结构调整

所有制结构的调整是一种动态的经济结构变化,无论是国有经济还是非国有经济比例占优势,关键看是否实现了资源的优化配置,而资产专用性则是理解问题的关键之一。

资产专用性的相关思想最早可以追溯到马歇尔、贝克尔、马斯查克等学者关于人力资本的论述,由克莱因等(Klein et al., 1978)首次提出,后经威廉姆森(Williamson)等学者不断发展,已经形成了比较成熟的资产专用性理论。按照威廉姆森的解释,资产专用性是指"在不牺牲生产价值的条件下,资产可用于不同用途和由不同使用者利用的程度",用于其他领域也会致使其价值的大幅度降低,甚至可能变成毫无价值。如果交易一方在交易中进行了过高的专用性资产投资,那么对方就会产生机会主义动机。如果投资方要退出契约就会承担高昂的成本,那就有很大可能被对方锁定，遭受"敲竹杠"也就是剥削行为，例如经典的通用汽车公司和费雪车身公司（GM-Fisher）案例。按照威廉姆森（2002）的分类，资产专用性可以划分为以下四类。一是设厂区位专用性，例如，在矿山附近建立炼钢厂，有助于减少存货和运输成本，而一旦厂址设定，就不可转作他用，若移作他用厂址的生产价值就会下降。二是物质资本专用性，专用性极强的设备和机器的设计仅适用于特定交易用途，在其他用途中会降低价值。三是人力资本专用性，在人力资本方面具有特定目的的投资。当所用非所学时，就会降低人力资产的价值。四是特定用途的资产，它是指供给者仅仅是为了向特定客户销售一定数量的产品而进行的投资。如果供给者与客户之间关系过早结束，就会使供给者处于生产能力过剩状态。这样，因资产专用性在转移过程中很容易带来沉淀成本。对于二手资产支付的价格，特别是资本投资的沉淀成本部分，资产沉淀成本程度取决于资产和二手市场的特征。对于非专用性资产的打捞价值通常较高，因为这些资产有较高的流动性，例如，汽车、航空飞机和办公建筑物。这些投资专用于给定的场址、企业或者产业，是沉淀成本最重要的来源。当投资是场址专用性，其物质特征使其难以安装、移动或者重新寻找位置，如基础设施等；当投资是企业或产业专用性时，其物质特征难以再转移到其他企业或产业。在许多情况下，甚至较小的产品或劳务的调整可能需要较高的调整成本。

资产专用性的存在会导致交易不确定性的增加，产生交易障碍尤其是退出障碍，从而增加交易成本，影响双方之间的信任，最后影响交易的达成与契约的顺利履行。当交易者打算进行大量资产专用性投资时，会面临对方机会主义行为的威胁，要想降低对方进行"敲竹杠"的动机和能力，有效的解决方法是设计明晰的契约保护条款，将其与交易者的声誉资本紧密地相结合。例如，可以利用一份长期契约来控制潜在的"敲竹杠"行为。但是，由于现实中契约是天然不完美的，无论多么缜密的契约设计在防止"敲竹杠"问题上都会存在疏漏。因此，如果交易者想要协商出既能够降低受到"敲竹杠"的可能性又能够利用不完全契约来进行"敲竹杠"的契约条款，那么就需要耗费与相关专用性投资紧密相关的高额契约谈判成本。另外,交易者认识到契约条款是不会涵盖所有事后条件变化的,而这可能诱发"敲竹杠",当他们做出专用性投资并且达成不完全契约时,还需要承担事后的协调成本。

虽然专用性投资会使投资方事后依赖另一方,并且面临剥削的危险,但是人们对于专用性投资的意愿是不同的,一些经济主体比其他主体表现出明显的投资倾向,而这与交易制度安排上的不同密切相关,也在某种程度上与专用性投资所产生的依赖性有关。需要指出的是,资产专用性对于合作不仅仅是负面作用,还能够同时产生两种依赖性的激励,促使投资方进行事后合作:一是正面激励,能够促进合作,它的存在是因为合作是获取潜在准租金和声誉资本的必要条件;二是抑制负面因素的激励,有助于防范背叛,它的存在是由于一个人背叛可能会失去准租金与声誉资本。这样一来,资产专用性就有规避机会主义的功能,这是因为机会主义行为存在破坏交易关系的风险。

一、阻碍企业的市场进入与退出

可竞争市场理论指出,在可竞争性的市场结构下,企业进入市场与退出市场不会遇到障碍,不存在沉淀成本,只要有利可图,企业就能够迅速进入市场,当市场价格下降导致无利可图时,可以全身而退。如此一来,企业就能够根据自身利润最大化原则,自由、灵活地进入及退出市场,所有制结构也就符合拉姆齐最优。资产专用性是产生沉淀成本的重要因素,生产要素的资产专用性会产生市场进入及退出成本,其中有大量的沉淀成本。如果一种生产要素的资产专用性很强,那么该要素在不同行业间的再配置就会产生大量的沉淀成本,资产专用性越强,生产要素转换成本越高,沉淀成本就越高,行业的壁垒和垄断程度就越高,这样就会导致垄断的市场结构,进而使所有制结构偏离拉姆齐最优。

假设企业面临生产要素配置,以物质资产为例,为固定值 K,面临行业 1(横轴)及行业 2(纵轴)两种选择。企业当前的投资配置是将所有的资本投入行业 1 中,即 A 点,截距为 K。L 为当前企业投资所遇到的投资预算线,具有方向性,也就是说由A点开始,不断地减少配置到行业2的资产,增加配置到行业1上的过程中的预算线,不能逆向,即表示不能减少配置到行业2的资产而增加配置到行业1中,原因在于已经转换为行业2的资产同样具有资产专用性,若再转移为行业1的资产,还将面临价值损失。U_1、U_2、U_3是企业效用的无差异曲线,是能够给企业带来同样效用的投资配置组合,离原点越远,效用越大。假设同样的生产要素在行业1能够比行业2产生更多的效用,经济含义是行业1比行业2更有益于企业的发展,也就说明了企业退出某些市场领域,进入其他领域的必要性,这就决定了无差异曲线的斜率小于1,形状平缓,如图5-3所示。

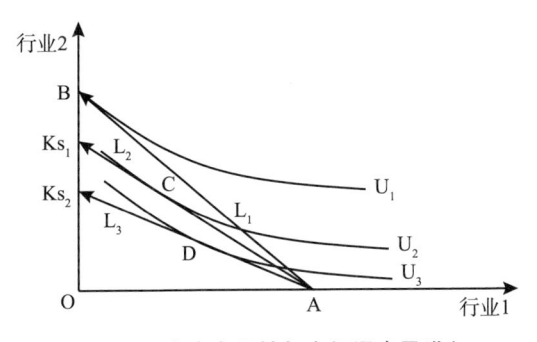

图5-3 资产专用性与市场退出及进入

在投资不具有专用性的情况下,行业1中的资产转换为行业2的物质资产,假设转换行业的边际替代率为1,也即不存在用途转换所带来的价值损失。因此,预算线在横轴和纵轴的截距都为K,交点分别为A与B。在这种情况下,U_1与L的交点B点为效用最大化的均衡点(由于无差异曲线平缓,斜率小于1,因此不会与L有切点),企业投资配置在市场机制的作用下,会减少对行业1的投入,将减少的资产转投入行业2,即由A点达到B点的最佳配置。

现在引入资产专用性,用$1-s$表示($0 \leqslant s \leqslant 1$),s为通用性水平,数值越高,资产专用性越低,当$s=0$,通用性为零,也就是一旦转为他用，没有任何价值；当 s = 1 时，投资为通用性资产，转为他用不会造成任何价值损失。当 s = 0 时，预算线为横轴，A 点为均衡点。当 s = s_1 > 0 时，预算线变为 L_1，在纵轴的截距变为 Ks_1，与无差异曲线相交于 C 点，此时的企业效用较 B 点降低。如果 s 进一步下降，例如下降为 s_2，均衡点为 D，企业效用会进一步降低。因此，企业一旦进入了某个市场，会产生大量的沉淀成本，要想将已有生产要素转移到其他领域，会面临效用损失。除了物质资本之外，劳动力、经理人等生产要素也存在资产专用性，同样也会构成企业退出与进入市场的障碍。

可见，资产专用性对企业的市场进入及退出起阻碍作用，如果公有制企业（主要是国有企业）已经投入了大量的专用性投资，一旦转作他用，就会面临大量成本沉淀，从而降低企业效用，阻碍国有经济的战略性调整。极端的情况下，资产通用性为零，所有的资产就会被限制在一个固定的行业中，难以退出市场。这可以解释为什么中西部及东北老工业基地经济增长依然过分依赖公有制经济，国有经济发展质量不高，改革进程缓慢，而东部沿海非国有经济发展迅速。中西部及东北老工业基地矿产资源丰富，在计划经济时代是国家资源型工业发展的重点地区，国家及地方建立发展了一大批资源型国有企业，投入了大量的专用性资产，包括区位、厂房、设备、技术及工人等，资产专用性极高。这些专用性资产虽然在当时极大地促进了老工业基地的发展，但改革开放后，这些国有企业面临的内外部环境发生了翻天覆地的变化，必须要按照市场竞争将资源配置到最优领域，然而大量的专用性资产构成了极大的资源再配置成本，构成了严重的路径依赖，制约了公有制经济尤其是国有经济的进一步战略性调整。而东部沿海地区资源型企业数量不多，因此专用性资产较少，改革开放后，战略性调整的速度也就较快。

同样的逻辑也适用于非公有制企业，非公有制企业虽然想进入一个新的领域，但受到资产专用性的影响，已有领域也存在一定的专用性资产，转作他用也会造成损失。此外，转作他用的资产同样也具有资产专用性。非公有制企业进入由公有制经济支配的行业中，需要耗费大量的生产及交易成本,例如购买新的专业技术设备,雇用新的技术人员,建立新的营销网络关系,通过各项行政审批的花费等,其中很大一部分具有较强的资产专用性,会产生大量的沉淀成本,如果在与国有企业的竞争中失利,退出成本将显得十分高昂。预期到这一点,非公有制企业进入公有制经济占支配地位的行业的意愿也就降低了。政府能否提供良好的制度环境对非公有制企业的市场进入决策十分重要,如果制度环境不优越,非公有制企业会面临各种各样的行政审批程序,程序越复杂,耗费时间越久,付出的成本就越高,由于这些成本具有资产专用性,沉淀成本越高,因此市场进入的壁垒就越高。反之,非公有制企业市场进入的障碍越小,越能通过资源流动实现配置的优化。这也可以在某种程度上解释为什么政府治理与市场环境更为优越的东部沿海地区比中西部及东北地区非公有制经济发展更为迅速。

二、对公有制与非公有制企业合作及融合的双重影响

(一) 事前的阻碍作用

交易成本是造成交易难以达成的关键原因,资产专用性、不确定性与交易频率作为交易的三个维度,关系到交易成本的高低,其中资产专用性最为重要。专用性投资会产生沉淀成本,如果交易被提前终止,这部分沉淀成本将难以转作他用。此时,未进行或少进行专用性资产投资的交易方可能采取"敲竹杠",要求攫取对方专用性投资所产生的准租金,否则就以终止交易为威胁,使投资方损失更多。预期到这一点,双方会付出相当的交易成本进行讨价还价,进而阻碍双方合作。

公有制企业与非公有制企业的合作需要双方都进行资金、技术、设备、人员、时间等资源投入,如果投入的都是通用性资产,不确定性就大为降低,一旦出现违反契约的行为,投入者就能迅速改变资产用途而不受损失,交易就很容易达成。但是,专用性资产不可避免地存在,公

有制企业与非公有制企业之间会针对专用性资产投资讨价还价，任何一方都不希望自己付出更多的专用性资产，以此来掌握主动权并避免对方攫取自己的准租金。因此，在交易达成前，双方会针对谁进行专用性资产投资，投资多少，采取何种保障措施等问题进行讨价还价，严重影响了双方合作的达成。虽然可以通过制定完善的契约或组织例如纵向一体化来保障专用性资产安全，但由于有限理性，契约不可能完备无缺，纵向一体化同样需要前期投入专用性资产，产生交易成本。如果成本过高，会使企业缺乏追求一体化的内在动力，这在某种程度上解释了我国混合所有制经济比重低的原因。例如，国有资本与私人资本在进行一体化组建混合所有制企业的谈判中，由于契约不完全，私营企业害怕出现国有股"一股独大"，因此要求控股权，而国有企业也怕丧失控制权，遭受"敲竹杠"，因而一体化难度较大。

（二）事后的保障功能

虽然专用性投资会使投资方对另一方产生依赖，面临被"敲竹杠"的风险，却能够在事后激励投资方为了保障准租金及声誉而遵守契约，维护合作关系而不采取破坏合作的机会主义行为。如果一方进行了资产专用性投资，实际上就是向对方释放了一种尊重交易、维护契约的信号，可以成为一种维持持久契约关系的承诺保证。专用性投资越高，受剥削的可能性越大，因此在高资产专用性的情况下，交易者会采取一体化策略。在垂直一体化后组织中，专用性投资所形成的所有权会增强企业内部抑制机会主义的约束力，为投资者提供更为有效的报酬激励机制，使一体化后不同交易主体的利益更加紧密，从而可以有效地抑制机会主义行为。

假设公有制企业 A 与非公有制企业 B 实现了合作，面临遵守与背叛两种策略，不存在专用性资产投资。当双方都选择遵守契约时，双方受益都为 R；当一方选择遵守，另一方选择背叛，遵守方利益会受损，获得 T＜R 的收益，而背叛方获得更多的好处 S＞R；双方都背叛时，双方收益都为 H，S＞H＞T。具体收益矩阵见表 5-1。

第五章 交易成本、"敲竹杠"与国有企业混合所有制结构分析

表 5-1　无资产专用性条件下的非公有制与公有制企业博弈

A＼B	遵守	背叛
遵守	R, R	T, S
背叛	S, T	H, H

很容易看出，这是一个典型的"囚徒困境"，背叛对双方来说都是最优策略，双方博弈的结果是纳什均衡（背叛，背叛），双方在不进行专用性资产投资的情况下选择背叛，合作遭到破坏。

现在放宽条件，假设公有制企业投入了 K_1 的专用性资产，专用性为 v_1；非公有制企业投入为 K_2，专用性为 v_2。K_1 与 K_2 的区间为 $(0, R]$，v_1 与 v_2 的区间为 $(0, 1]$。如果双方都守约的话，双方能保障专用性资产的准租金，收益仍为 R；否则将不得不转作他用，公有制企业损失 K_1v_1，非公有制企业损失 K_2v_2。此时，收益矩阵发生变化，如表 5-2 所列。

表 5-2　存在资产专用性条件下的非公有制与公有制企业博弈

A＼B	遵守	背叛
遵守	R, R	$T-K_1v_1$, $S-K_2v_2$
背叛	$S-K_1v_1$, $T-K_2v_2$	$\underline{H-K_1v_1}$, $\underline{H-K_2v_2}$

与前面的收益矩阵相比，此时收益矩阵中双方的背叛成本增加，因为一旦交易被破坏，就要损失专用性投资，因此会弱化背叛的激励。当 $S-K_1v_1<R$，$S-K_2v_2<R$，即 $K_1v_1>S-R$，$K_2v_2>S-R$ 时，按照条件策略下划线法，可以得出该博弈具有两对纳什均衡：（遵守，遵守）与（背叛，背叛）。

对于多重纳什均衡，可以采用帕累托最优标准与风险优势标准，前

者偏重于理论，后者偏向于实践。按照帕累托最优标准，由于 R > H，所以（遵守，遵守）无疑是最优的纳什均衡。如果按照风险优势标准，则要考虑不同策略均衡的风险状况，风险小者优先。在这里，我们运用偏离损失比较法，公有制企业与非公有制企业偏离（遵守，遵守）的损失分别为 $R - S + K_1v_1$，$R - S + K_2v_2$，偏离（背叛，背叛）的损失为 $H - T$，当 $(R - S + K_1v_1)(R - S + K_2v_2) > (H - T)^2$ 时，（遵守，遵守）比（背叛，背叛）具有风险优势，在双方都是风险规避者的情况下，会被优先选择。在其他条件既定的情况下，非公有制与公有制企业的资产专用性资产投资数额越大，专用性水平越高，K_1v_1 与 K_2v_2 就越大，前面的不等式就越容易成立，（遵守，遵守）更容易被选择。可见，资产专用性有助于破除"囚犯困境"，对公有制及非公有制企业之间事后合作的维持起保障作用，这种作用的程度取决于专用性资产投资的数量及专用性水平。如果双方都投资了足够多的专用性资产，那么合作就能得到保障。如果双方投入都不足，或者一方投入过低，则不能破除"囚徒困境"[1]。

第三节 交易成本、所有制结构调整与国有企业混合所有制经济发展

一、混合所有制是所有制结构调整的方向

混合所有制经济是我国基本经济制度的重要实现形式。党的十五大首次提出了混合所有制经济的概念，随后党的十六大、十六届三中全

---

[1] 在博弈论的世界里没有仁慈或怜悯，只有自利。大多数的人只关心自己，而这也是人之常情。……但是……即使每个人都以完全不讲情面和极端竞争的行为处事，博弈论的逻辑还是经常会使自利的人携手合作，甚至相互待之以诚，彼此尊重（米勒，2006）。

会、十七大都提出要发展混合所有制经济，党的十八届三中全会再次提出要大力发展混合所有制，由此可见混合所有制经济的重要性。发展混合所有制经济对所有制结构优化具有以下作用：

一是解放思想，破除对公有制偏好、私有制偏见的错误观念，一视同仁，公平竞争。国有经济与非国有经济都是促进社会主义市场经济持续健康发展的重要力量，它们之间并不存在对立关系，而是竞争与合作并存的关系。但在实践中，双方的合作及融合程度较低，发展混合所有制经济，可以将公有制与非公有制的利益紧密地联系在一起，实现各种所有制经济的共存与协调发展，进而优化所有制结构。

二是发挥不同所有制的比较优势，在市场配置资源起决定性作用的前提下实现双赢。公有制经济具有规模大及政府政策优势，但是体制相对僵化，缺乏创新，对市场的反应能力差；非公有制经济的优势在于体制灵活，创新动力强，劣势在于规模小，抗风险能力差。这些都严重制约了所有制结构的质量。发展混合所有制经济可以将分散广泛、规模过小的非公有制资本聚集起来，吸纳到公有制经济中，一方面有助于深化国有企业改革，搞活国有经济，另一方面为非公有制资本增值提供更高更广的平台，提高风险抵抗力与生产能力。因此，发展混合所有制经济有助于提高不同所有制经济的质量，进而提升所有制结构的层次。

党的十五大以来的改革实践证明，混合所有制经济对所有制结构的优化作用是显而易见的。通过股份制改革，公有制企业初步建立了现代企业制度，产权问题得到缓解，生产运营效率提高，公有制经济的控制力显著提升，非公有制经济涉足的市场范围越来越广，规模越来越大，初步形成了公有制与非公有制资本的有效融合。可见，大力发展混合所有制经济是优化所有制结构的有效途径。

当前，我国混合所有制经济已经取得了长足的发展，但是仍然存在着总量不足，质量不高的问题，制约了其功能的有效发挥。基于此，本研究从交易成本及科斯定理的视角剖析我国混合所有制经济发展问题。

二、混合所有制改革中交易成本分析

(一) 混合所有制经济中的交易成本

威廉姆森（Williamson，1985）从资源转移的视角将交易成本划分为事前与事后两个类别，事前交易成本主要包括契约签约成本、谈判成本及契约保障成本，事后交易成本包括不适应成本、讨价还价成本、建立及运作成本及约束成本。在此基础上，结合我国混合所有制经济实际，我们将其存在的交易成本分为以下几个方面：

一是企业决策所产生的交易成本。公有制企业与非公有制企业在进行是否以有限责任、股份制、联营等方式与对方组成混合所有制企业的决策时，需要协调好各自内部的利益关系，不可避免地要耗费交易成本。对于公有制企业而言，受长期计划经济体制的影响，形成了一大批安于现状的利益团体，改革会冲击他们的切身利益，例如，大规模的并购重组需要裁汰冗员，要协调好这些利益关系，需要付出相当大的成本。对于非公有制企业而言，一些企业内部人员由于害怕丧失决策权等利益，根本不想与公有制企业融合，想要说服他们也需要付出交易成本。

二是信息成本。双方都会从各种渠道搜集对方相关信息，包括对方的规模、员工数量与质量、运营状况、公司治理结构、发展战略、合作诚意等，以此来缓解信息不对称，便于在谈判中取得信息优势。这个过程需要花费信息搜集及分析成本，而由于我国市场发育程度较低，企业信息与信用系统不健全，信息不对称现象严重，因此信息成本很高。

三是谈判成本。公有制与非公有制企业在组建混合所有制企业时需要进行谈判。双方存在利益差别，公有制企业想通过合作盘活闲置资产，优化管理体制，摆脱沉重的历史负担，增强公有制经济的控制力，而非公有制企业则想通过融合弥补自身缺陷，借助公有制资本力量更好更快地发展，获得更多的经济利润。因此，双方在融合形式、股权结构、管理层构成、未来发展战略与规划方面会进行反复的讨价还价，会耗费大量人力、物力、财力与时间成本，尤其是股权分配及股东权益保障问题，是双方谈判的焦点，谈判成本很高。

四是市场进入及退出产生的交易成本。公有制企业及非公有制企业想要组建混合所有制企业，需要将生产要素重新配置，也就是要进入市场或退出市场。在这个过程中，生产要素价值可能遭受损失，而且企业在遇到行政审批时也要付出相应的成本，这些都属于交易成本。如果政策不允许，或是行政审批过于烦琐，那付出的交易成本将极高，甚至会让企业打消融合的念头。

五是事后整合资源、协调冲突、监督产生的交易成本。仅仅具有混合所有制经济的形式并不能真正地发挥混合所有制经济的功能，还需要有效整合各方资源。两种不同所有制企业在发展战略、管理体制及手段、企业文化等方面存在着巨大的差异，要想将两者有效融合，充分发挥各自的比较优势，必须要付出相当多的交易成本来解决各种整合冲突。同时，谈判时不可能将所有可能发生的情况考虑在内，必然会存在契约不完善部分，特别是在政府主导的情况下，更容易引发事后冲突。此外，为了保障契约得到贯彻，双方在事后也会付出相应的成本用于监督，目的在于及时发现存在的问题，保障自身权益。

（二）混合所有制经济高交易成本产生的原因

混合所有制经济发展面临高交易成本，既有人的主观原因，也有外部的客观原因，既具有一般性，也有特殊性，主要表现在以下三个方面：

一是人的因素。现实中人的理性是有限的，不可能掌握全部信息，会导致契约不完全，进而产生交易成本。此外，人们都具有投机性，为了满足自身利益会损害他人利益，也就是存在机会主义行为倾向，抑制这种行为也需要付出交易成本。我国发展混合所有制经济是社会主义市场经济不断探索的结果，很多人对混合所有制经济的认识是模糊、错误的，因此规范混合所有制经济发展的相关制度安排难免存在很多缺失，这些都带来了大量的交易成本。此外，制度的缺失助长了人的投机倾向,使混合所有制经济中充斥着机会主义行为,也导致了大量的交易成本。

二是资产专用性或沉淀投资。资产专用性、交易频率与不确定性是交易的三个维度,其中资产专用性最为重要与关键。对于交易双方来说,如果一方进行专用性投资,而另一方违约,提前终止交易,专用性资产投资方会遭受损失,因为专用性资产会有一部分沉淀,转作他用会产生价值损失。如此一来,未进行或较少进行专用性资产投资的交易方可能进行终止交易的可置信威胁,要求攫取对方专用性资产的部分准租金。为了避免遭受"敲竹杠",双方会付出大量的交易成本来保障自己的权益。混合所有制企业是公有制资本与非公有制资本的融合,需要双方进行投资,其中一些投资具有专用性,尤其是对于一些专用性投资高的行业,例如资源型产业,需要进行大量的专用性资产投资,厂房、专用性设备、技术及工人等容易产生沉淀成本。此时,双方为了保障自身利益,就会针对谁进行专用性资产投资、投资多少及如何保障等问题进行讨价还价,产生大量成本尤其是时间成本,进而影响混合所有制企业的形成。

三是市场环境。交易需要在特定的市场环境下进行,包括法律环境、政治环境、经济环境、技术环境和文化环境等。良好的市场环境能够为交易双方提供有效的环境约束,遏制机会主义行为,提供更多真实有效的信息,有助于降低交易成本。我国市场经济发展起步晚,与发达国家和地区差距明显,政府缺乏制度创新的动力,对市场的行政干预过多,市场壁垒高,市场基础设施建设滞后,导致不同所有制企业融合的交易成本较高。虽然国家出台了"新36条"等鼓励非公有制企业发展的政策,但过于原则化,缺乏实施细则,政府在执行这些政策上更多的是停留在纸面,市场环境没有得到明显优化,非公有制企业想要进入某些市场领域与公有制企业组建混合所有制企业面临较高交易成本。

三、交易成本对我国混合所有制经济发展的路径依赖影响

按照完全竞争的标准,交易成本会造成交易障碍,对人类稀缺资源造成无效损耗,阻碍有益于社会福利增进的交易,进而造成经济效率的低效。交易成本越高,经济效率(产出)越低;反之,则越高。

一是交易成本阻碍混合所有制经济的产生。我国混合所有制经济经历了由无到有,再到迅速发展的历程。混合所有制经济的现实形态是现代企业制度,发展混合所有制经济符合现代大生产与市场竞争的需要,是建立健全现代企业制度的必由之路,在未来应成为基本经济制度的主要表现形式。但是,公有制与非公有制资本在组建混合所有制企业时,会进行成本—收益分析,只有在收益大于成本的情况下才会选择融合。事前及事后大量的交易成本,直接增加了交易方组建混合所有制企业的成本,在很多情况下,当期成本要大于预期收益,这样企业就不会选择混合所有制的经济形式。从微观层面来讲,高昂的交易成本使很多国有企业未进行股份制改革,仍是国有独资;很多非公有制企业虽然想与公有制企业融合,获得更高的发展平台,但是过高的交易成本使企业无法融合。从宏观层面讲,我国混合所有制经济总量并不大,占整个经济的比重不高。以2011年工业企业为例,我国混合所有制经济比重为43.25%,尚未达到一半,还需要进一步的大力发展,见表5-3。

表5-3　　　　我国混合所有制经济的构成及所占比重

企业类型	产值(亿元)	占工业总产值的比重(%)
其他联营企业	361	0.04
其他企业(内资)	10434	1.20
中外合作经营企业	2968	0.35
合作经营企业(港或澳、台资)	2002	0.24

续表

企业类型	产值（亿元）	占工业总产值的比重（%）
股份有限公司（内资）	83464	9.89
港澳台商投资股份有限公司	3388	0.40
外商投资股份有限公司	4966	0.59
其他有限责任公司（内资）	166111	19.68
合资经营企业（港或澳、台资）	27578	3.27
中外合资经营企业	63876	7.57
总计	365148	43.25

注：统计的是规模以上工业企业。
资料来源：2012年《中国统计年鉴》。

二是混合所有制经济质量不高。当前，大部分国有企业完成了股份制改革，通过股份制尤其是上市吸收了大量社会资金，已经在形式上成了混合所有制企业。但是，混合所有制企业内部不同性质的产权主体难以达到利益协调一致，产生了大量的交易成本，造成企业有限资源的损耗，抵消了混合所有制经济所带来的部分好处，影响了混合所有制企业的可持续成长。具体表现在：股权结构不合理，国有股"一股独大"，中小股东尤其是非公有制股东持股比重过低，造成股东地位实际的不平等，加之许多政策规定和法律法规并不完善，使国有股东能够按照自身利益最大化来进行决策，中小股东尤其是广大股民难以对国有股东产生有效的内部约束，权益也难以得到切实保障，不利于国有企业转型；法人治理结构不健全，形式主义严重，股东大会、董事会、监事会、经理人之间没有形成相互制约的机制，激励及约束机制不完善，影响了企业治理效率；很多企业改制后只是形式上发生了变化，并没有建立起完善的现代企业制度，传统体制弊端依旧存在，没有发挥出不同所有制的比较优势。

四、科斯定理与混合所有制经济发展

科斯定理是新制度经济学的基石，它将产权、交易成本及资源配置效率有机地联合起来，是理解制度的枢纽。科斯定理源于科斯对外部性问题的分析。外部性是市场失灵的表现之一，传统的福利经济学主张征收庇古税，即如果一方行为对另一方产生了负外部性，那么就对行为实施方采取征税、罚款或其他措施，实现社会成本与收益的均衡。庇古税强调公平，主张谁造成了负外部性就必须补偿。而科斯在《社会成本问题》一书中认为，庇古税方案并不正确，因为如果想要避免对一方的伤害，就必须对另一方造成伤害。例如，对污染企业征税避免了对周围居民的危害，同时也损害了企业的污染权利。因此，应当解决的问题是如何避免更大的伤害，实现产值的最大化。科斯将外部性当成一种可以交易的权利，认为其所有权的归属要依据产值的最大化，并且讨论了在交易成本为零及不为零的情况下，权利的初始配置对经济效率的影响。这种解决外部性问题的思想构成了著名的科斯定理。

科斯定理的内容主要有：（1）在交易成本为零的情况下，权利的初始配置显得无关紧要，不会对经济效率产生影响。这反映的是一种无摩擦的理性世界，即私人成本与社会成本、私人收益与社会收益不会分离，产权安排与资源配置效率无关，也不存在外部性问题；（2）在交易成本为正的情况下，产权的初始界定将对资源配置效率产生影响。因此，产权的初始界定是重要的。政府应该把权利界定给能够实现社会福利最大化的一方。即使权利的初始配置已经确定，也可以通过权利交易来改进社会福利，前提是交易成本不能过于高昂。

科斯定理对于混合所有制经济发展的启示便是重视产权的重要性。由于交易成本是客观存在的，权利的初始配置显得尤其关键，不同的产权配置导致不同的经济效率。混合所有制经济是不同产权主体的融合，按照科斯定理，在交易成本一定的情况下，当不同主体的权利界定清晰，流转通畅，并将权利配置给最能产生效率的主体时，才能有效地解决外部性问题，增进社会福利。非公有制企业产权界定比较明晰，流转也相对通畅，但国有产权具有非人格特征，天然地具有模糊性，很多国有企业在改组重组的过程中没有对资产进行认真清查和资产评估，也没有对债权、债务进行彻底清理和产权界定，国有资产流失问题突出，而且流转面临的障碍也很多，转让价格机制不健全，流动性不够，外部监管不力。此外，在当前的制度环境下，发展混合所有制经济更多的是公有制企业的权利，公有制企业在国家政策支持引导下吸引非公有制资本参股，或参股到非公有制企业。而非公有制企业受限于政策，很难主动地吸引公有制资本参股，有时即使想参与一些垄断行业的国有企业改制重组，也面临很高的市场壁垒。

科斯定理强调产权的界定，隐含的前提假设是权利一旦界定就会被很好地保护。但是，由于产权保护需要成本，政府不可能对每项产权都进行保护，必定存在保护不善或空白的部分。在我国，对公有及非公有产权虽然进行了一定程度的界定，出台了一系列的法律法规及政策，但是人们产权保护意识还很薄弱，产权保护制度建设滞后，直到 2007 年才颁布《中华人民共和国物权法》这部真正保护私有产权的法律。公有产权保护虽然受到了国家的重点关注，也出台了大量的保护政策与措施，但缺乏配套的实施政策，在实践中的效果不尽如人意。这些问题导致政府行政权力的滥用，产权保护不力，存在大量公有及非公有产权被侵犯的现象，严重影响资源的优化配置，也直接影响混合所有制经济的发展。

从深化我国国有企业改革实践来看，如何从经济学理论角度阐述国有产权作为一种治理结构选择存在的合理性，超越简单的非此即彼意识形态之争，深入分析影响国有企业经济效率的各种因素，在充分认识自由市场弊端的情况下，迫切需要理解完全国有化与完全私有化两分法，寻找介于二者之间的混合所有制结构。

在这种理论模型与经济现实相脱节背景下，我们需要摆脱完全竞争范式，转而运用科斯—威廉姆森交易成本理论，特别是从不完全契约角度分析国有企业资产专用性投资所带来的"敲竹杠"问题。一旦进行了沉淀成本投资,那么事后就被捆绑在一起。契约不完全意味着人们不能事前明确配置事后的剩余。剩余的配置取决于事后的讨价还价地位。因此,当存在交易成本和信息问题时,财富和产权如何配置就显得十分重要。

五、资产专用性投资、"敲竹杠"与治理结构变迁

交易专用性投资是交易成本经济学的关键性要素。当进行专用性投资时,准租金就会产生。一项投资的准租金,等于总收益减去可回收成本。而剩余被定义为总收益减去总成本。前者是从事后角度看的,而后者是从事前角度看的。沉淀成本影响事前投资决策,但是沉淀成本一旦投资,则无法回收,因而无法影响事后决策,就像微观经济学教科书那样——不考虑已经投入的沉淀成本,仅仅考虑沉淀投资的回报——准租金的大小。在完全竞争条件下,从长期来看,准租金等于沉淀成本,此时准租金完全为投资者所有,致使投资者的任何成本都可以得到相应的补偿,不会出现任何投资损失。其中,准租金与剩余的区别主要在于沉淀成本。

然而,在不完全契约情况下,就会出现事后机会主义行为,尤其当涉及交易专用性投资时,尽管投资者不考虑沉淀投资,但是交易另一方却考虑它,从而造成威廉姆森所说的根本性转变,进而产生契约纠纷问题,而这与不完全竞争市场并不一样——准租金或垄断租金完全被投资者所全部占有。事实上,许多投资者都会进行专用性投资。但是,由于投资在这个关系中的价值最高,这个投资者事后就被完全锁定在该关系中,合作产生的剩余部分要根据所制定的契约条款进行分配。然而,在契约事前没有包含所有可能的情况下,剩余的分配在一定程度上也取决于事后讨价还价地位。如前所述,资产专用性可以有多种表现形式,一旦被另一交易方采取机会主义行为,很难在别处得到回收,从而很容易被"敲竹杠",与微观经济学那种完全和谐情形形成

鲜明对照。

进行关系专用性投资的一方由于另一方削减契约价格的多种可能性而处于不利境地。未进行专用性投资的契约方可能利用结束契约这一威胁拟订更有利于自身的契约条件。之所以如此，是因为契约是不完全的，任何一方都有追求自己的利益动机：一是写一份复杂的契约所需要的成本可能非常昂贵；二是可能很难预测所有可能出现的情况；三是语言经常取决于语境，由于有限理性或者机会主义的存在，对同一语言有不同的解释；四是对于第三方而言，有关变量可能是可观察的、但不是可证实的。而且，投资的沉淀性导致缺乏备选契约人。未加说明的意外情况带来契约的漏洞，缔约另一方可能对此加以利用，通过损害另一方的利益来改善自己的处境。

事实上，"敲竹杠"（也是一种变相垄断行为）并不一定是无效率的，就像完全垄断条件下完全价格歧视那样，并不缺乏效率，却会引起收入分配不公平问题。如果没有财富效应，并且最终进行了投资，则可以实现经济效率，"敲竹杠"的唯一影响是准租金的重新分配。但如果投资者有"敲竹杠"预期，那么企业就不会投资，从而出现投资不足和短缺现象，类似于市场失灵情形，这显然是无效率的。

如果涉及大额的交易专用性投资，则市场关系不是合适的治理结构或组织形式。进行投资之后，因为契约不完全，会产生各种事后机会主义行为，而"敲竹杠"就属于这一类。因此，契约并不能很好地解决信息和激励问题。专用性投资者一旦预期到这些问题，可能将不会投资，此时有必要依靠治理结构来创造实现专用性投资的环境，这也就是为什么有价值的专用性投资不一定会发生的经济逻辑（汤吉军和郭砚莉，2014）。

威廉姆森认为，交易的特征决定了治理结构。交易的特征是外生变量，包括交易频率、资产专用性程度和交易不确定性，而内生变量是治理结构。行为假设是机会主义和有限理性。由于资产专用性是交易成本经济学中不可或缺的一个重要因素，因此，我们发现，（1）资产专用性是资产交易的专用性，不同的交易具有不同的属性，专用性交易不仅需要专一性,而且还需要交易双方的专一性,从这一点上看,专用性资产是交易专用性资产;(2)资产专用性与清算价值有关。资产专用性越大,清算价值越小,反之亦然;(3)资产专用性的实质是一种锁定效应。一旦做出了专用性投资,在一定程度上就锁定了当事人之间的关系,长期契约关系就会发生"根本性转变",事前竞争就会被事后垄断所代替,从而导致机会主义行为发生。也就是说,关系专用性投资提高了对市场交易伙伴的依赖,资产专用性越高,对交易伙伴依赖性越强,在没有相应的制度保证情况下,专用性投资一方会被交易另一方的机会主义损害也就越大;(4)资产专用性只有在契约不完全条件下才能显现。如果在完全契约条件下,可以通过无成本谈判达成最优解。然而,由于契约不可能是完全的,所以,交易双方的利益矛盾和冲突是不可能在事前完全解决的,只能拖到事后,这样交易双方都会使谈判和履约变得十分困难,从而在一定程度上导致专用性投资不可能达到帕累托最优。

由此可见,资产专用性在治理结构中的作用是不可忽视的。它不仅引发了交易活动的事前反应,而且还涉及交易活动的事后规则,正如威廉姆森(2002)指出,"资产专用性对交易成本经济学的重要性无论怎样强调也不过分,……与此相同,如果没有资产专用性,交易成本经济学就没有了说服力。因此,资产专用性既是在交易问题上重要派别划分的依据,也是造成了大量可批驳的歧义的根源"。[①] 如果资产专用性水平不高,市场则成为有效的治理结构。在这种治理结构下,人们不担心被"敲竹杠",同时也没有内部组织问题,如表5-4总结了在只考虑资产专用性和不确定性程度这两个变量时所得出的预测情形。

---

① [美]威廉姆森. 资本主义经济制度[M]. 段毅才,王伟,译. 北京:商务印书馆,2002:83-84.

表5-4　　　　治理结构是资产专用性及不确定性的函数

		不确定性程度	
		低	高
资产专用性	低	市场	市场
	高	长期契约	垂直一体化

同样，我们也可以用资产专用性水平和交易发生频率来显示治理结构的选择。在单边的治理结构中，一方握有权力，便是垂直一体化。双边治理结构便是长期契约，此时双方是独立的，双方所具备的权力不相上下。许多买者与卖者都具有这种特点。当双方的交易是专用性并且不经常发生时，交易通常通过一个外部的中间人得以实现，类似于三边治理结构，此时中间人的声誉非常重要，如表5-5所列。

表5-5　　　　治理结构是资产专用性及交易频率的函数

		资产专用性		
		低	中	高
交易频率	低	市场	三边治理结构	三边治理结构
	高	市场	双边治理结构	单边治理结构

如果资产专用性水平较高，则长期契约和垂直一体化都可能是有效率的治理结构。交易不确定性在一定程度上显示了契约的不完全程度，同时也显示为获得大份额的剩余而进行事后重新谈判的可能性。不确定性高为事后重新谈判提供了诸多困难性，因为很难发现和证明某一特定结果的原因。因此，垂直一体化将先前的相互冲突的利益联系在一起并且消除了许多选择机会。也就是说，如果交易发生在市场关系中，当资产专用性水平较高时，无法创造准租金的投资，从而垂直一体化消除了各方利益冲突而阻止"敲竹杠"问题。然而，垂直一体化也会引起许多组织内部问题。当存在不确定性时，组织内部问题带来的成本大于垂

直一体化带来的收益。因此,当市场上的不确定性程度不高时,长期契约便成为有效率的治理结构,因为在此类市场上好的声誉非常重要。

市场无法有效率治理那些需要大量专用性资产投资的交易,从而需要不同的治理结构相匹配。将资产专用性定义为 k。如果投资的资产专用性程度低,即 $k<(0, k_1)$,则市场治理结构的成本 M(k) 最低,如果资产专用性水平较高 $k>k_2$,则垂直一体化(科层制度)治理结构的成本 H(k) 最低。在科层治理结构中,资产专用性投资的一方对于所有可能发生的未预期到的情况都拥有剩余控制权。当资产专用性水平处于中间阶段,即 $k<(k_1, k_2)$,混合治理结构可以最小化治理成本,主要包括长期契约、关系契约和交叉所有权等,如图 5-4 所示。

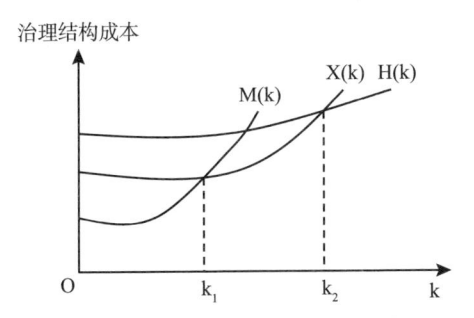

图 5-4　治理结构与资产专用性

同样,如果按照威廉姆森治理结构选择方法来研究金融工具的选择,从而认为,债务与股权既是金融工具又是治理工具,如图 5-5 所示。

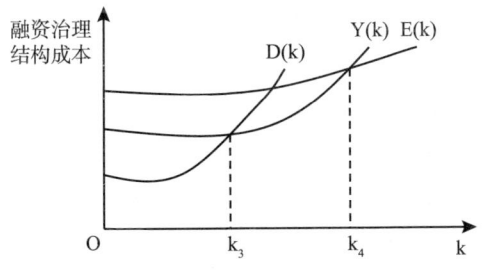

图 5-5　融资治理结构与资产专用性

在图5-5中，D(k)、Y(k)、E(k)分别对应企业债务成本、混合融资成本和股权成本，这三类成本都是资产专用性程度k的函数，从而预测出相应结果。也就是说，随着市场经济不断发展，资产专用性投资会增强，股权融资会越来越重要，否则，只能处于通用性资产投资阶段，处于债务融资。在没有资产专用性的情况下，债务融资是可信的，资产可以毫无损失地转为他用，即可以自由地进出市场或产业，很容易通过出售资产偿还债务，即 $k < (0, k_3)$。但是，如果投资资产专用性较高，股权融资是可信的，因为资产具有专用性，不可能毫无损失地转为他用，在其他产业生产的机会成本较低，只能通过准租金来补偿，很难退出产业或市场，即 $k > k_4$。当资产专用性水平处于中间阶段，即 $k < (k_3, k_4)$，就需要采取混合融资结构，例如认股证和可转换债券，从而形成歧视性组合，类似于垄断市场上的价格歧视那样。但究其本质，这样的融资结构都是沉淀资产投资方追求交易成本最小化的理性选择。

此外，产权界定固然重要，产权主体能否有效行使权利也关系到资源配置效率。如果产权主体未能有效行使权利，会造成资源浪费，对经济效率产生负面影响，应当对产权权利按照产值最大化的原则进行重新分配。在国有控股的混合所有制企业中，领导者被国家及股东大会赋予企业资产的使用权与部分收益权，但是由于缺乏内部有效的激励约束制度，这些领导者没有认真履行自身职责，为了谋求私利甚至会损害企业整体利益，也就是没有有效行使产权权利，而当前的制度并无法将这种权利进行重新的优化配置，结果影响了混合所有制企业的效率。

综上所述，混合所有制经济中存在着大量的交易成本，影响了混合所有制经济的产生及质量；科斯定理指出产权的重要性，我国在产权界定、分配、保护制度上存在的缺陷，同样影响了混合所有制经济的发展。要想积极发展混合所有制经济，有两条路径：一是降低交易成本，二是建立完善的产权制度。制度是降低交易成本最有效的工具，完善的产权制度不仅有助于资源优化配置，也有助于降低交易成本。

第六章

我国国有企业发展混合所有制面临的主要障碍

第一节 交易成本与混合所有制改革失灵

在国有企业推进混合所有制改革的过程中,在人的主观因素、资产专用性的存在和市场环境的制约共同作用下,不可避免地存在着较高的交易成本。混合所有制改革的交易成本也可以称为制度成本,其中包括信息成本、谈判成本、起草和实施契约的成本、界定和实施产权的成本、监督管理的成本和改变制度安排的成本等,过高的交易成本可能会导致国有企业混合所有制改革失灵。

在建立混合所有制企业以后的成本主要存在于以下几个方面。一是资源配置成本。无论是要进入市场还是退出市场,生产要素都将被重新配置,在国有企业和民营企业或外资企业组建新企业时,因为资产专用性的存在,企业在混合所有制改革中需要面临生产要素价值损失的风险,负担其中的沉淀成本,为了减少自己当前的损失和避免将来被"敲竹杠",双方会付出大量交易成本来保障自己的利益。二是文化整合成本。发展混合所有制经济不是简单地将不同所有制经济集合,而是要真真正正地做到各个方面资源的整合,有效发挥出各个方面的比较优势，才能够更好地体现出混合所有制的优越性。但不同所有制企业在发展战略、经营模式、企业文化等方面均有较大的差异性。由于不确定性和信息不对称的存在，契约是无法在谈判时就得到完善的，很可能出现事后不适应。要将两者协调好，实现有效融合，就需要付出相应成本来解决冲突问题。三是监督成本。为了保障契约的顺利履行，公有制企业和非公有制企业都会投入力量构建监督制衡体系，以便及时发现问题，维护自身利益。为了规范执行层权力运行，确保混合所有制企业健康、规范运行，各方权益得到保障，需要付出相应的监督成本。

从另一个层面上说，在推进混合所有制经济发展的过程中，交易型交易成本、管理型交易成本和政治型交易成本等构成了改革的总交易成本。总量交易成本在不同的体制下是不尽相同的，在传统的计划经济中，市场型交易成本的降低是以管理型交易成本的剧增为代价的，同时市场与管理之间的替代关系消失，市场中缺乏竞争和优化机制，导致行政费用也随之上升。因此，计划经济体制的边际交易成本往往高于市场经济体制的边际交易成本。根据科斯定理，只有交易成本为正，各种制度才会产生，而有效的制度又可以显著地降低边际交易成本。市场化程度会影响总量交易成本，由于市场不完善造成的市场失灵在我国市场化经济的整个过程中始终存在，不完善的市场体系、市场主体和市场规则也是制约我国国有企业混合所有制改革的重要因素。如果要防止交易成本导致的混合所有制失灵问题，健全社会主义市场经济体制是重要前提和保障。

可见，组建混合所有制企业必须要考虑交易成本问题，那么，混合所有制企业的总成本就应该由交易成本和生产成本共同构成，如图6–1所示。

交易成本可以吞噬许多资源，而与交易的实际价值毫无关系。在极端情况下，交易成本导致市场失灵。更为重要的是，交易成本过高，以至于耗尽了交易的全部潜在收益。同样，发展混合所有制经济，有利于通过各种所有制资本取长补短、相互促进，加快企业专业化发展，提升

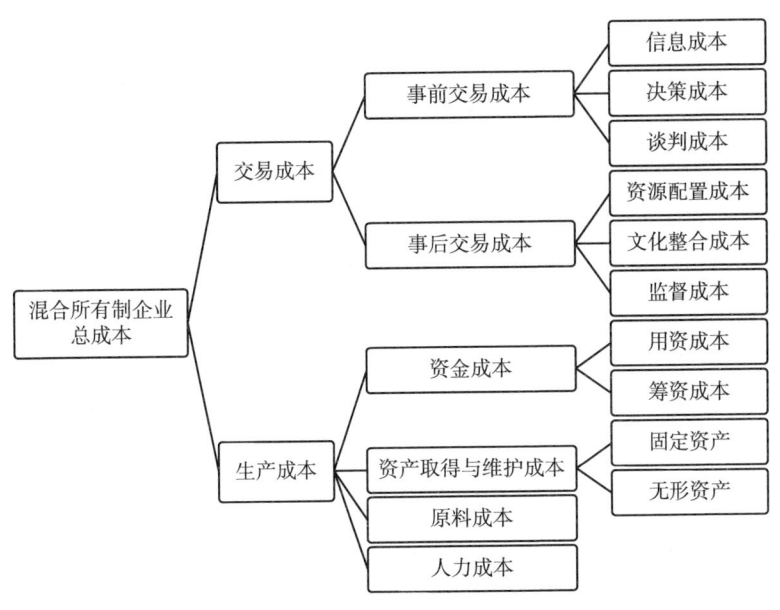

第六章 我国国有企业发展混合所有制面临的主要障碍 141

图 6-1 混合所有制企业总成本

市场化运营水平,也会涉及交易成本。混合所有制企业要同时兼顾生产成本和交易成本,但这两类成本却受到专业化程度的不同影响。混合所有制企业随着企业规模的扩大、专业化程度的提高,生产成本会因规模效应而显著下降,但与此同时,企业在进行资源配置和整合过程中会产生大量交易成本。因此,交易成本的增加会制约混合所有制企业的专业化程度,混合所有制企业要在生产成本和交易成本找到均衡点,选择合适的专业化水平。在图6-2中,横坐标表示混合所有制企业专业化水平,纵坐标表示企业在混合所有制改革中产生的平均成本,TC_1、TC_2曲线代表交易成本,PC曲线代表生产成本。交易成本随着混合所有制企业专业化程度的提高而逐渐增加,生产成本由于规模效应逐渐降低,在S_1点左侧,企业的生产成本较高,但交易成本较小,所以企业继续提升专业化水平,直到达到S_1,但是如果进一步提高混合所有制企业专业化程度,所产生的交易成本就会过高,即使生产成本降低也难以弥补。所以,S_1是TC_1曲线和PC曲线情况下混合所有制企业的最优专业化水平。如果在发展混合所有制经济没有处理好相关问题导致出现过高的交易成本，这样将会使交易成本曲线向左移动，出现新的交易成本曲线 TC_2，则会使混合所有制专业化程度降低，部分经济福利消失，出现混合所有制改革失灵现象，偏离帕累托最优，阻碍改革进程的推进。反之，如果能够控制并减少企业在进行混合所有制改革中出现的交易成本，则可以使交易成本曲线右移，那么企业的专业化程度还会得到提高。根据新制度经济学的观点，制度变迁过程中的政策要么是为减少交易成本而存在的，要么是使以前受过高交易成本阻碍而不可能实现的东西变为可能，换言之，交易成本的降低可以使生产可能性曲线向外移动。

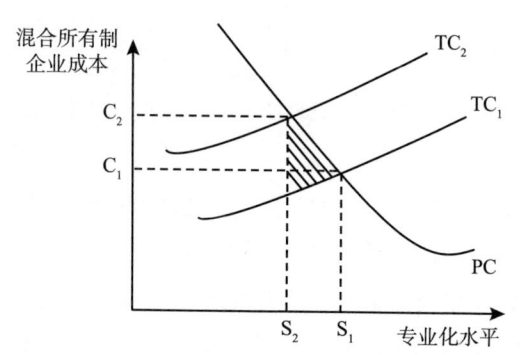

图 6-2 混合所有制企业生产成本、交易成本与专业化水平

国有企业进行混合所有制改革的一个重要目标是使其成为真正的市场主体、真正追求利润最大化的经济组织。如图 6-3 所示，MC 和 MR 分别为混合所有制企业的边际成本和边际收益，AC 为企业的平均成本，价格 P_1 和产量 Q_1 是企业利润最大化的均衡点，企业可以获得利润 P_1ACB。在收益既定的情况下，混合所有制改革可以通过降低企业成本，使企业的利润空间进一步得到提升。根据上面分析可知，混合所有制改革中涉及的成本包括生产成本和交易成本。在生产成本方面，吸收民营资本和境外优秀资本，有利于国有企业提升经营水平，降低管理成本；同时还有助于国有企业融资，发展多样化经营，有效降低融资成

本。在交易成本方面，进行混合所有制改革有助于国有企业完善股权激励与约束机制，解决其内部委托—代理效率问题；降低准入门槛，盘活资产市场等。在混合所有制改革之后，国有企业的成本降低，出现新的价格均衡点 P_2，从而获得更大的利润 P_2DFE。

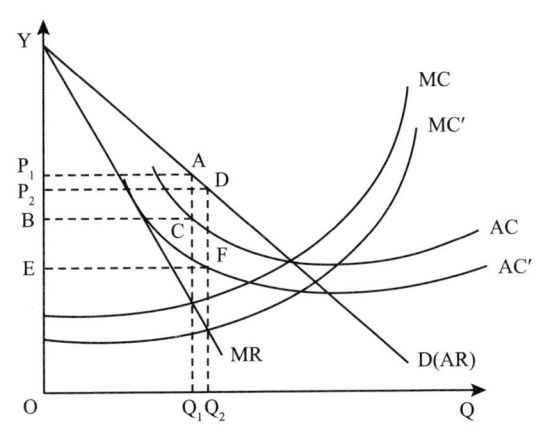

图 6-3　混合所有制改革成本变动分析

另外，假设成本既定，国有企业进行混合所有制改革可以增加收益，主要原因有以下几点：首先引入民营资本和国外资本后，可以降低不良贷款率，显著提高了资本充足率，可以帮助其实现规模经济和劳动分工；其次通过广泛渠道充实资本，可以为管理体制改革、技术创新、人才引进提供坚实的资金保证，在引进资本的同时，可以吸收非国有金融资本先进的经营模式和管理经验、优质的管理人才和技术人才等，弥补自身不足之处，能够在较短时间内有效提升国有企业核心竞争力。在成本既定、收益增加的情况下，企业可以在混合所有制改革后将利润从 P_1ACB 扩大到 P_2DFE，如图 6-4 所示。

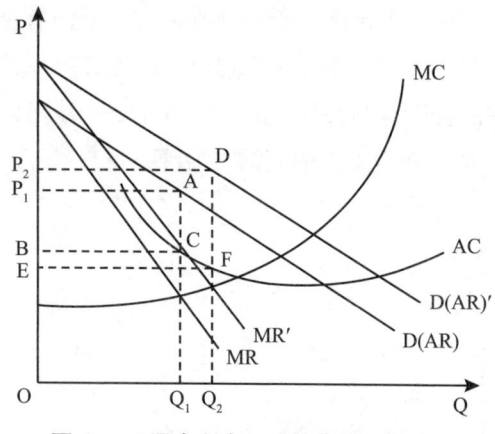

图 6-4 混合所有制改革收益变动分析

第二节 不完全契约与混合所有制改革失灵

所有权意味着什么？哈特和威廉姆森曾给出两层意思：一个是剩余索取权，它是指财产所有者扣除雇员工资和债权人利息之后的剩余部分。由于所有者可以得到额外的收入，那么将全部财产归为所有者占有。另一个是除了剩余索取权外，所有者还拥有剩余控制权。也就是说，他拥有决定财产该如何使用的最终权力。如果没有不确定性和信息不完全，那么所有权是不会发挥作用的。由于契约是不完全的，无法将契约所发生的全部情况完全预见，所以契约必然是不完全的。在这种情况下，所有权赋予的权利在意外发生之后将依然有效。此时，仅仅凭借契约的规定，我们是无法应对意料之外的情况。可是依靠所有权，却可以做到这一点。可以说，所有权是一种处理意外情况的制度安排。根据对不完全契约理论的回顾，大致总结出通常情况下不完全契约模型中的三个阶段。第一阶段是治理结构阶段，该阶段重点是对所有权进行合理的安排，即有一方将获得剩余决策权，这也就同时决定了讨价还价权利的配置；第二阶段是投资阶段，此阶段主要是投资选择的考虑，对谈判的地位和讨价还价的能力有重要影响；第三阶段是契约的履行，此阶段决定是否履行契约的关键。不完全契约模型区别于完全契约模型最重要的地方就在于第一阶段，因为所有权的配置会直接决定中期的投资阶段，而治理结构的选择会影响第三阶段中交易双方讨价还价权利的配置。具体来说，治理结构的本质是企业所有权，并不是财产或生产要素所有权。在混合所有制经济的发展过程中，当国有资本取得了控制其他非国有资本的权利，占据主导地位，国有资本就会拥有全部讨价还价的权利，从而占有全部准租金。其他资本无需决定是否履约，原因是其根本不具备讨价还价的资格。同样道理，当其他所有制资本获得了企业的控制权，也就获得了讨价还价的权利。可见，治理结构决定了在根本性转变之后准租金在国有企业与私有企业之间的分配方式。由于国有企业在投资过程中专用性投资具有较高的沉淀成本，因此国有企业只能作为一体化或混合所有制后的所有者，否则，就会遭受更大的"敲竹杠"而使国有企业资产专用性投资者受损。虽然资产专用性的形式很多，通常情况下资产专用性的程度越高，投资双方的依赖程度就越高。换句话说，当在投资中使用的都是通用型资产，不存在沉淀成本的情况下，市场治理结构完全有效，也不会出现机会主义行为，即使出现机会主义行为，投资者可以毫无损失地撤出投资而终止交易，或者当双方投资大约同等重要时，市场治理结构也是有效的，国有企业和私有企业可以共同发展，无需发展混合所有制，在某些情况下非一体化很可能会优于一体化。但是，由于资产专用性的存在，国有企业和私有企业必然会产生相互依赖或锁定关系，因为在投资中使用了专用性资产时，市场治理结构就会失效，投资者无法全身而退，而不得不考虑非市场治理结构，从而产生相互依赖关系。在契约不完全的情况下，未加说明的意外情况会带来契约的漏洞或遗漏的条款，没有沉淀投资的一方可能狡黠地追求私利而损害资产专用性投资一方的利益，治理结构的变化或所有权的变化会改变讨价还价权力的分配，因而影响事前投资激励。所以，为了避免"敲竹杠"这种预期引起的无效率，在沉淀资产投资很大时一旦进行了企业资产重组，企业的剩余决策权配置是非常关键的，并且企业所有权的配置应取决于沉淀投资规模的大小，没有沉淀成本的投资方不应该获得剩余决策权。如果双方在投资中都有专用性资产，所选择的投资水平取决于治理结构或者产权结构，而国有产权也是一种治理机制。在国有控股企业中，能力越强的企业家越倾向于过度投资。这是因为在国有控股企业中，随着企业家能力的增强，其地位逐步得到巩固，管理者手中掌握的资源不断增加，这就会导致国有控股企业管理者过度自信而容易发生过度投资行为。同样在发展混合所有制过程中，国有企业过度投资有可能也是为了获得企业所有权的重要举措，从而形成以国有产权为主的混合所有制。反之私有企业过度投资就会形成以私有企业为主的混合所有制。

另外，在混合所有制改革中不光国有企业面临被私有企业"敲竹杠"的可能性，私有企业也存在被国有企业"敲竹杠"的可能性。在这种情况下交易双方因发展混合所有制需要支付大量的沟通成本，就会出现所谓的"囚徒困境"从而造成整体投资不足与生产可能性曲线向左移动，无法实现混合所有制带来的合作利益。如图6-5所示，曲线AB表示在稀缺资源与技术条件一定条件下可能达到的最大产量数量组合，此时引入一种制度形式——混合所有制，如果契约趋于完全，那么混合所有制就会取得成功，促使生产可能性曲线向外移动到CD，与较高的效用曲线相切，实现更高的经济增长和社会福利水平。反之，如果契约不完全程度很高，混合所有制发展不顺利，就很有可能导致生产可能性曲线向左移动到EF，与更低的效用曲线相切，最终导致产品产量降低，影响社会福利水平。如果决策者面临的不确定性越大，机会主义行为概率越大，"敲竹杠"的可能性越大，混合所有制越不容易成功，经济增长可能性越小，生产可能性曲线越有可能向左移动。反之，则向右移动。同样，如果决策者面临的有限理性越大，机会主义行为概率越大，"敲竹杠"可能性越大越不容易形成混合所有制，经济增长可能性越小，生产可能性曲线越有可能向左移动。反之则向右移动。如果不确定性与有限理性共同作用，那么"敲竹杠"可能性越大，越不容易形成混合所有制，经济增长可能性越小，生产可能性曲线越有可能向左移动。反之，如果没有不确定性和完全理性，生产可能性曲线将向右移动。由此可见，企业最终所有权并不是事先决定，而是受到一系列条件的约束而具有内生性。如果资产充分流动、市场完全，那么经济利润为零，收入分配既公平又有效率，自由市场是最优的，生产可能性曲线达到最大化。然而在现实生活中，资产专用性和契约不完全等因素是普遍存在的，此时，专用性投资会削弱投资者的讨价还价地位，进而出现准租金分配上的不公平。为了解决这种不公平现象就需要采取相应的治理结构，而不是简单地实行全盘私有化政策。可以说，虽然国有企业改变了机会主义行为的可能性却不可能完全消除机会主义。信息流、沟通和认知能力同样影响国有企业的绩效。因此，围绕资产专用性展开的各种治理结构，应该是资产专用性投资所有者必须考虑的出发点和归宿点。否则，任何有效率的投资都不会出现，经济增长必然受阻。而依据不完全契约理论可知选择私有化、国有化还是混合所有制将取决于交易资产的专用性程度，而这与交易成本大小相关，从而影响经济增长和社会福利水平。

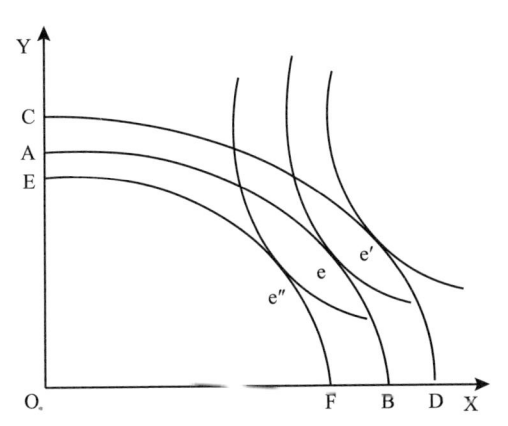

图 6-5　不完全契约下混合所有制与经济增长

区分交易的关键维度包括交易发生的频率、交易受影响的不确定性和提供商品和服务时涉及的资产专用性程度，这些因素对交易成本都有重要影响，但最后一点尤为受到交易成本经济学的关注。完全竞争市场中的一个重要假设是生产要素可以自由流通，企业也可以无障碍地进入与退出市场,即企业不受沉淀成本的影响,只要认为生产某产品有利可图,就能够迅速进入市场,反之,当市场价格下降,导致无利可图时,也能够没有后顾之忧地全身而退。在这种可竞争市场结构下,企业可以自由、灵活地选择进入或者退出市场,以实现其利润最大化,所有制结构也就符合拉姆齐最优。但现实情况是,在企业进行某项生产时,会存在一些投资在原来的生产中价值较高,但如果转用于其他生产,价值就会降低,这项投资就是专用投资,即存在资产专用性。如果一种生产要素具有较高程度的资产专用性,那么在另外一个行业重新对其再调配的成本也会相应很高,即资产专用性越强,生产要素的调配成本越高,沉淀成本也就越高,行业的壁垒和垄断程度就越高,这样就会使所有制结构偏离拉姆齐最优。

尽管国家颁布了鼓励非公有制经济发展的相关条例,如 2010 年发布的《国务院关于鼓励和引导民间投资健康发展的若干意见》提倡并引导民间资本注入金融服务领域,显性的行政性壁垒已经逐步消失。但由于专用性资产的存在,企业在进入和退出市场时仍然面临较高的壁垒,投资双方也会在讨价还价环节耗费大量交易成本,进而阻碍双方的合作,导致相关政策难以实际生效。我国国有企业虽然初步实现了产权多元化,但国有股份处于绝对控股的地位,法人治理结构不健全,中小股东利益难以得到切实保障,如果国有股东凭借控股权与信息优势控制自身的专用性资产投资而让非国有股东投入更多的专用性资产,从而导致专用性资产投资失衡,容易诱发国有股东背叛契约的机会主义行为,那么将影响混合所有制企业的稳定性与长远发展。

实际上,治理结构选择的原则是成本最小化,即最小化交易与生产的联合成本。交易中资产专用性水平的高低,会影响治理结构的选择。在资产专用性水平较低的时候,市场可以充分发挥治理的作用,短期契约能以较低的成本对不好的行为进行惩罚,人们不必担心"敲竹杠"的问题,也没有过多的内部组织问题。但如果资产专用性水平较高时,市场关系就不适合解决交易问题,在进行投资之后,因为有限理性和不确定性的存在,契约无法将所有情况都涵盖,会产生各种事后机会主义行为。当契约不能很好地解决信息问题和激励问题时,国有资产和非国有资产的持有者可能会为了规避这样的风险,而决定不进行投资与合作。在这种局面下,就需要依靠治理结构来创造实现专用投资的环境,长期契约和纵向一体化成为较为理想的治理结构。由此可见,当资产专用性较低时,无论不确定性程度的高低,市场都可以成为有效的治理结构;当资产专用性较高、不确定性程度较低时,可以采取长期契约的治理结构,因为名誉在关系中的作用较大;当资产专用性较高、不确定性程度也较高时,纵向一体化则是一个较好的治理结构。

图6-6用交易成本经济学最重要的外生变量总结了威廉姆森的假说。市场结构不能用于治理那些存在高额专用性投资的交易,因为专用投资的持有者会因担心在事后缺乏讨价还价能力而无法收回投资的资本。通过交易内部化、选择性干预来解决讨价还价问题。k为资产专用性程度,如果投资的专用性水平低,即$k \in [0, k_1]$,则市场治理结构的成本$M(k)$最低。如果投资的专用性水平高,即$k \in [k_2, \infty]$,则纵向一体化(层级)治理结构可以最小化治理成本$H(k)$。纵向一体化治理结构的例子包括上市公司、员工持股型公司等。当资产专用性水平处于中间阶段,即$k \in [k_1, k_2]$,则混合型治理结构最为理想,混合型治理结构的例子包括特许经营、合资企业等。

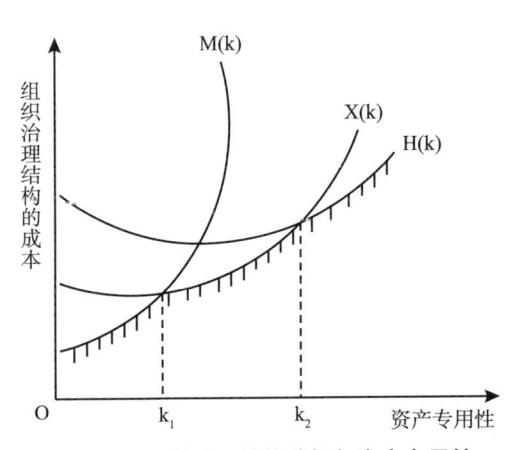

图6-6 有效治理结构选择与资产专用性

第三节 委托—代理与混合所有制改革失灵

我国国有企业所有权和经营权的分离,一定程度上使委托—代理问题的产生成为必然。国家为国有控股或参股企业选定经营者,目的是使企业产生最大化效益,为民众谋福利,而国有企业经营者在接受了任命、掌握了企业经营权后,自然需要使企业利润最大化成为首要目标。同样,在国有股权转让过程中,企业经营者应从企业所有者利益出发,实现资产保值增值,以合理价格进行交易。但企业经营者很可能在这个过程中出现个人利益与企业利益相冲突的情况,极有可能产生道德风险问题。以下根据委托—代理理论,对国有股权转让中的道德风险产生原因作出阐述。

一、委托人和代理人信息不对称

传统经济理论将企业视为仅承载着投入与产出的"黑匣子",其内部结构是完全有效的,这无法对不同企业在具有相似资源情况下产出的巨大差异做出合理解释。贝利和米恩斯(Berle & Means,1932)在对企业内部结构探讨中,首次提出了企业所有权和控制权分离以及两者分离可能产生的问题。由于委托人无法对潜在代理人进行评估和筛选,也无法对实际代理人实施有效监督,使代理人有足够机会和动机以牺牲委托人利益为代价,增加自身利益。熊焰认为,在国有产权制度改革过程中,对国有资产的基本价值应有明确评估,从而判断在此过程中是否出现了国有资产流失情况。在国有股权定价中,信息不对称情况尤为突出,国有企业中各项资产价值很难被一般民众所知晓,在缺乏完整规范的披露机制下,被交易的国有资产很容易以低于合理区间的价格卖出,造成国有资产流失。

二、委托人和代理人权利义务不对等

我国国有企业经理人掌管企业日常生产经营，其决策将对企业发展起到关键作用，但行政权赋予的经济权利，并没有相应制约措施对企业经营者行为加以规范；而作为委托人，虽然是名义上的所有者，却没有相应的实质性权利，还需要承担因为企业经营不善而造成的严重后果。在国有资产交易中，实际权力往往掌握在企业经营者和管理者手中，他们有义务对国有资产保值增值做出努力，但是由于权利和义务不对等，国有资产增值并不能直接对企业经营者产生正向激励，而与交易对手方在价格方面的协商甚至妥协反倒可能给自己带来直接利益，因此，国有企业经营者可能会运用手中权力进行寻租，在国有资产交易中故意以不合理价格成交。

三、委托人和代理人动机不对称

资本所有者从企业价值增值和业绩提高中得到利益，因此投资者追求尽可能多的利润。而代理人在一段时间内作为企业直接控制人，可能将个人发展和享受摆在相对重要位置，例如在报道中屡见不鲜的国有企业管理者为个人发展而盲目扩展生产等，以图暂时的业绩增长而不顾企业的长远发展，或者将所在企业作为跳板等。如前所述，当国有资产保值增值和企业发展前景不再是国有企业经营者的首要目标时，他们在与交易对手方的谈判中，不会尽最大努力为国有资产争取最优价格，反而可能因为个人原因对价格制定起到负面作用。

四、委托人和代理人利益周期不对称

在国有企业中存在委托—代理关系的短期化，这造成了经营者行为短视化弊端。良性的委托—代理关系需要在多轮博弈中产生，激励代人以长远眼光审视企业经营发展问题。而在国有企业，作为代理人的各级企业主管普遍任期较短，很多高级管理者不是从企业中成长起来，而是在特殊时期肩负着特殊目的空降企业。在这种情况下，委托人没有足够时间和空间对企业整体情况做深入细致的了解和掌握。同时，由于企业和代理人自身预知其任职时间不会长久，因此在短期内不可能很好磨合，这对国企改革中诸多需要高度配合的工作产生了阻碍。

  国有企业中往往存在国有股"一股独大"甚至是"一股独占"的情况，同时存在"所有者缺位"问题，也就是说名义上国有企业的"所有者"是国家或者说国有资产是归全民所有，而实际上国家公民却不能亲自参与企业决策来维护自己的利益，只能被政府人员所代表，同时也无法追究国有资产的保值与增值，也没有个人需要承担银行破产的风险。在国企经营中，国有资产被逐级委托给各级政府，委托—代理链条过长，国企经理人行使了股东的权力却不需要承担股东的责任和企业损失，没有压力也缺少积极性，加之国企经理人的机会主义动机又导致了在职消费问题，只相当于国企的"虚拟股东"，并不能真正使公司治理结构完全奏效。因此，解决委托—代理问题是国企治理体系现代化的重要内容。要解决这个问题，实现国有资产的保值增值，提高国有企业经营效率，就需要引入真正的所有者，包括发展混合所有制。借助混合所有制的企业组织形式，民营资本和其他社会资本以企业投资者的身份进入国有企业，更容易解决激励问题，更容易实现政企分开。有效的体制使国有资本增加了活力，民营资本获得了实力，使国有企业真正参与到市场竞争中，使政府真正成为市场竞争的维护者，实现市场对资源的有效配置。在推进国有企业混合所有制改革的过程中，应当重视职业经理人的选择、监督与激励工作。建立符合现代企业制度要求的经理人选拔机制，建立内部监督与绩效考核机制，在考核指标上确立以业绩为导向的经理层激励机制，实现有效的经理人管理，降低代理成本，提高委托—代理效率。

  利益相关者的协调问题同样是国有企业公司治理体系现代化必须解决的问题，因为广泛意义上的利益相关者既包括企业内部直接参与生产经营的利益群体，同时也包括企业外部环境中受其决策和行动间接影响的其他各方。一方面，企业内部通过设立不同的职能部门、分支机构实现了专业化分工，提高了生产力，随着专业化的深入，各部门之间的冲突也会逐步增多。加之股东、董事会、经理层和员工各自的立场和利益诉求也存在一定差异，为了建立起工作间的适配、协同或互补性，协调的作用至关重要，构建良好的协调机制可以减少营运成本、提高生产效率，使企业更加适应市场经济。另一方面，企业的生产经营处于整个社会环境之中，一味追求企业利润最大化的目标可能为其他利益相关者带来负面影响，出现污染环境、侵害消费者权益、忽视劳动者权利等社会矛盾，不利于企业的成长和长远发展，因此协调其他利益群体也是公司治理应当重视的问题。股东和经理的关系不是公司治理考虑的唯一问题，除此之外，相关利益者还包括了债权人、企业员工、供应商、分销商、消费者、政府、社区等其他各方。因为不同利益相关者对企业的贡献程度以及企业对其依赖程度不同，各自的出发点和利益诉求往往有所差异，甚至产生利益冲突。比如股东所追求的自然是企业利润最大化以实现投资回报，债权人则关注企业的财务状况和偿债能力，而企业员工则期待劳动报酬的增加和福利待遇的改善等。这些利益群体或是在企业中投入了专用性资产为企业经营承担一部分风险，或是为企业的决策和行为付出了代价，那么就都有权参与分享企业的剩余控制权和剩余索取权。这就要求国有企业在治理制度构架中全面考虑，不仅考虑股东的收益，也要关注股东、董事会、管理层之间的相互制衡，更要重视企业其他利益相关者的诉求，重视利益的协调与平衡，实现社会最优和企业最优的一致。在企业的生产经营中，有一些利益群体通过直接或间接投入专用性资产而保持与企业的密切关系，被称为"显性利益群体"，为实现企业的经济效益有显著贡献。还有一部分利益群体虽不直接参与企业的生产经营，但会受到企业活动的影响并付出代价，被称为"隐性利益群体"，主要体现了企业的社会效益。"显性利益群体"通常会受到充分关注而被优先满足其利益要求，而"隐性利益群体"则经常被忽略，处于弱势地位，当后者的利益不能被满足时，就会引起抗议和抵制，动摇社会对企业的信心。随着企业制度的完善和日益激烈的市场竞争，要求企业具有较强的社会责任意识，不仅要对股东权益负责，同时要对员工、消费者负责，对社会、资源环境负责，利润的创造不是企业的唯一目标，对社会的贡献也是企业价值的体现。国有企业更应该模范地履行社会责任，在诚信经营、资源环境保护、维护职工权益、支持公益事业等方面发挥制度优势，做出显著贡献。国有企业公司治理应当解决"所有者缺位"问题，可以通过混合所有制改革为国有股权找到天然的所有者，有利于政企分开也有利于引入市场机制。同时也应当重视企业经营者的选择并建立有效的激励和约束机制，使其充分发挥作用。

第四节　路径依赖与混合所有制改革失灵

新古典经济学理性选择理论假设前提有：一是信息完全，没有不确定性；二是当事人具有完全理性或者理性预期，不存在认知成本；三是市场中不存在交易成本，所有的资源具有完全通用性和充分流动性。对于制度变迁而言，新古典经济学采用成本—收益理性选择模型进行分析，是否需要建立新制度取代旧制度，决策者只需要根据预期收益和预期成本的相对大小进行决策，决策者应采取向前看的理性选择，强调的是事前静态均衡条件下最优化行为分析。在这种情况下，民营企业是否参与混合所有制，需要考虑民营企业参与混合所有制的收益大于其参与的成本，它就会进入。反之，一旦参与混合所有制的成本大于参与的收益，它就会退出。同样对于国企来说，也需要符合上面的净现值逻辑。只要其参与混合所有制的收益大于成本，就会进入。反之，就会退出。在这种情况下，只要国企与民企参与混合所有制，二者都需要考虑成本—收益问题。而简单地说，这种成本—收益方法就是净现值方法。因此，我们可以通过埃奇沃思盒状图（Edgeworth Box）来分析，如图 6-7 所示。假定市场中有生产要素为劳动（L）和资本（K），劳动与资本的数量是不变的。假设市场是完全竞争的。此时，需要将两种生产要素分别在国有企业与民营企业之间进行分配,生产出国有企业产品 X 与民营企业产品 Y。

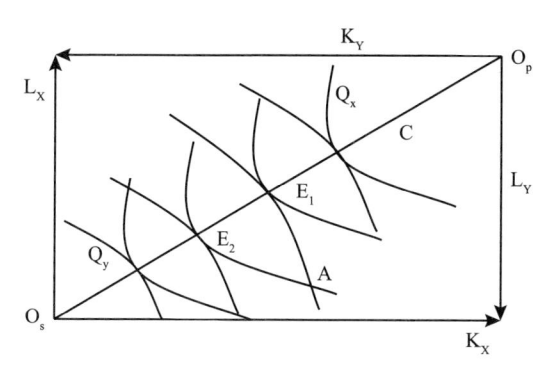

图 6-7　国企与民企混合的帕累托分析

盒状图的水平长度表示资本的数量 K,盒状图的垂直高度表示劳动的数量 L。O_s 为国有企业产品的原点,O_p 为民营企业产品的原点。从 O_s 水平向右代表国有企业对资本的消耗量 K_x,垂直向上表示国有企业对劳动的消耗量 L_x;从 O_p 水平向左代表民营企业产品对资本的消耗量 K_y,垂直向上表示民营企业对劳动的消耗量 L_y。$K_x + K_y = K$,$L_x + L_y = L$。Q_x 为国有企业的等产量线,Q_y 为民营企业的等产量线,都有无数条。双方无数条等产量线的切点代表帕累托最优的实现,这些切点组合而成的线就是契约曲线 C,而在契约曲线以外的任何一点,则存在帕累托改进的余地。最有效率的生产应该在两条等产量曲线的切点上。

然而,诺思率先将路径依赖推广到对制度变迁的研究中,创立了制度变迁的路径依赖理论,对经济制度演进作出了很有说服力的解释。他认为由于经济、政治和文化等方面因素的影响,制度变迁过程比技术变迁过程要复杂得多,并提出了制度变迁过程中存在四种形式的自我强化机制:一是规模效应,创建和推行一项制度往往需要付出大量的成本,但单位成本与追加成本会随着制度的不断推行而显著降低;二是学习效应,随着制度的持续运行,人们通过不断的学习会更加了解和适应相关

规则,从而制度的运行成本会逐渐降低,如果越来越多的组织学习并实行该项制度,则又会产生正的网络外部性;三是协调效应,适应既定制度框架的不同组织通过契约在互补性活动中实现协调效应,更多互利性的组织可能会产生,尤为重要的是,与此项制度相适应、相协调的其他制度和非正式制度也会建立,从而就会补充和强化当前制度;四是适应性预期效应,以该项制度为基础的契约不断增加,将减少该制度持续下去的不确定性,人们也会对其产生持久性预期。青木昌彦(2001)认为路径依赖是指,在制度变迁的过程中,由于认知能力的约束,人们的主观意识在一定程度上继续认同旧制度所确立的秩序,使旧制度在新的制度框架下以新形式继续存在并产生影响的现象。阿瑟利用数学语言对路径依赖下了一个精确的定义:若动态经济过程中存在两个不同的事件或次序 $\{t\}$ 和 $\{t^*\}$,两者的发展路径分别为 $\{X_n\}$ 和 $\{X_n^*\}$,当 $n \to +\infty$ 时,如果 $|X_n - X_n^*| \to 0$ 的概率不等于1,则这个经济过程是路径依赖的,反之则是遍历性的。换言之,在某一动态经济系统中,两个不同的历史事件或发展次序不能以百分之百的概率实现同一种结果,就称这个经济系统是路径依赖的,可见阿瑟是用动态经济过程的非遍历性对路径依赖进行定义的。戴维对路径依赖的内涵给出了十分精练的解释:一个路径依赖的随机过程具有如下特征,即该随机过程的渐近分布是其历史的函数。对于路径依赖,尽管不同学者有不同的理解,但也形成了一些共识:就过程而言,路径依赖是一个非遍历性的随机动态过程,就状态而言,路径依赖是一种"锁定"(lock-in)状态;路径依赖强调动态系统变迁中的时间因素,强调了历史的"滞后"效应。

一旦决策者离开新古典决策环境,走进现实世界,他不得不面临这样的初始情况:市场是不完全的,未来充满了不确定性,信息不完全,认知成本为正,决策者是有限理性的,市场中存在着显著的交易成本,资产具有很强的专用性且流动性十分有限。这完全偏离了新古典经济学的假设前提,所以路径不再是独立的,历史就变得很重要,在此条件下制度变迁过程中就会出现路径依赖。第一,现实条件下的市场机制并不像完全竞争市场条件下的那么完美、高效,新古典经济学路径独立便失去了存在基础。第二，交易成本、沉淀成本会导致路径依赖。现实世界中显著的交易成本阻碍了潜在的高效率资源配置方式的实现，所以最初的低效率资源配置方式得以持续下去，难以更改。同时，改变旧制度也会导致沉没成本，旧制度在前期的建立和巩固过程中需要大量投资，很多投资都是不可逆的，一旦废除旧制度，投资成本无法完全收回。因此，前期决策常常构成当前决策的基础，决策者倾向于维持以前建立的制度不变。第三，认知成本的存在也会引发路径依赖。由于认知成本的约束，新建立的制度往往不尽完善，人们也不可能完全适应新制度，所以新制度在建立之初运行成本会比较高，从而使决策者在变革旧制度时面临较大的成本压力。相反，学习效应、协调效应、网络外部效应会使新制度持续运行一段时间后，运行成本显著降低，与旧制度相补充、相协调的非正式制度不易改变，并能够广泛影响人们的认知、判断和决策，使人们倾向于认可和维持旧制度、否定新制度，若要摆脱非正式制度的不良影响，形成正确的认识、作出合理的决策需付出大量认知成本，所以认知成本的存在会束缚制度变迁；同时，受认知成本的约束，决策者无法对未来作出精确预测，未来充满不确定性，建立的新制度可能沿着不可预期的路线演化，建立新制度是有风险的。

从经济学理论角度看，将交易成本、认知成本引入新古典经济学中是非常重要的，它要求我们必须转变思考经济运行的方式。而且，这种一般性分析也使我们在逻辑上更好地认识利益集团、制度自我强化机制、非正式制度、现状偏差等因素影响路径依赖的机理。实际上，国有企业发展混合所有制是一种产权制度变革，产权制度是一种基础性的制度安排，国有企业的产权制度变革会引发企业治理结构、运营机制、国有资产监管体制等正式制度变迁，非正式制度也会随之变迁。因此，国企发展混合所有制是一种根本性的制度变革，会导致一系列制度变迁，在制度变迁过程中也存在着路径依赖。自1984年国有企业开始发展混合所有制，截至2014年底，全国工商登记注册存续企业共计1819.28万户。其中，国家出资企业37.17万户，比重为2.04%。在国家出资企业中，国有非全资企业即混合所有制企业17.14万户，所占比重为

46.11%，混合所有制企业占全部注册企业的比例仅为0.94%。从注册资本来看，国家出资企业占全部注册企业的37.28%，混合所有制企业占国家出资企业的50.15%，占全部注册企业的18.69%。在全部混合所有制企业23.10万亿元的注册资本中，非国有出资6.79万亿元，比重为29.39%；国有出资16.31万亿元，比重为70.61%，国有股比重依然偏高，这源于国有企业产权制度的初始安排。显然，我国国有企业发展混合所有制的过程中存在着路径依赖，国有企业所有权结构仍"锁定"在低效率或次优状态之中。

一、基于市场失灵的路径依赖

国有企业发展混合所有制面临着路径依赖问题，我国市场发育不成熟，市场机制不完善，市场的调节能力薄弱，难以实现资源的最优配置，即常常出现市场失灵。从本质上讲，国企发展混合所有制就是国有企业的市场化，而我国市场体系不够健全，导致国企在发展混合所有制时面临重重困难和障碍，阻碍了所有制结构的变动，表现出了明显的路径依赖特征。例如，我国股票市场发展不完全，一些不合理的市场制度限制了企业上市，国企难以利用股票市场引入非国有资本；区域性股权交易市场很不完善，众多非上市国企难以实现国有股权的顺畅流转；中介服务市场发展不完全，不利于非国有投资者顺利找到合适的投资对象。随着国企发展混合所有制，非国有股东会要求国企淘汰冗员，而我国劳动力市场发展不完全，下岗职工难以快速找到新工作，国企裁员面临很大阻力，很难实现"减员增效"，这会影响国企经济效益，降低对非国有资本的吸引力；同时，我国职业经理人市场也不够完善，国有企业很难建立市场化的经理人员选聘机制、激励约束机制，会影响国企经营管理水平和经济绩效，增加国企引入非国有资本的难度。

二、基于转换成本的路径依赖

国有企业发展混合所有制会导致企业的所有权结构变化,随着国有企业发展混合所有制,新加入的非国有股东追求投资回报率,会强化国有企业对经济效益的追求,这会推动国有企业转变经营机制,成为自负盈亏的独立市场主体,进而导致一系列国企经营管理制度和规则的变革、国有企业机构设置的变更、国有资产管理体制的改革。其一,在不断发展混合所有制的过程中,国有企业的薪酬制度、人事制度、业绩考核评价制度、奖励与惩罚制度、监督机制等内部管理制度都会发生改变。其二,随着国企发展混合所有制,国有企业的政策性负担就逐渐推给了社会,政府不得不大力完善社会保障体系,建立新的社会公共服务机构,并出资对下岗失业的职工进行再就业培训,并且需要接收国有企业的医院、学校等社会服务机构。其三,在国有企业发展混合所有制的过程中,难免会出现国有资产产权归属不清、国有资产流失等问题和风险,因此国有资产产权界定、产权登记、产权转让,以及国有资产监督管理评估、国有资产流失查处等方面的法律法规、部门规章、指导意见都有待出台或修订。其四,为适应新的形势和客观要求,政府还要建立新的国有资产管理体制,需要撤销和新建一些管理机构,在此过程中,机构和相关人员的职责范围也需要重新划定。

随着国企发展混合所有制,在各类制度和机构更替、国企与非国企合作过程中,会产生多种成本,这些成本就属于国有企业由单一国有制转向混合所有制的转换成本。

第一,国企发展混合所有制会导致大量沉淀成本。与单一公有制经济相适应的管理制度、规则、管理机构、法律法规在建立和完善的过程中,企业和政府已经进行了大量的投入,其中很多都是专用性物质资产和专用性人力资本投资,一旦要废除和撤销这些制度和机构,前期大量投资成本就难以收回,大部分都会转变为沉淀成本,从而遭受很大损失。

第二，国企发展混合所有制会产生大量新制度建立成本。制定和实施与混合所有制经济相适应的各种规章制度、法律法规，建立和完善社会保障体系，安置失业人员，都需要耗费大量的成本；并且国有企业和政府中的管理者需要培养自己的管理技能，各利益相关者也需要重新适应新制度和规则，即进行大量的专用性人力资本投资。

第三，国企与非国企合作组建混合所有制企业时会产生大量交易成本，主要包括以下几种具体成本：一是信息搜集成本，国有企业需要通过各种渠道搜集潜在合作方的各类信息，以便准确选定合作者，在谈判中处于有利地位；二是谈判成本，合作双方的利益诉求点不一致，都希望从合作中获得更多利益，双方会就股权分配、治理结构、人员选聘等事项不断讨价还价，从而耗费大量的人力、钱财、时间等成本；三是执行成本，当双方投资组建新的混合所有制企业时，还需要政府相关部门的审批，如果行政审批、登记等程序过于烦琐，政府机构办事效率低下，或市场准入受限时，交易成本会很大，同时还要协调好各方的利益关系，也需付出成本；四是采取防护措施的成本，合作双方都要进行专用性资产投资，先进行较多专用性投资的一方容易遭受另一方"敲竹杠"，因此需要采取额外的保障措施；五是解决纠纷、监督契约执行的成本，由于有限理性、信息不完全等主客观条件限制，合作双方签订的是不完全契约，契约条款往往不够详尽，因此在执行时容易产生纠纷，协调冲突、解决纠纷、监督对方严格履行契约都会产生成本。

因此，国有企业在发展混合所有制的过程中会产生大量沉没成本和交易成本，各种新制度的建立成本很高，所以转换成本非常高，高昂的所有制转换成本构成了难以逾越的壁垒。

三、基于自我强化机制的路径依赖

国有股"一股独大"的所有权结构作为一种制度安排，会在长期存续的过程中不断自我强化。人们会逐渐适应该制度所确立的秩序，逐步积累与该制度运行相关的知识和经验，形成与既定制度相适应的解决问题的能力，也会适应和习惯该制度下做事方式，并且不同企业之间也可以相互学习对方的管理经验、可取的机构设置方法。人们积累出的这些知识、经验和能力会提高人们的工作成效，也会进一步促进国有企业产出的增加，即会出现学习效应。同时，与该制度相协调、相补充的国企经营管理与国有资产管理方面的规章制度、法律法规也会制定出来并付诸实施，并且与该制度相适应的国有企业管理机构和政府机构也会建立起来，这会弥补该制度的不足，提高该制度的运行效果，即会出现协调效应。建立该项制度以及与之相适应的机构会在初期付出大量成本，但单位成本会随着制度的持续运行而明显下降，即会出现规模经济。由于这种较为单一的所有制结构已经长期稳定存在，国企管理者与员工便会产生该制度会持久存续下去的适应性预期，并预期其他国有企业也会维持同样的制度不变，从而就会依然按照该制度框架行事。因此，随着旧制度长期存续并自我强化，即便新制度在未来会更有效率、更顺应经济发展要求，但维持原有的单一或相对单一的所有制较之于发展混合所有制也会更有竞争优势，成本也更低。

四、基于非正式制度的路径依赖

非正式制度通常指人们在长期的社会交往和实践中约定俗成、广受认可、共同恪守的行为规范。具体包括价值观念、伦理道德、意识形态、文化传统、风俗习惯等。非正式制度是种更为基础的约束力量，它会对人们的认识、选择和行为产生更为广泛的影响，能够对正式制度进行有效补充。非正式制度在长期的社会实践中逐渐积淀，已经深深内化到人们的意识和思维之中，因而具有很强的生命力，一旦形成便会长期存续下去，很难改变。非正式制度的变迁通常是渐进的、缓慢的，变迁速率显著低于正式制度，非正式制度变迁的滞后性往往会制约正式制度的变迁及其效能的发挥，因此非正式制度是导致路径依赖的重要因素。

第一，非正式制度会对政府官员产生不良约束。新中国建立后，人们普遍将社会主义理解为公有制加计划经济，并认为公有制应在量上占绝对优势才能体现出我国的社会主义国家性质，才能巩固社会主义制度。不少人认为国有企业发展混合所有制就是将国有企业逐步私有化，会动摇社会主义经济制度的基础。很多政府官员会从政治、意识形态的角度考虑问题，因此会受到更强的非正式制度约束，会对国有企业发展混合所有制持怀疑甚至反对态度。

第二，非正式制度会束缚国企领导者的思想和选择。受意识形态及计划经济体制的影响，国有经济享受政府优待，往往缺乏合作意识，垄断领域中的国企对非公有制经济怀有更强的排斥心理，导致双方合作的思想基础薄弱。随着国有企业发展混合所有制，难免要对领导者的权力进行削减与制衡，这显然会削弱国企领导者的地位感和优越感，使其在思想和心理上很难接受，因而不愿发展混合所有制。

第三，非正式制度会对国企职工的认识和行为产生不利影响。计划经济体制下，国企承担了过多的社会职能，这种"企业办社会"的模式导致人们通常在相对封闭的空间内开展社会活动，能够给职工带来很强的身份认同感、心理归属感和荣誉感。由于长期生活在计划经济体制下，人们一般喜欢"铁饭碗"和"吃大锅饭"。随着国有企业发展混合所有制，开始引入市场化的经营机制，引入竞争机制，开始淘汰低效率的职工，利益受损的职工从而会向决策者进行施压，强烈反对国有企业发展混合所有制。

五、基于现状偏差和禀赋效应的路径依赖

发展混合所有制会带来一系列制度变革，由于信息不完全普遍存在，认知成本大于零，决策者是有限理性的。旧制度由于长期存在，会逐渐变得完善和成熟，会运行得较为顺畅，因此维持既定制度会减少很多不确定性和可能的损失。发展混合所有制既可能带来收益也可能带来损失，根据前景理论，多数人具有"厌恶损失"特征，即对收益和损失的敏感程度并不对称，损失给人们带来的痛苦感通常要比等量的收益

给人们带来的快乐感要强烈得多,因此人们往往具有现状偏差,不愿轻易改变现状。与此同时,禀赋效应也会影响人们对有效率的所有制结构的判断,人们往往会给予已有所有制安排更高的评价,所以通常倾向于维持现有所有制结构不变,从而导致路径依赖。

六、对国企发展混合所有制路径依赖的层次划分

新古典经济学是有局限性的,它忽略了交易成本和认知成本。新古典经济学完全理性假设与认知成本为零是相互支撑的。新制度经济学批判了新古典经济学完全理性(零交易成本)假设,但没有揭示出有限理性的认知根源。虽然新制度经济学强调交易成本,却忽略了认知成本的存在。严格来说,制度变迁决策本身需要耗费时间、精力和其他资源,因而引入认知成本更加贴近制度变迁的现实条件。根据分析中是否引入交易成本和认知成本,国企发展混合所有制的路径依赖大体可划分为三个层次,如图6-8所示。

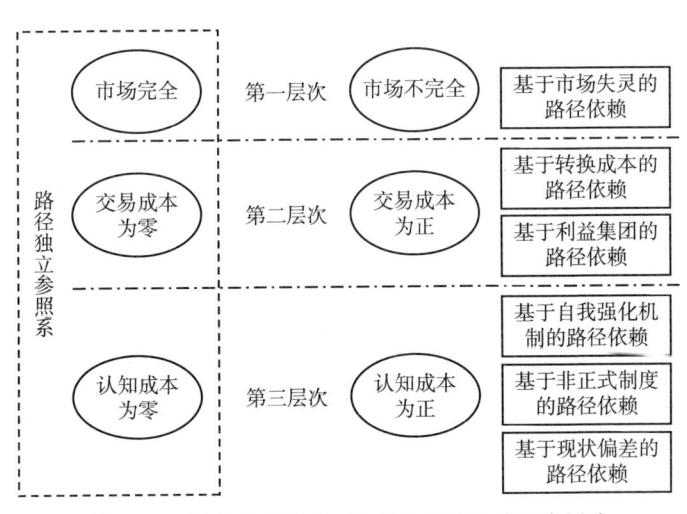

图6-8 国企发展混合所有制路径依赖的层次划分

第一层次为基于市场失灵的路径依赖，路径独立要求市场完全，而现实条件下市场通常不完全，市场失灵普遍存在，所以国企发展混合所有制就会面临路径依赖问题。第二层次为基于转换成本的路径依赖和基于利益集团的路径依赖。国企发展混合所有制实质上是国有企业与非国有资本投资者间的一种交易，也是一种制度变迁，现实条件下交易成本为正并且资产具有专用性，所以国企发展混合所有制会面临交易成本、沉淀成本等组成的转换成本，高昂的转换成本构成了阻碍混合所有制发展的壁垒。同时，国企发展混合所有制会打破原有的利益格局，有些人的利益难免会受损，尽管预期收益大于预期成本，但由于交易成本的存在，受益者难以与利益受损者达成补偿协议，所以潜在的帕累托改进无法实现，既得利益集团会阻挠国企发展混合所有制。第三层次为基于自我强化机制的路径依赖、基于非正式制度的路径依赖、基于现状偏差和禀赋效应的路径依赖。由于认知成本的存在，人们无法在混合所有制建立之初获得所有与该制度运行相关的知识和经验，难以建立完美的新制度。由于学习效应和协调效应，国有企业的单一所有制会在长期存续中得到显著的自我强化，反而显示出相对于混合所有制的优势，从而不利于国企发展混合所有制。与国有企业相对单一所有制相关的一系列非正式制度会使人们形成保守的、固化的认知，会影响人们的思维方式和价值判断，人们会倾向于高估发展混合所有制的弊端，低估其带来的好处，倾向于否定和反对发展混合所有制，而要形成客观、正确的认知需要付出大量认知成本。由于受到认知成本的约束，摆脱非正式制度对决策的不良影响较为困难，所以会束缚国企发展混合所有制。国企发展混合所有制会带来一系列制度变革，由于认知成本的存在，决策者无法作出理性预期，未来充满不确定性，由于现状偏差和禀赋效应，人们倾向于维持现有的所有制安排不变，结果导致国企发展混合所有制的路径依赖。

第七章

我国国有企业混合所有制改革的案例研究

混合所有制是指允许更多国有经济和其他所有制经济发展成为混合所有制经济。国有资本投资项目允许非国有资本参股。允许混合所有制经济实行企业员工持股，形成资本所有者和劳动者利益共同体。混合所有制并不是新生事物，改革开放之后不久这种所有制形态就悄悄生长于经济现实当中，早在1999年党的十五届四中全会就正式提出要发展混合所有制。2013年11月党的十八届三中全会中明确提出"积极发展混合所有制经济"。2014年《政府工作报告》提出"加快发展混合所有制经济"，推进国企民企的进一步融合，激发经济活力。2015年《政府工作报告》又指出"有序实施国有企业混合所有制改革，鼓励和规范投资项目引入非国有资本参股"，将混合所有制的发展作为新常态下继续国企改革，促进经济繁荣的重要手段。

第一节 所有权——股权结构方面案例：万科股权之争

一、案例背景

万科企业股份有限公司，简称万科或万科集团，本节案例选取的是万科2015～2017年的股权纷争事件，以此作为背景进行分析。

（一）万科股权之争时代背景

中国上市公司的治理模式在经历从"一股独大"到"股权分散"的转变之后，资本市场亦进入分散股权时代。在万科股权之争发生的2015年，上市公司第一大股东平均持股比例下降到甚至无法实现相对控股的33%左右。

（二）万科股权结构历史

（1）1984年，深圳特区经济发展公司子公司深圳现代科教仪器展销中心建立，王石任展销中心经理。1988年，展销中心完成股份化改制，就此万科成立，直至万科上市前，王石拥有公司40%的股权。（2）1991年万科上市，王石放弃股权选择成为职业经理人，并进行一系列扩股，逐步地稀释国有股比例。1993～1997年，最大股东持股比例始终未超过9%。1998年，万科前10名股东持股比例总数为23.95%，是一个典型的大众持股公司。至2000年，以深圳特区经济发展公司为代表的国有企业持股仅为8.11%，股权分散已成事实。[①]（3）1994年的"君万之争"[②]，即以君安证券为首的几个股东联合"逼宫"企图夺取公司控制权一事让王石及万科管理层意识到股权过度分散带来的风险。2000年，万科在香港的两家企业——新鸿基和华润集团之中，选择了央企华润集团为其新任大股东，同时深特发也将所持全部股份转让给了华润集团。华润的央企背景和港式经济文化促使其在与万科职业经理人的多年合作中，逐步形成了一种纯粹财务投资者身份。（4）2014年，在"君万之争"发生20年，万科股价亦处于历史低点之时，控股万科只需

[①] 王石. 大道当然：我与万科（2000～2013）[M]. 北京：中信出版社，2014.
[②] 君万之争：1994年3～4月，以君安集团为首的一致行动人针对万科管理层发起的管理权、控制权之争。

200 亿元,"野蛮人"① 的敲门声再次响起。2015 年 8 月 26 日,以宝能集团为中心的资本集团宝能系总计花费 240 亿元,成为万科第一大股东。

(三)万科股权结构特征

(1)万科股权结构。万科企业股份有限公司是在深圳证券交易所上市的企业,公司注册资本为人民币 10995553118 元,股份总数为 10995553118 股,分为内资股 A 股 9680597650 股和 H 股 1314955468 股。其中 H 股是由 B 股转换而来,在香港联交所主板上市并挂牌交易,此次股权争夺的对象为 A 股部分。(2)股权集中度分析。在收购事件发生之前万科的股权集中度与股权集中度低于 20% 的大部分英美上市公司相似,都呈分散型结构,其第一大股东华润的持股比例仅为 15.23%,与我国民营上市公司第一大股东持股比例平均值为 32.61% 相比,万科的股权集中度水平很低。(3)股权制衡度。一般来说,其他大股东的持股比例较为集中,能增加对第一大股东的制衡能力,更能够增强对企业控制权的有效竞争。公司的股权制衡度以 Z 值表示,当公司的 Z 值高于 1 时则说明公司股权制衡度高,当低于 1 时则说明制衡度较低。2014 年 6 月 30 日,万科的 Z 值约为 1.086,说明万科的股权制衡度较高,与中国民营上市公司平均 Z 值 0.74 相比,万科仍有一个较高的股权制衡度。

(四)万科股权(与控制权)争夺起因、过程及现状

(1)起因:万科的股权集中度低,呈分散结构,万科原来的第一大股东华润股份有限公司长期以来无从干涉万科的具体经营,加之华润作为一家中央企业缺乏实际所有人,万科事实上一直存在"内部控制人"情况,即公司经营者把持公司的决策、经营、运作等事实权力,公司"所有者"被架空。华润和相关企业总共持股万科 A 股 15.23%,万

---

① 野蛮人:本节特指通过资本市场收购大量万科股份,并设法夺取公司管理权与控制权的个人、集团或一致行为人。为万科管理层所忌惮。

科高管、管理层持股总数约为1%。

（2）过程：宝能系是一个资本集团，深圳市宝能投资集团有限公司（以下称宝能集团），是宝能系的核心。姚振华是宝能集团唯一的股东，下辖宝能地产、前海人寿、钜盛华、广东云信资信评估、粤商小额贷款、深业物流、创邦集团、深圳建业、深圳宝时惠电子商务、深圳民鲜农产品多家子公司。故本案例中所提到的前海人寿、钜盛华行为均属宝能行为。

据港交所数据显示，2015年7月初宝能系收购行动开始，其通过前海人寿买入万科5.53亿股，单股价格区间为13.28~15.47元，耗资79.45亿元，占万科股份的5%；7月底，宝能系通过钜盛华和前海人寿再次买入万科5%的股份；2015年8月26日，宝能系初次领先华润成为万科的第一大股东，两者的持股比例差距只有0.15%；2015年8月31日和9月1日，华润两次大量购入万科股份，耗资约为4.97亿元，新增约0.4%的股份，使华润的持股比为15.29%，超过了宝能系。

2015年12月7日，万科发表第一大股东变更提示性公告：截至2015年12月4日，深圳市钜盛华股份有限公司（简称钜盛华）由资管计划在深交所证券交易系统集中竞价交易买入万科A股股票549091001股，占公司总股本的4.969%。至此，钜盛华和一致行动人前海人寿合计持有万科A股股票2211038918股，占万科总股本的20.008%，宝能系再次成了万科第一大股东。截至2015年12月7日，安邦保险花费数百亿元资金购入万科5%的股份；这迫使2015年12月10日钜盛华花费资金36.92亿元购入万科H股1.91亿股，每股平均价格19.33元；同年12月11日钜盛华再度花费资金15.51亿元买入万科H股7864万股，每股均价19.728元，短短两日总共增持52.43亿元，于此，钜盛华对万科H股的持股比例上升为22.45%[①]。

据香港联交所披露的信息，12月15日，惠理公司以每股20.32港

---

① 佚名．牛牛金融网：万科股权之争的始末，几家欢喜几家愁．（2017-06-15）[2019-03-16］．https：//www．sohu．com/a/149007051_481654．

元的价格增持万科股份 331 万股，对万科持股比例由 4.77% 上升至 5.03%；2015 年 12 月 17 日，万科 A 股股份被大量买入，主要为两家机构专用席位合计净买入约为 26.5 亿元；同日，王石发声表示不欢迎宝能；根据港交所披露信息显示，安邦于 2015 年 12 月 17 日增持万科 A 股股份 1.5 亿股，18 日再次增持万科 A 股股份 2287 万股，这两次增持之后，安邦保险占有万科 A 股股份比例上升至 7.01%。根据已公开资料显示，截至 12 月 11 日，万科股权主要分为：钜盛华以及一致行动人前海人寿总共持股比例为 22.45%，华润持股比例为 15.29%，万科盈安合伙人持股比例为 4.14%，安邦保险持股比例为 5%。前十大股东合计持股比例为 61%。①

（3）后续：2015 年 12 月 23 日，万科发出《关于欢迎安邦保险集团成为万科重要股东的声明》的公告，安邦集团也发表声明宣布联手；2016 年 2 月 4 日，王石表示："万科并不排斥民营企业，但万科不欢迎高风险资本成为第一大股东。"2016 年 2 月 5 日，王石表示"万科将找到优质的资产进行重组"；2016 年 3 月 13 日，万科公告宣布引入新的战略投资伙伴——深圳市地铁集团有限公司（以下简称深圳地铁集团）；2016 年 6 月 23 日深夜，宝能集团旗下钜盛华投资、前海人寿发布声明："明确反对万科发行股份购买资产预案，后续在股东大会表决上将据此行使股东权利。"② 对上述声明，华润随即回应，重申其反对重组预案的立场。2016 年 7 月 4～5 日两天，万科股份单股股价从 24.43 元迅速跌至 19.79 元，此后一个月内，更一度跌破 17 元。在此时点，恒大集团突然买入万科股份，并一举增持超过 5%。2016 年 8 月 21 日晚间，万科 A 股披露半年报，称股权之争已影响正常运营；2016 年 11 月 29 日恒大增持万科股份至 14.07%；2017 年 1 月 12 日晚间万科公告称公司股东华润股份及其全资子公司中润国内贸易有限公司于当日与

---

① 佚名. 全景网：历史：宝万股权之争事件剧情回顾. (2018-06-30) [2019-03-16]. http://www.p5w.net/live/lthyzb/wanke2016/201706/t20170630_1858822.htm.
② 黄一帆. 全景网：万科重组再生波折数只基金踩"双十红线". (2016-6-27) [2019-03-16]. http://www.p5w.net/live/wanke/201606/t20160627_1497910.htm.

深圳地铁集团签署了《关于万科企业股份有限公司之股份转让协议》，华润股份和中润贸易拟以协议转让的方式将其合计持有的公司689599817股A股股份转让给深圳地铁集团，转让完成后，华润股份和中润贸易将不再持有公司股份。2017年3月16日，恒大公告将所持万科14.07%股份的表决权、提案权及参加股东大会的权利不可撤销地委托给深圳地铁集团。截至2017年7月，深圳地铁集团持股29.38%，"宝能系"持股25.40%，万科管理层通过金鹏、德赢两个资管计划持股7.79%，安邦保险持股6.73%。2017年6月30日，万科2016年度股东大会，宝能系缺席，会上投票产生新一届董事会，王石不再担任万科董事长，正式将接力棒交给郁亮。

历时两年的"万科股权之争"随着新一届董事会的产生徐徐落下帷幕。但其作为中国资本市场发展历程中重要的公司治理事件，学术界与实务界对万科股权之争的讨论仍在持续。本案例有深入分析与探讨的必要。[①]

二、案例分析

此案例本质上是公司外来所有人与公司内部控制人之间的较量，双方为了争夺公司的控制权与管理权在资本市场进行的博弈，而万科集团特有的股权分散结构给这场博弈赋予了得天独厚充分的条件。在梳理股权纠纷的时间线后我们得出如表7-1所示。

表7-1　　　　　　　　万科股权纠纷时间线梳理

时间线	事件	宝能系及其一致行动人（矩盛华、前海人寿等）	万科内部控制人及其一致行动人（万科管理层，深圳地铁，华润集团等）
2015年初~2015年8月	宝能系持续收购万科股份	成为万科第一大股东	

---

① 资料来源：万科集团公告．万科集团官网．https：//www.vanke.com/index.aspx.

续表

时间线	事件	宝能系及其一致行动人（矩盛华、前海人寿等）	万科内部控制人及其一致行动人（万科管理层，深圳地铁，华润集团等）
2015年8月~2015年9月	华润增持万科股份		超过宝能系
2015年12月7日~2015年12月22	宝能系继续增持万科股份	再次成为万科第一大股东	
2015年12月底	安邦增持，惠理增持，成为两家公司增持对象，万科系选择了安邦		联合股份再次压过宝能系
2016年3月13日	万科寻找到新的合作伙伴深圳地铁集团		占据优势
2016年11月29日~2016年7月4	恒大突然加入混战，并增持至14.07%		持续占优
2017年1月12日	华润将所有股权转给深圳地铁集团		持续占优
2017年3月16日	恒大将所有股权转给深圳地铁集团		持续占优
2017年6月30日	2016股东大会召开，王石下台，郁亮接棒	缺席，夺权失败	胜利

（一）本案例凸显出的实际问题

此次股权之争背后反映的是国企混合所有制改革过程中不可回避的问题，即公司内部控制人与外来所有者之间的冲突。（1）现有的国企混合所有制使得"内部人控制"[①]情况成为常态：即使引入外来民营资

---

① 内部人控制：是指现代企业中由于所有权与经营权（控制权）分离和所有者与经营者利益不一致等原因，导致经营者控制公司，即"内部人控制"现象。筹资权、投资权、人事权等都掌握在公司的经营者即内部人手中，股东很难对其行为进行有效的监督。

本，民营资本也很难获得话语权和控制权。管理层把持公司治理，大股东失去管理权。本案例中的内部控制人即为万科管理层，他们总计持股7.79%，却能将公司的外来所有者——宝能系逼迫下台，可见其对公司的整体把控能力较强。而华润集团，原作为万科的第一大股东，在应该行使自身的股东权益时却由于国企与央企的实际所有人"缺位"①以及其他种种原因而无法行使这一权利，而给了内部控制人把持公司控制权的时机。当前，混合所有制企业普遍面临的问题是：虽然公司实行了混合所有制而引入民营资本，但民营资本始终无法获得真正的"控制权"与经营权，对于公司的运营与治理也没有任何权力，身份只限于"投资者"，真正的管理者还是原国企内部的实际控制人。(2) 股权过于分散而带来的恶意收购是公司长期的阵痛，使万科多次遭遇"门口的野蛮人"。万科作为地产业的龙头企业，20多年间都无法规避恶意收购问题。面对外来资本的渗入，以及面临恶意收购如何规避风险，如何保障自身权益已成为股权分散的混合所有制公司所面临的巨大挑战，这都需要靠企业加强自身治理，将风险规避在门外。(3) 强势的公司管理层在公司治理中会为公司作长远考虑，起到保驾护航的作用。在如上的一系列资本运作中，万科管理层虽然看似处于优势，但其对于自身问题认识的不足，长时间管理的故步自封以及拒绝外来资本冲击与管理权渗入等问题，均使人丧失公司内部治理的信心。

(二) 关于万科反收购措施的建议

(1) 加强公司有效治理，保障管理权稳定；(2) 保护万科的品牌和信用不受事件损害；(3) 在公司章程中订立反收购条款。例如，在公司章程中规定董事的更换每年只能改选等。这样，收购者即使收购到一定比例的股权，也无法对董事会做出实质性改组，即无法很快入主董事会并控制公司；(4) 做好"恶意收购"预案，国际上常用的有"毒

---

① 国企与央企的所有人"缺位"：是指国企与央企的实际所有人是全体国民，但实际所有人无法对国企与央企内部的实际管理实行约束与干预的现象。

丸计划"①"股权激励计划""白衣骑士计划"② 等。但"毒丸计划"所涉及的一系列动作在国内都需要审核,时间可能要半年至一年,上市公司并不能长时间地停牌,所以在国内的使用空间并不大。"股权激励计划"将赋予条件和期限,但其同样需要长时间的审核,需要 1~3 年,股权才会真正发生变动,除非有之前设计的股权激励计划恰好触发,那么这也会是一种有效的反收购措施(杨继伟、张奕敏,2017)。"白衣骑士计划"则需要寻求一个实力雄厚的友好公司,若"白衣骑士"实力不足,则收购成本会十分高昂,同时这一计划需要在股东上获得 2/3 投票表决通过率才能实施,因此,提前联络好实力雄厚的"白衣骑士"很重要。

(三) 关于万科公司治理的建议

(1) 万科的股权过于分散,应适当提高股权集中度;(2) 万科股价过于低廉,应该通过广告等市场手段使其涨升至符合自身业绩的水平;(3) 公司章程设置方面应该充分考虑并设置反收购的针对性条款,设计并建立完善的保护制度,此次事件万科自身没有任何防御措施,因此陷入困境;(4) 应该增加大股东的实际控制权,原大股东华润由于公司理念关系并不掌握充分的控制权,只是作为纯粹的财务投资者,这有其合理的一面,但也使大股东对公司的实际控制能力大打折扣等;(5) 国家律法部门应该及时完善有关收购与反收购的法律条文,使收购、反收购有法可依、有规可循。

本次有关万科股权的宝万之争必将会引发我国上市公司股权治理、控制权结构理念之争、公司制度与社会环境的关系研究以及对公司自由

---

① 毒丸计划:当公司遇到恶意收购,尤其是当收购方占有的股份已经达到 10%~20% 的时候,公司为了保住自己的控制权,会大量低价增发新股。目的是使收购方手中的股票占比下降,同时也增大收购成本,让收购方无法达到控股的目标。

② 白衣骑士计划:当公司成为其他企业的并购目标后(一般为恶意收购),公司的管理层为阻碍恶意接管的发生,去寻找一家"友好"公司进行合并,而这家"友好"公司被称为"白衣骑士"。

度的考量（杨继伟、张奕敏，2017）。从宏观方面来看，此次万科的股权之争为混合所有制改革的发展进程敲响了警钟，如何真正做到混合所有制所期盼的结合"国企的胸襟与眼光"与"民企的活力与资本"依然任重道远。国企实际控制人对民营资本渗入后造成的管理权旁落的担忧难以消除，混合所有制的改革易陷入瓶颈。

第二节 资产定价——预防资产流失方面
案例：中国石化资产定价

一、案例背景

作为我国两大石油行业巨头之一，中石化销售公司主要负责中石化所属生产企业成品油（汽油、柴油、煤油）资源的统一收购、调拨、配送、结算和优化等工作。2014年2月19日，中石化第五届董事会第十四次会议审议并一致通过了《启动中国石化销售业务重组、引入社会和民营资本实现混合所有制经营的议案》，同意中石化销售公司引入社会和民营资本参股，实现混合所有制经营，并授权董事长在社会和民营资本持股比例不超过30%的情况下确定投资者、持股比例、参股条款和条件方案，组织实施该方案及办理相关程序。

（一）引入方式

中石化销售公司引入社会资本主要通过增资扩股出让股权的方式实现，在具体确定股权转让价格方面的举措有：（1）将所属销售业务板块的资产整体注入中石化销售公司，随后启动子公司的资产评估和审计工作。（2）公司部分独立董事、独立监事及公司有关部门负责人组成的评委，以量化考核的方式组建了一个由中国国际金融有限公司等4家大型境内外投资银行组成的财务顾问团队，旨在通过其专业化的知识背景和投资经验保障项目的顺利进行。（3）在最后的引资对象选择以及确认股权转让定价过程中，中石化采用多轮评选、竞争性谈判的方式，由潜在投资者对中石化销售公司的价值进行独立判断，并根据本次引资的进展先后提交非约束性报价及约束性报价，中石化和中石化销售公司共同成立由独立董事、外部监事和内外部专家组成的独立评价委员会，根据报价、拟投资规模等决策因素对潜在投资者进行评议，同时对产业投资者、境内投资者及惠及广大中国公众投资者予以优先考虑。

（二）引入比例

2014年9月12日，在相继完成上述有关引入方式的工作后，最终敲定的25家境内外投资者以现金共计1070.94亿元（含等值美元）认购中石化销售公司29.99%的股权。同时，中石化在签署协议的过程中还就日后中石化销售公司股权转让、上市等相关事宜进行了安排，确定了中石化与民营投资者双方的权利和义务。本次增资完成后，中石化持有中石化销售公司70.01%的股权，中石化销售公司的注册资本由200亿元增加至285.67亿元，其股权性质也由国有独资企业转变为国有控股的混合所有制企业。

（三）交易定价机制

中石化率先在子公司层面推出一套完整的混合所有制改革方案并付诸实施，无疑是国企改革领域内的一项重大突破。在对中石化销售公司进行增资扩股引入社会资本的过程中，中石化从事前、事中、事后全流程控制的角度出发，全面、系统地设计出一套包括合理确定股权转让对象、保障股权转让定价公平合理以及协调股权转让完成后当事双方利益的相对完整的资产定价机制。（1）资产定价的事前策划：股权转让"有的放矢"：在进行混合所有制改造前，中石化销售公司在境内成品油销售领域占据主导地位，是国内大型成品油供应商，同时拥有境内完善的成品油销售网络、成品油储运设施以及覆盖全国的忠实客户。但在非油品业务发展方面，据公开资料显示，2013年，中石化销售公司非油品业务收入仅占总收入的1%左右，远远低于发达国家成熟市场加油站50%左右的水平。拓宽企业非油品业务范围，挖掘新兴业务的增长潜力，提升企业的综合服务能力，成为中石化销售公司进一步发展的现实需要。因此，中石化销售公司的混合所有制改革主要围绕上述需要进行，通过引入机构投资者、产业投资者的方式一方面推进并完善其现代企业制度，另一方面通过借鉴投资者的先进理念与经验提升企业的市场化运作水平，增强企业活力和市场竞争力。（2）资产定价的事中控制：充分重视并发挥财务顾问的作用。在进行资产交易的过程中，资产定价的本质是当事双方就自身利益进行博弈之后对标的资产的价值达成共识。因此，在资产转让和交易过程中，参与双方拥有决策权的高级管理人员应当成为最重要的角色，而财务顾问由于拥有公司战略、业务发展状况、行业背景、专业知识等相关方面的信息优势，能够在资产定价及交易过程中发挥重要作用。中石化在推进中石化销售公司混改的过程中，在具体的股权定价方案设计、转让对象选取及最终确定转让价格等方面充分发挥了财务顾问的作用，这种在对外聘请权威的专业财务顾问团队同时与公司独立董事、外部监事相结合组建独立评价委员会的方式，既保证了评价机构的专业性，又提升了评价机构对于企业内部信息的掌控程度，从而有助于其确定与执行科学合理的股权转让定价。（3）资产定价的事后保障：治理、股权双管齐下。资产的定价与转让是买卖双方进行一系列讨价还价和充分博弈之后的最终结果。在混合所有制改革所涉及的国有资产及国有股权转让过程中，由于所有权性质差异而导致的国有企业与民营投资者之间价值观念的差异使这一过程变得更加复杂（王储、王峰娟，2015）。

（四）后续发展

中石化于2014年7月1日公布的《中国石油化工股份有限公司关于销售业务重组的进展公告》显示，2013年，中石化销售公司实现营业收入14986.28亿元，净利润259.45亿元，其中归属于母公司股东的净利润高达 250.56 亿元。优秀的盈利能力使中石化销售公司的股权对民营资本产生了巨大的吸引力。而混改前中石化对中石化销售公司拥有 100% 的控制权,因此无论是从资产的盈利能力还是从资产前期的所有权及控制权角度来看,中石化在对中石化销售公司的股权转让定价方面均握有明显的主导权。此次引资之后,中石化销售公司将对董事会进行适当更改和革新,建立新的多元化董事会。在新成立的 11 人董事会中,除了中国石化派出董事 4 名以外,还引入了社会和民营资本投资者董事 3 名,独立董事 3 名,职工董事 1 名,鉴于中石化占比 70%、社会和民营资本占比 30% 的股权情况,可知决策权还是掌握在中石化手中。另外,根据增资协议对本次增资扩股中民营资本股权的约束,民营资本获得的股权具有流动性限制且没有控制权,因为在任何情况下,未经中国石化书面同意,投资者不但被禁止向销售公司的主要竞争者转让销售公司的股权,还必须保证三年之内,除了向关联方转让股权和向银行融资进行质押外,不能转让或质押销售公司的股权。通过该协议,很好地阻止国有资产外流的风险。综上,中国石化享有其应有的股权和表决权,中石化销售公司的股权转让也构成了实质意义上的卖方市场。①

二、案例分析

第一,国企改革过程中发生的国有资产流失,大体可分为体制性流失和交易性流失:(1)体制性流失。体制性流失多发生在非交易状态下,是因国企治理结构不健全、改制相关政策不完善、改制过程不规范、投资决策失误、管理不当、经营亏损、挪用、巧取、浪费等制度性因素造成的国有资产损失或转移。(2)交易性流失。在国资交易过程中,由于未经评估、低值评估等各种行为而引起的国有资产流失为交易性流

---

① 资料来源:中国石化公告。东方财富网. http://guba.eastmoney.com/list, 600028, 3, f. html.

失。交易性流失有两种情况,一是将国有资产低估或不进行评估就低价入股,比如对其中的土地、房产等有形资产按原购入价入股,不计其市场升值部分,高值低估;二是混改后国有资本没有获得相应的股权,在董事会里亦没有获得和股权相对应的表决权(张继德、吴冰瑶,2015)。

在此次中石化的改革中,除了引进外资在很大程度上防止了国有资产流失外,改革程序的合法、合规也使得混改过程中没有产生国资流失的漏洞。在确保公平、公正、公开的基本原则下,依据相关法律、法规,销售公司按照程序和流程,首先对本次引资作了相关审计和评估;其次综合市场情况,在保证中石化所持销售公司股权比例不少于70%的前提下,确定民营资本和社会资本的投资者和其持股比例以及参股条件等相关条款;最后本着"所有股东同股同权同价"的原则,在确保国有资产保值、增值的基础上,逐步引入社会和民营资本。为了确保整个过程的公开和透明,所有独立董事、外部监事和内外部专家全部公开透明化。独立评价委员由中石化和销售公司共同组成,并对选定的意向投资者进行评议。同时,中石化将和引入的投资者共同完善销售公司的人力资源、激励约束、管理架构等方面的治理方法和体制缺陷,按照市场化、规范化、专业化的思路逐步推进体制改革,通过建立导向明确的绩效考核指标体系、市场化的薪酬体系和长效激励约束机制等措施,努力防范国有资产流失。由此可见,中石化的混合所有制改革过程尽可能地规避了国有资产体制性流失的漏洞。

在预防交易性资产流失方面,中石化的事前、事中、事后控制的做法得当:(1)事前控制。中石化销售公司的混合所有制改革是以改进现有业务为基本出发点而进行的主动调整,目的性明确使这一改革从整体层面有了方向和原则,有助于在此基础上确定合理的股权转让对象,同时也有利于进一步规范资产定价过程中实际操作层面的各项工作。(2)事中控制。目前,我国企业并购重组过程中资产评估的方法主要有成本法、收益法和市场法三种。由于成本法和市场法的运用受到的限制条件较多,因此我国资产评估机构大多采用收益法对目标企业价值进行评估。但是,收益法在使用过程中会面临目标企业现金流量预测难度较大、贴现率的选择对评估结果影响过大等问题，资产评估结果可能会存在一定程度的误差，因而不足以成为并购重组这一重大战略的决策依据。故而本案例组建财务顾问团队环节就显得尤为重要。（3）事后控制。一个完善的定价体系既要保证国有资产在转让过程中不被侵占和流失，又要保护民营企业积极行使股东角色参与公司经营并获取收益的权利。在中石化销售公司的股权转让混改过程中，中石化为协调股权转让完成后与民营投资者之间的合作关系，从公司治理及股权约定两方面进行了配套机制安排：一是在确定引资对象之前，中石化便发布公告称引资项目完成后将支持中石化销售公司建立多元化的董事会，除中石化派出董事外，还将引入社会和民营资本代表董事、独立董事和职工董事，董事会的重构有助于提升民营资本代表在公司治理方面的话语权，进而为企业的经营管理带来新的活力；二是在最后签署的引资协议中，中石化与民营投资者就日后中石化销售公司的股权问题签署了协议，一方面通过转让后的三年限售期和上市后的一年限售期限制了民营投资者的套利空间，同时还保留了中石化在民营投资者转让中石化销售公司股权的过程中具有优先赎回股权的权利，另一方面则以引资价格为标准确定了民营投资者对公司注册资本具有反摊薄权。上述两方面的配套机制对中石化与民营投资者双方的利益进行了协调，是股权转让定价的有益补充，有助于实现中石化销售公司与民营投资者之间的深度合作。

第二，中石化销售公司混合所有制改革中资产定价的政策建议：（1）采用公开竞价，增强混改定价中的市场化程度：在行使股权转让定价主导权的过程中，中石化在股权转让定价方式的选择上并没有选择最为市场化的公开竞价方式，关于具体的定价决策也并没有进行充分的信息披露。在最终确定中石化销售公司股权转让定价的方式选择上，中石化采用的是评议制而非公开竞价制，这一定价方式并非最佳选择。如前文所述，在高盈利能力的支持下，中石化销售公司的股权对民营资本而言具有相当程度的吸引力，在潜在投资者众多的情况下，通过公开的产权交易市场进行竞价具有两方面的优势：首先，在标的股权存在充足的市场需求的情况下通过"自由竞争、价高者得"方式确定的转让价格将高于与单一潜在投资者进行谈判所确定的价格,有助于中石化销售公司通过出让股权募集更多资金,即便考虑到投资规模和产业投资者优先等相关原则,中石化仍可以通过设立进入门槛等方式在事先圈定潜在投资者范围的前提下进行公开竞价;其次,通过公开竞价的方式进行股权转让更加符合公平性、公开性和公正性原则,有助于规避谈判和评议过程中可能存在的寻租行为,提升整个交易定价的市场化水平。(2)加强混改定价信息披露,提高混改定价的透明度:中石化虽然对混改的整个股权转让流程和中石化销售公司的经营状况进行了详细披露,但在股权转让定价这个关键点上只做了定价方式和定价结果方面的信息披露,没有详细地披露定价决策过程中的细节问题,这一略显模糊的信息披露方式使得中石化将议价制作为股权转让定价方式给外部人士所带来的信息不对称程度加剧。在国有企业混合所有制改革过程中,国有资产和国有股权的定价及转让需要通过市场化、公开化的方式进行,以保障国有股东和民营投资者双方的利益不受侵占,降低寻租空间。具体而言,可在公开的产权交易市场上进行挂牌交易,通过公开竞价的方式确定入围投资者,并在最终决策过程中通过聘请内外部专家组建独立评审团等方式充分发挥财务顾问的专业优势。同时,还应进一步完善国有资产和国有股权转让过程中关于定价方式、认购价格、投资人信息以及相关操作流程、决策过程的信息披露程度,并充分发挥外部独立公证机构的认证作用,增加资产定价过程的透明度,接受社会公众的监督。

第三节 员工持股——激励问题方面案例:浙江物产员工持股计划

一、案例背景

浙江物产集团作为浙江省第一批试点企业之一,在 2015 年 4 月率先发布了员工持股计划方案,并且用不到一年的时间完成了员工持股计划的实施,成为浙江省首个以员工持股计划作为混改方式的国有企业。

(一) 实施员工持股计划前后股权结构

在实施员工持股计划前,物产集团的股权结构为浙江省国有资本运营公司(简称国资公司)和浙江省交通投资集团有限公司(简称交通集团)分别占比36.37%和23.85%,而国资公司和交通集团均由浙江省国有资产监督管理委员会(简称浙江省国资委)100%控股,所以物产集团的国有股占比约60%。实施员工持股计划以后,国资公司和交通集团股权占比分别为33.81%和20.72%,国有股占比降至54%,员工股占比约7%,其余股份由战略投资者和其他股东持有(王莎,2018)。

(二) 实施员工持股计划的宏观背景

为响应党的十八届三中全会"允许混合所有制经济实行企业员工持股"的重要指示[①],物产集团率先推出员工持股计划,积极推进混合所有制改革,既符合深化混合所有制改革的要求,也是推进企业体制创新的重要举措。

(三) 实施员工持股计划的内部动因

(1) 物产集团的股权结构亟待改善:未实施员工持股计划之前,浙江省国资委间接持有的国有股份达60%,"一股独大"的现象较为严重,高度集中的股权结构,第一大股东完全可以支配公司的董事会和监事会,进而导致公司治理结构不平衡。(2) 公司的治理结构有待完善:物产集团所属行业属于充分竞争类行业,面对日趋激烈的竞争态势,企业面临转型升级的压力,而企业内部治理结构的缺陷制约着企业的发展,为进一步增强企业的竞争力,物产集团需要逐步完善企业的治理结

[①] 党的十八届三中全会《中共中央关于全面深化改革若干重大问题的决定》明确提出"允许混合所有制经济实行企业员工持股,形成资本所有者和劳动者利益共同体"。

构,建立现代企业制度。(3)内部激励机制不健全:一方面,企业需要吸引并留住高素质、高学历人才。据2016年公司年报披露,物产集团大专及以上的员工占比60%。另一方面,物产集团缺乏有效的员工激励制度来调动员工的积极性,这也是国有企业普遍面临的一个问题。物产集团实施员工持股计划之后,可以将员工与企业的利益紧密联系起来,增强员工的主人翁意识,是一种非常好的内部激励方式。(4)浙江物产一直以来走在改革前列,物产集团党委坚信,唯有通过改革,企业才能找到好的出路。早在1996年在浙江省开展产权制度改革的契机下,浙江物产由浙江省物资局转制成立;到2003年,则已基本完成一级成员公司制改造,实现多种所有制共存的现代企业制度,也进而使其完成从计划经济向市场经济的蜕变。

(四)员工持股方案设计

员工持股方案设计概览如表7-2所示。

表7-2　　　　　　　　员工持股方案设计概览

项目	主要内容
参与对象	集团及下属单位员工共计1074人,其中高管24人
授予数量	不超过134900万份
标的股票价格	8.86元/股
股份来源	非公开发行的股票
资金来源	员工的合法薪酬及其他合法方式自筹资金
持股规模	总量累计不超过公司股本总额的10%,单个员工累计不超过公司股本总额的1%
持股期限	员工持股计划的存续期为48个月;锁定期为36个月
资产管理机构	兴证证券资产管理有限公司

资料来源:物产集团公告. 中财网:浙江物产集团股份有限公司2015年度员工持股计划(草案)(认购非公开发行股票方式). (2015-04-15)[2019-03-16]. http://quotes. money. 163. com/f10/ggmx_600704_1717474. html.

2015年4月13日，物产集团内部股东大会审议通过了此次员工持股计划的相关议案；15日，董事会和监事会分别召开会议，审议通过了《浙江物产2015年员工持股计划（草案）》；28日，浙江省国资委审议通过，同意实施员工持股计划；2015年9月公告了非公开发行股票募集配套资金发行情况报告书。

（五）实施员工持股计划的结果

（1）累计收益率：在2015年4月15日前，物产集团的累计收益率始终为负，而在发布员工持股计划方案后，企业的累计收益率由负转正。表明市场对物产集团的员工持股方案的反应是积极的。（2）超额收益率：在发布员工持股计划方案后，实施员工持股计划前后十天和前后二十天的两个窗口期内，物产集团的累计超额收益率均由负转正。在公告日前3个交易日，市场开始对这一事件产生反应，累计超额收益率呈现迅速增长的趋势，这种增长趋势一直持续到公告日后第3个交易日，之后物产集团的累计超额收益率曾有回落趋势，但在公告日后第6个交易日开始，累计超额收益率又呈现出强劲的增长趋势，并且在公告日后10天，累计超额收益率达到最大值。（3）短期绩效：通过查询物产集团的公告，发现在窗口期内除了公告员工持股计划方案外，并无其他重大公告导致可能会影响企业股价的波动，所以可认为超额收益是由企业公告的员工持股计划方案所导致的。因此可以判定，员工持股计划的实施产生了积极的市场反应，企业的短期绩效有所提升。（4）盈利能力：物产集团在2014年，销售净利率、销售毛利率、总资产收益率和净资产收益率呈现明显的下降趋势，其中净资产收益率下降幅度最大，2013年该比率为12.11%，2014年下降至6.19%，下降比例达48%。而在2015年实施员工持股计划之后，总资产收益率和净资产收益率出现正向增长，且增长幅度较大，其中净资产收益率从2014年的6.19%，增长至7.37%，增幅为19%，总资产收益率从1.59%增长至3.57%，增幅达125%。而销售毛利率和销售净利率在2015年仍呈下降趋势，但在2016年开始出现缓慢增长趋势。综上所述，物产集团在实施员工持股计划之后,企业的盈利能力有明显的提升。(5)营运能力:物产集团的存货周转率、总资产周转率和净资产周转率在 2014 年以前呈现缓慢下降趋势,而在 2015 年则有了显著的提升,其中存货周转率从 2.19% 增至 8.98%,增长幅度达 310%。存货周转率提高,说明企业存货周转速度变快,流动性变强,变现能力高;总资产周转率从 1.31% 增至 3.53%,增长幅度为 169%,总资产周转率提高,说明企业资产投资的效益好;流动资产周转率从 1.11% 增至 4.64%,增幅为 318%,企业的流动资产周转率提高,说明企业资产利用效率高。可见,在 2015 年实施员工持股计划后,企业的资产周转率有了明显的提升,营运能力提高(王莎,2018)。(6)偿债能力:物产集团在实施员工持股计划前后,流动比率和速动比例基本保持不变,说明企业短期偿债能力没有显著变化。而长期资本负债率出现明显的下降趋势,2014 年物产集团的长期负债比率为 22.78%,2015 年该值为 12.35%,下降幅度为 45%。说明在实施员工持股计划之后,公司的长期偿债压力变小。[①]

二、案例分析

首先,通过查询《浙江物产 2015 年度员工持股计划(草案)》,对于该公司员工持股方案的分析如下。(1)本次员工持股方案持股主体涉及范围较广,员工持股计划的参与对象包括物产集团的管理层、业务骨干及核心技术人员。参与本次员工持股计划的员工总人数为 1074 人,约占物产集团员工总人数的 6.28%,本员工持股计划设立时计划份额合计不超过 134900 万份,资金总额不超过 134900 万元。其中,认购员工持股计划的物产集团董事、监事、高管共计 10 人,合计认购 7619.6 万份,占员工持股计划总份额的比例约为 5.6%。认购员工持股计划的物产集团中大董事、监事、高管共计 14 人,合计认购 5670.4 万份,占员工持股计划总份额的比例约为 4.2%。故高管认购的份额为本次员工

[①] 资料来源:浙江省物产集团公司企业年报、国家企业信用信息公示系统。

持股计划总份额的9.8%,其他骨干员工及中层管理人员认购份额占本次员工持股计划的比例为90.2%。(2)持股期限较长。员工持股计划的存续期为48个月,员工持股计划锁定期为36个月,自物产集团公告非公开发行的股票登记至员工持股计划名下之日起算。本次员工持股方案的持股期限较长,有助于形成长期的激励效应。(3)运作模式。一是持有人大会由本次员工持股计划全体持有人组成。二是持有人大会依照《持有人大会章程》的规定民主选举产生员工持股计划管理委员会,作为本次员工持股计划的常设机构,代表全体持有人行使员工持股计划所持有股份的股东权利或者授权资产管理机构行使股东权利。此外,物产集团的员工持股计划委托兴证证券资产管理有限公司设立"浙江物产2015年度员工持股计划定向资产管理计划"进行集中管理,可以保障员工利益。(4)持股比例。本次员工持股计划占比为7%,比例仍然偏低。(5)股票主体。员工持股计划强调面向更广泛的普通员工,但物产集团在本次员工持股计划方案中,虽然涉及的范围较广,但重点仍旧是面向企业的核心骨干人员,普通员工占比不到4%。(6)资金来源。主要依靠员工薪酬和自筹资金,结构较为单一。

其次,通过对案例中员工持股方案的实施结果进行分析可得出:本次员工持股计划方案的实施结果是成功的。公司的累计收益率、超额收益率、短期绩效、盈利能力、营运能力、偿债能力等在实施员工持股计划前后都有明显的提升。员工对于本次员工持股计划实施的反应是积极向好的。本案例中员工持股计划之所以能够成功实施,离不开物产集团对于员工持股计划议案的正确规划:(1)员工持股计划的期限较长。本次员工持股计划的锁定期为36个月,存续期为48个月,较好地规避了员工短期投机等行为,使员工持股计划能够朝着计划中的目标进行。在实际操作中,员工的短期投机行为,是员工持股计划失败的重要原因。(2)员工持股比例。本次计划员工持股的比例整体虽然较低,做得好的方面:一是限制了高管持股的比例,能有效地刺激普通员工的参股热情,真正调动生产积极性;二是限定了可持股员工的范围,范围虽广但有条件,本方案规定只有工作认真负责的骨干成员才有持股机会,这便规避了持股中的"均派"① 现象和"搭便车"② 行为。(3) 委托专业的资产管理公司对员工股权进行集中管理，既避免了员工短期投机行为，保证股权结构安全，又保障了员工个人利益。

最后，通过对物产集团员工持股方案设计、实施进展及参与人员、员工持股方案的结果等的介绍与分析，进一步在事实基础上分析员工持股对公司治理的影响，亦促使我们思考影响激励效应的因素。本案例中，影响激励效应的因素可分为外部因素和内部因素。

(1) 外部因素：一是制度背景：新一轮员工持股计划是在我国混合所有制改革的背景下推行的，浙江省的国企混改一直走在全国前列。2014年9月浙江省印发了《关于进一步深化国有企业改革的意见》③，随后又出台了相关配套政策，这为浙江省国企混改制定了顶层设计。物产集团作为浙江省第一批员工持股试点企业之一，在2015年4月率先发布了员工持股计划方案，并用一年的时间完成该方案的实施，对企业绩效产生了有利影响。所以说，我国混合所有制改革的大背景为员工持股计划的推行提供了有利条件。二是市场竞争程度：相关研究表明，企业所处市场竞争程度会强化员工持股的激励效应（贾生华、陈文强，2015）。物产集团所处行业为充分竞争类行业，这类企业以经济效益为导向，按照市场规则运转，市场竞争较为激烈，为挽留和吸引人才，实施员工持股计划，让员工拥有剩余价值的索取权，将对其起到激励效应，所以，物产集团所处市场竞争程度在一定程度上可以加强员工持股的激励效应。

(2) 内部因素：一是独立董事比例：由于独立董事持股比例增加

---

① 均派：本节特指在不区分员工的贡献、工作年限、优秀程度等前提下，施行均等分派股权与福利的情况。

② 搭便车：本节特指因为"均派"现象的存在，而使得并不优秀或者没有特殊贡献的员工享受优秀员工的同等待遇。

③ 《意见》明确提出以保障民生、支撑带动为主导优化国有资本投向，以国有资产证券化为抓手积极发展混合所有制经济，以规范经营、提高效率为重点加快推进国有企业治理体系和治理能力现代化完善国有资产监督管理体制，不断增强国有经济的活力、控制和影响力，有效服务于全省经济社会发展大局。

会增强员工持股的奖励效应（吴作凤，2014），从集团公告的2016企业年报可以看出，物产集团目前有12名董事，独立董事5名，独立董事占比41.67%，而上一届董事会成员共8名，其中独立董事2名，独立董事占比25%。可见，物产集团的独立董事比例显著增加，这将对员工持股的激励效应起到积极影响。二是股权集中度：由于股权集中度对员工持股的激励效应有减弱影响（李明和黄霞，2017），物产集团国有股占比较大，存在"一股独大"的现象，股权高度集中，这一因素将削弱员工持股的激励效应。三是方案设计：分析物产集团的员工持股方案可以发现，一方面，授予的员工股比例较低，仅为7%，对于缓解"一股独大"的现象作用甚微；另一方面，普通员工在全部激励员工中的占比仅为4%，不能激发广大普通员工的热情。此外，资金来源主要靠员工自筹，公司并未提供资金资助，这些方面均会在一定程度减弱其激励效应。四是分析影响激励效应的因素后发现，一方面，中国混合所有制改革的背景为物产集团的员工持股计划提供了有利机遇；另一方面，物产集团存在"一股独大"的现象，一定程度上削弱了激励效应。

第四节 国有企业发展混合所有制的概述、经验与启示

一、概述

混合所有制企业由于其制度特殊性存在着最基本的问题，总结起来就是：(1) 国有企业所有者缺位，虽然所有者是国家，但是实际由国家聘请的管理人员进行管理，而民营企业所有者明确；(2) 国有企业的目标不以营利为首要目标，还兼具公益性和宏观调控功能，而民营企业以盈利为首要甚至唯一目标；(3) 国有企业有得天独厚的资源优势

和洞察全局的眼界和长远眼光,而民营企业大多数资源优势欠缺,逐利的本质使民营企业眼界受限;(4)国有企业管理者本身不是所有者,盈利动机较缺乏,企业内部欠缺活力,而民营企业自负盈亏,有生存危机,内部充满活力。

以上四个问题分别从股权纷争、员工持股、控制权纷争、预防资产流失四个微观角度出发,给出现阶段国有企业混合所有制改革的经验以及教训。

(1)关于混合所有制股权结构,有两个值得深思的重要问题。一是从20世纪末政府对混合所有制从鼓励和认可到提出要"大力发展"混合所有制足足经历了20年,为何20年后的今天国家文件仍在推动、呼吁这项改革?二是截至2016年6月,全国国有企业改制面超过80%,中央企业及子企业改制面超过90%;中央企业中混合所有制企业户数占比达到67.7%;中央企业中61.3%的资产、76.1%的利润都集中在上市公司。为什么现在各方面仍对国企改革的效果不满意、中央还在力攻混合所有制这个突破口?

究其原因是混合所有制改革的本意是想将民营企业的经营活力与国有企业的资源优势和全局眼界结合起来,但在实际操作过程中却一直存在着许多问题。导致混改后的企业只是名义上综合了多种资本的混合所有制企业,实际上民营企业、散户和其他形式资本的股权份额过小,没有话语权和经营权,改革效果不佳。所以说,一方面民营企业所占股份的大小,或者说股权结构是否合理是混合所有制改革的关键,另一方面混合所有制国有企业的实际内部控制人与民企所有者之间的纠纷与矛盾将是长期存在的,并会成为混合所有制改革最基本最重要的"拦路虎"。

(2)混合所有制员工持股问题面临的挑战:一是企业员工持股制度尚不完善,激励作用不明显:我国员工持股计划缺乏统一的制度顶层设计和员工股份管理机构,员工持股方案设计未充分考虑不同模式员工持股的差异性,以致在推行过程中存在国有资产流失、强制性持股、短期套利及股份分配不当等问题。二是企业的员工持股缺乏有效的法律保障：我国员工持股制度所存在的问题，与相关的法律制度不完善有直接的关系，一方面中国员工持股的正式制度尚不健全，另一方面员工持股实践中存在的非正式制度与正式制度产生制度冲突。三是员工持股期限过短，难以实现其对企业长期治理的改善作用：实行员工持股计划的目的，是想通过员工持股激发员工活力，以其人力资本为企业带来长期的持续有利的影响。但在实施过程中，有些公司往往背离员工持股计划的初衷，利用员工持股计划筹集资金，稳定股价，更加注重为公司员工和管理层谋取福利而非实现企业治理的改善，使员工持股计划浮于表面。

（3）在控制权争夺方面存在以下问题：一是企业在"渐进式改革"中不断引入各类异质性股东，国有股权虽然得到稀释，但国有股代表的超级股东身份仍占据着控制权优势，削弱了异质性股东对企业的参与能力。二是建立在股东主权逻辑上的现行公司法过于强调股东的利益，一股一票的股东投票规则导致企业控制权安排直接受制于所有权安排，国有企业的混合所有制改革难以向深层次推进。

（4）在国有资产流失方面，面临以下问题：一是国有资产流失严重：国有企业改制过程中出现了不少以严重低估的价格出售国有企业资产导致国有资产流失的案例。其原因，一方面出于个人私利考虑，在估值过程中国有企业的资产价值被严重低估；另一方面，由于信息不对称或有关部门急于减轻负担去除后患而严重低估国有企业的资产价值。二是估价方法尚不完备：对于公共事业型的国有企业，该类企业大部分资产由于缺少市场参考价，是资产估值技术研究面临的难题。

以上四个方面是国企混合所有制改革中遇到的最基本的四个问题，在国企混改实际过程中遇到的问题比这个复杂得多。由以上案例也可以看出，在混合所有制企业的改革中，微观的"不适"需要我们在实践中不断拓展新的解决问题的渠道和方式，面对新的机遇和挑战，实施正确的改革措施，才能保证混合所有制改革的成功。

二、经验与启示

(一) 国有企业混改的微观经验

(1) 混合所有制改革过程中的股权不宜过于分散,过于分散时,可借助相应手段集中管理分散股权;(2) 混合所有制改革过程中也不宜出现"一股独大"现象,若第一股东的股份比例远远大于其他股东,其他股东没有任何权利,则混合所有制改革易流于形式,而只有在话语权相当的情况下,第一股东才会得到有效的监督,国有资产才不会轻易流失;(3) 有关员工持股情况,一是员工持股的比例很重要,员工持股比例过高,会出现"搭便车"现象,即不用辛苦工作也能得到丰厚报酬,员工持股比例过低,对员工的积极性起不到激励作用;二是员工持股的时间周期也需要注意,时间周期过短,对员工的实际激励作用不但无法体现,还会出现短期投机等寻租行为。时间周期过长,员工没有利益吸引,对于工作的积极投入程度也不会改善。三是还要注意员工持股范围、高管持股所占比例等,任何微妙的比例都会影响员工积极性。(4) 控制权的争夺会给企业治理造成困扰,一旦形成良好的股权比例,从而能够相互制衡制约,企业治理会得到明显改善,故而寻求国企与民企股权比例的制衡是混合所有制改革过程中的重中之重,最终要达到能够发挥两类资本的优势,即国企的战略优势与眼光,民企的管理优势与活力。(5) 要以开放包容的心态,公平透明的机制,完善的信息披露制度,随时准备接受各界监督与监管的态度来应对混合所有制改革过程中遇到的各种问题。

(二) 国有企业混改的外部环境经验

(1) 国企混合所有制改革的监管:企业和监管部门通力合作,内部建立自律性的规章制度、外部依靠监管部门的监督指导,并建立完善透明的信息披露机制,才能有效保护国家和集体利益,从而保证国企混合所有制改革的顺利进行。(2) 国企混合所有制改革的法律保障：2015年，国务院发布《关于国有企业发展混合所有制经济的意见》①，明确了国有企业发展混合所有制经济的总体要求、核心思路和配套措施，并提出了组织实施的工作要求，提出了分类、分层、分步推进国企混改的总方针。至此，国企混改被提到了新的政治高度，并在全国范围内如火如荼地开展起来。目前适用于国企混改的法律法规、部门规章及政策性文件主要有：2009年5月1日全国人大常委会颁布的《中华人民共和国企业国有资产法》②；2011年1月8日国务院颁布的《企业国有资产监督管理暂行条例》③；2014年3月1日全国人大常委会颁布的《中华人民共和国公司法》④；2015年8月24日中共中央与国务院联合颁布的《中共中央、国务院关于深化国有企业改革的指导意见》⑤；2015年9月23日国务院颁布的《国务院关于国有企业发展混合所有制经济的意见》⑥；2016年6月24日国资委与财政部联合颁布的《企业国有资产交

---

① 2015年9月24日，国务院发布《关于国有企业发展混合所有制经济的意见》（共8章29条）鼓励非公有资本参与国企混改，有序吸引外资参与国企混改，鼓励国有资本多种方式入股非国有企业；分类、分层推进国企混改；在电力、石油、天然气、铁路、民航、电信、军工等领域进行改革，放开竞争性业务、推进混改试点示范。

② 《中华人民共和国企业国有资产法》：由第十一届全国人民代表大会常务委员会第五次会议于2008年10月28日通过，自2009年5月1日起施行。为了维护国家基本经济制度，巩固和发展公有制经济，加强对国有资产的保护，发挥公有制经济在国民经济中的主导作用，促进社会主义市场经济发展而制定。

③ 2003年5月13日国务院第八次常务会议讨论通过《企业国有资产监督管理暂行条例》，由国务院于2003年5月27日发布并施行，共计8章47条。根据2011年1月8日《国务院关于废止和修改部分行政法规的决定》对其进行修订。

④ 《中华人民共和国公司法》是为了规范公司的组织行为，保护公司、股东和债权人的合法权益，维护社会经济秩序，促进社会主义市场经济的发展而制定的法律。1993年12月29日第八届全国人民代表大会常务委员会第五次会议通过，分别在1999年、2004年、2005年、2013年、2018年多次进行修正修订。

⑤ 《中共中央、国务院关于深化国有企业改革的指导意见》是新时期指导和推进国企改革的纲领性文件，从总体要求到分类改革，在完善现代企业制度和国有资产管理体制、发展混合所有制经济、强化监督防止国有资产流失等方面都提出了国企改革目标和举措。

⑥ 《国务院关于国有企业发展混合所有制经济的意见》是国务院以国发〔2015〕54号印发的文件。其内容分总体要求、分类推进国有企业混合所有制改革、分层推进国有企业混合所有制改革、鼓励各类资本参与国有企业混合所有制改革、建立健全混合所有制企业治理机制、建立依法合规的操作规则、营造国有企业混合所有制改革的良好环境、组织实施等共8章29条。

易监督管理办法》①。

(三) 国有企业混改层面的启示

1. 股权纠纷问题对混合所有制改革的启示

(1) 股权结构不宜过度分散，所有权是控制权的基础。持股比例集中的股权结构，才能体现出大股东控制权优势。(2) 股权结构也不宜过于集中，如形成"一股独大"局面，混合所有制改革则易流于形式。(3) 解决第一大股东与第二大股东的股权比例问题，是混合所有制企业真正发挥互相监督互相制衡作用的关键。

2. 股权激励问题对混合所有制改革的启示

(1) 选择适合股权激励的企业：其一，要明确实施股权激励的目的。企业有没有实施股权激励的必要性，需结合企业所属的行业特性、发展前景和发展规模、企业的发展阶段等，需要管理者想清楚是否需要实施股权激励。其二，要选择合适的企业实施股权激励。一般来说，智力型、高科技、互联网等行业更需要股权激励，而资金密集、资源垄断等行业对股权激励的需求相对较小。是否进行股权激励需要从企业实际出发，深入分析实施股权激励的必要性和可行性，切不可盲从。(2) 制订合理的股权激励方案：要想达到股权激励的目标，需要制订合理的股权激励方案。(3) 健全配套的业绩考核办法：其一，确定业绩目标要相对合理。其二，建立健全业绩考核体系。(4) 建立有效的监督管理制度。

3. 控制权纠纷问题对混合所有制改革的启示

(1) 所有权不应作为控制权的唯一来源，这对国有企业改革具有很大启发。国有企业尤其是央企积累了丰富资源，这是国有企业股东在合资企业中争取控制权的有利条件，并非需要高度集中的股权结构才能

---

① 为规范企业国有资产交易行为，加强企业国有资产交易监督管理，防止国有资产流失，根据《中华人民共和国企业国有资产法》《中华人民共和国公司法》《企业国有资产监督管理暂行条例》等有关法律法规制定《企业国有资产交易监督管理办法》。

实现对公司的绝对控制。(2) 大股东具有较多控制权，对公司的影响具有两面性，当大股东的控制权和现金流权差异不大时，大股东会积极投入精力治理，中小股东亦可以享受"搭便车"红利。但是，也要警惕大股东对公司的"隧道"效应，即谨防其为一己私利掏空公司。(3) 董事会和股东会均是混合所有制企业公司治理的重要抓手。在具体改革中，不宜"一刀切"，按某一个股权结构框架去框定发展差异较大的各类企业，因企施策、因地制宜，是较为稳妥的渐进式做法。

4. 资产流失问题对混合所有制改革的启示

(1) 防止国有资产流失、确保混合所有制健康持续发展的关键是时刻保持制度化、高效率化、正确且规范地操作。(2) 需科学地进行资产评估，特别是国资定价。(3) 混改后，股东多元化，相互之间更便于制衡，对整个公司管理体系的监控更为有益，但要保证国有资本获得该有的股权，在董事会获得和股权相对应的表决权，而且股权转让事关对国有资本的经营和处理，股权转让门槛需要同等程度地抬高。这样，在不同所有制经济成分发挥其创造力的同时必将保障资本保值增值的效果。

当然，现阶段的宏观监管政策并非万无一失，面对随时可能出现的新问题，需要国家顶层设计，根据混合所有制改革中出现的新情况、新动向、新问题，及时出台相关措施，保证混合所有制改革的顺利进展。

第八章

国外发展混合所有制的经验与借鉴

国外混合所有制企业也被称为公私混合公司,其出现和发展不仅与国外的混合经济密切相关,同时还与多种所有制形式,尤其是国家所有和私人所有这两类资本主义所有制形式有着密切的关系。可以说,国外公私混合企业是在混合经济以及多种所有制的基础上建立起来的。混合经济并非一蹴而成,其发展经历了从单一市场经济到政府干预经济的漫长过程,在此基础上,混合经济得到了巨大的发展,并且逐渐形成了一种较为完善的经济制度。

受内部和外部因素的影响,国外混合所有制企业在第二次世界大战后得到了迅速发展。从内部原因来看,第二次世界大战后到20世纪80年代以前,西方大多数国家参股或国家控股的国有企业在缓解经济危机、增加就业机会以及促进国家经济发展等方面起到了巨大的推动作用。由于资本主义生产迅速扩大以及需求能力不断缩小之间的矛盾不断加深,为调节社会生产力与生产需求之间的矛盾,从20世纪80年代开始,美国、法国、日本、德国等不得不对国家控股以及国家参股的企业做出调整和改革。具体而言,主要包括四点原因:第一,国外企业所有制改革的背景是20世纪70年代以来经济陷入"停滞膨胀"期,大规模的世界性经济危机爆发,凯恩斯主义无法解决这一困境,而强调减少国家干预、发挥市场机制自动调节作用的西方新保守主义经济思想得到发展，取代凯恩斯主义成为西方经济学的主流学派；第二，新技术革命引起了经济结构的深刻变化，为迎接第四次科技革命，西方国家对大部分国有企业进行了股份制改革；第三，国家垄断的管理体制不利于竞争的顺利进行，国有企业在市场中受到国家的有力保护，导致其不仅在各个主要部门缺少竞争对手，同时在国际市场上也缺乏竞争力；第四，政府对于国有企业的把控过于严格，相比之下，国有企业经营自主权尤其是财务自主权相对匮乏，企业经营管理效率和积极性不及私有企业。从外部原因来看，一方面，为阻止国外商品进入国内市场，政府需要大力维护国有企业的国家垄断地位；另一方面，为打破垄断，外国商品也正想方设法进入国内市场。随着开放市场与保护市场之间的矛盾不断激化，政府不得不做出私有化国有企业的决策。同时，随着世界经济一体化趋势的增强，各国为增加吸引外资的机会，争相开放其国内金融市场，迫切需要转型为以公私混合为名义的混合所有制企业。

第一节 英国股份制企业发展

英国作为世界上第一个推行市场经济的资本主义国家，拥有两百多年发展市场经济制度的历史，通过工业革命、产业革命、商业革命以及一系列相关的制度变迁和法律法规的创新，其正由自由市场经济体制逐步转型至在国家干预下、以私有制为主体的混合市场经济体制。英国是传统的市场经济国家，同时也是各国国有企业推行股份制改革成果最为突出的国家，因此许多国家在不同程度上效仿英国混合所有制企业的模式。

第二次世界大战后，英国混合所有制改革经历了四个阶段，其间根据不同时期的国家发展要求对公共企业的国有化政策做出了调整。为把握英国混合所有制企业的发展脉络以及发展状况，有必要回顾英国混合所有制发展经历的四个阶段，以及他们在英国经济发展中的作用与局限性。

一、英国混合所有制经济发展历程

（一）国有化运动阶段（1945～1978年）

英国真正意义上的大规模国有化运动由艾德礼工党政府开始。第二次世界大战结束后，英国首个战后执政党——工党在"民主社会主义"浪潮的影响下，开始以凯恩斯主义为理论依据，颁布各种法律法规开展"社会主义"试验，国有化运动催生了英国混合经济的形成与发展。

英国第一次国有化运动开始于1945年，英国工党政府发表了《让我们面对未来》的政策性文件，由此开始推行以国有化为核心的经济发展政策。1945～1948年，英国政府先后推出了8项国有化法案，将英格兰银行收归国有成立法定中央银行，通过《煤炭法》组建国家煤炭局，随后通过《运输法》《民航法》《电力法》等法案，组建了英国欧罗巴航空公司、英国运输委员会以及中央电力局（朱建明，2007）；同时，对国内的电信公司、天然气公司以及钢铁生产厂等企业进行了国有化改革。第二次世界大战后，英国传统行业陷入困境，政府不得不通过国有化改革来解决大面积企业倒闭和工人失业等一系列社会问题。这一时期的国有化运动取得了一定的成效，国有化几乎覆盖了各工业部门以及基础性工业产业，国有企业固定资本投资总额占全国固定资本投资额的比重大幅提升。截至1951年底，英国国有企业员工数已达到218.8万人，国有资产总额占总资产的20%（Andrew，1997）。尽管从整个工业部门经济比重来看，私营经济仍在英国总体经济中占主要地位，但以国家利益为核心的基础设施部门大多由国家控制，政府对经济的影响力随之扩大。

第二次国有化运动开始于1964年威尔逊工党政府执政后，1965～1968年，英国政府先后颁布了一系列新的国有化法案。1965年，恢复了英国钢铁公司的名称。随后，颁布《新运输法》，将部分机场和港口收归国家统一经营管理，并且对160千米以上的货物运输公司进行国有化改制。随着国有化政策的推行，政府在国家经济中所发挥的作用不断增强。同时，威尔逊工党在执政期间，积极采纳了盖茨克尔、克罗斯兰等工党右派发展混合经济的思想，通过为私营部门提供贷款和补助、设立促进私人资本集中和积累的工人改组公司、利用折旧鼓励私人投资等方式，带动发展混合所有制企业的积极性，进一步扩大了混合所有制经济的覆盖范围（陈宝明，1999）。

英国第三次国有化运动开始于1974年，威尔逊和卡拉汉工党政府在执政期间展开了第三次国有化运动。第三次国有化运动一方面扩大了传统工业的国有化范围，同时还开始尝试推进宇航、造船、电子等新型工业的国有化进程。英国政府于1977年宣布组建英国宇航公司，将英国飞机公司、霍克—西德利航空公司、霍克—西德利动力公司和苏格兰航空公司收归国有，并且对部分从事自动化高端技术设备生产的企业进行国有化改造。随后，成立了英国国家石油公司，国有化商业港口和运输设置业。除了将私营公司收归国有，工党执政政府还先后拨款组建了一批国有独资公司和国有与私人合资公司。截至1979年，国有企业在国民经济中的占比大幅度提升，铁路、电力、煤炭、邮政运输等传统工业的国有化程度达到了100%，如表8-1所示，而航空、钢铁和汽车等行业的国有化程度也已经超过了50%。

表8-1　　　　英国各行业国有企业比重　　　　单位：%

行业	1977年	1979~1983年
邮电	100	75
通信	100	25
电力	100	75
石油	25	25
煤炭	100	75
钢铁	75	75
铁路	100	75
造船	100	75

资料来源：联邦德国经济周刊官网，1988-03-27，http://www.wiwo.de/.

在工党执政期间，国有化运动使战后英国企业国有化程度大幅提高，国有化改造多涉及国家主导型的基础工业和高新技术产业（葛承稍，1988）。国有企业经营范围不仅涉及盈利性的商贸活动，还承担起了非营利目的的社会劳务，在能源、电力、钢铁、交通和通信等关系国计民生和国家安全的重要行业内占有举足轻重的地位；同时对航空、电子等高新技术企业以及私人企业不愿经营的设备陈旧、技术落后的国家煤炭局、英国铁路管理局等部门出资进行了系统化的改造。国有企业还主动承包了一系列投资大、回报慢、亏损严重的基础设施和材料行业。1979~1980年，英国最大的21家国有企业中，这类盈利能力较低的企业占比达到50%（佟全福等，2001）。

英国的三次国有化运动对于帮助国家战后重建和国民经济发展起到积极的推动作用，但同时一些束缚国家生产力提升的弊端也随之显现。国有企业所面临的主要问题是生产效率低下。1976年，英国国家经济发展署发表的国有化企业业绩评价报告显示，1960~1975年，英国国有化企业的年平均增长率远远低于制造业的平均增长率。报告还显示，国有企业部门的生产经营出现严重的不平衡问题，部分行业如煤炭、交通出现萎缩，而通信、电力和宇航等行业的发展极为迅速。同时，政府对国有企业自主经营权尤其是财务权的过分干预和管理，妨碍了企业生产经营的自主性，阻碍了企业进行扩大生产规模和再投资。并且，这一时期英国政府对国有企业的管理体制存在缺陷，监管机制不健全，政策缺乏连续性。1976年，英国国家经济开发署调查显示大量国有企业并未遵循边际成本定价原则。

（二）私有化改革阶段（1979~1996年）

20世纪70年代，英国进入经济发展的滞胀期，同时第二次世界大战后，英国政府陷入"政府失败"的困局，其职能范围和规模不断扩张，财政负担随之加重，经济运行效率低下。虽然在第二次世界大战后，工党和保守党为了使英国尽快摆脱战争阴影，建立新兴的福利国家，在经济政策理论和政策制定趋向上达成了共识。但是在20世纪70

年代中期，撒切尔政府为了跳出新形势下的新困境以及控制国家对经济的过度干预，不得不放弃了两党政治共识的基础——凯恩斯主义，转而将货币主义作为新的经济政策的理论基础。

在新自由主义浪潮的推动下，历史上最大规模的私有化改革开始在英国实行（Bortolotti & Faccio，2009），这一时期的私有化改革主要分为三个阶段。

第一个阶段开始于1979年，这一阶段是私有化改革的尝试期，主要表现为开始出售英国石油公司的股份。撒切尔政府将这家公私混合经营的企业近19%的股份抛售给私人企业，并从中获得了近3亿英镑的收入（Feigenbaum et al.，1998）。随后1981年，政府将英国石油公司和英国宇航公司全部出售给私人部门。1983年，撒切尔政府又出售了英国联合港口公司50%以上的股份。同年，英国无线电公司和国际航空公司也全部实现了私有化。这一阶段改革主要针对一些规模较小、在国民经济中不占据主导地位且有一定获利能力的竞争性行业中的国有企业。

第二个阶段是私有化改革全面展开的阶段。1984年，英国政府将英吉利海峡轮渡公司和美洲虎汽车公司的股份全部出售给私人部门；在随后4年内，相继将英国电信公司、英国天然气公司、国家航空无线电公司和英国航空公司全部私有化。

经过第一阶段和第二阶段的国有企业私有化改革，英国38家大型国有企业成功转型为股份制企业，其中采取公开上市方式的企业有16家，整体出售的企业有12家，而采用员工持股方式的有5家（李永杰，1997）。

第三阶段是私有化改革向纵深方向发展的阶段。1988～1997年，撒切尔政府推行"私有化无禁区"改革方式，开始对垄断以及亏损的国有企业进行私有化改革。截至1996年底，英国已经被私有化的国有企业包括英国自来水公司、英国煤炭公司、国家动力公司、北爱尔兰电力工业以及当时最为先进的瓦斯冷却反应堆核动力站等五十几家公司。

英国私有化改革通过将企业所有权分多次地整体出售、公私合营、业务转包给私人部门、企业内部管理层收购、鼓励公民和员工持股、放松政府管制等方式将私人资本和竞争机制引入国有企业（赵西蒙，2009）。为保证私有化的平稳运行，英国政府推行了一系列的监管政策。政府在鼓励国有企业积极参与市场竞争的同时，建立了针对产品价格、服务质量和投资水平的严格监管制度，在私有化的企业中设置独立的监管人员按照"RPI-X"最高价格机制对企业商品的价格进行控制。这种"管价格不管利润"的监管机制使得依靠政府补贴的国有企业进行股份制改革后，在企业效益、资本投入等方面都有明显的改善。同时，私有化改革阶段，出于防止企业间存在不合理兼并、收购而损害国家和民族利益等目的，英国政府提出了股权特别安排制度，制度规定公司经理人应为英国普通公民，任何人和企业对公司的持股比例不得超过15%等。此外，为鼓励本企业职工参与私有化改革，制定了社会公众参与权益制，提供诸如无偿赠与、无限额购买等特殊鼓励制度以激励企业经理人和职工参与国有企业私有化改革。

这一阶段的改革，为英国政府筹集了大约640亿英镑的财政收入，极大地满足了公共部门生产的需求（钟红和胡永红，2015；赵雪，1999）；遏制了通货膨胀，实现了经济稳定增长，1982~1989年，英国年平均经济增长率达到2.8%，高于美国和欧盟其他发达国家（Joseph，1975）；私有化改革后，国有企业的经济效益得到大幅提升，大量亏损严重的企业在私有化后扭亏为盈，混合所有制企业的生存和竞争能力大大增强，成绩较为突出的是英国钢铁、煤电、电信等国有企业。但国有企业私有化改革使企业目标转为利益最大化，忽视了公共服务的重要性，公共投资减少以及国有企业员工罢工等问题的爆发，导致社会阶层冲突不断加剧。

（三）新混合经济阶段（1997~2010年）

1997年，布莱尔政府在延续以往国有企业改革的基础上，提出了"第三条道路"的社会民主主义思想，开启了新混合经济改革阶段。新混合经济既包含对撒切尔政府自由主义经济的认可，同时也包含对传统政府管制的延续。为加强对企业的管理，政府对电力、天然气、供水等私有化公共事业公司设立了独立的管理机构。同时设立政府投资引导基金，每个地区可以为本地区的中小企业提供不高于 50 万英镑的股本投资，用以推动中小企业的发展，支持中小企业创新创业（马永堂，2001）。

这一阶段的改革来源于多元化的经济思想，相比于前两个阶段的改革，"新混合经济"依据国内外经济环境的巨大变化，依靠多元化的思想理论基础，有力地推进了混合经济的发展。

（四）"大社会"改革阶段（2010 年至今）

受 2008 年金融危机的影响，英国政府面临着经济严重下滑和财政赤字巨大的危机。自 2010 年开始，卡梅伦政府提出推行权利从政治家手中让渡到地方百姓和社会的"大社会"计划，认为要解决英国所面临的社会问题，就必须要实现"大政府"向"大社会"的转型，以此来扭转英国经济颓势。该计划一方面通过强调社会责任与公民权利之间的高度相关性，培养公民的社会责任心；另一方面，通过外包、放权和商业化等方式，减少国家控制和国家权利，提升社会包容性和流动性，以此来调动经济增长的活力。

这一阶段注重绿色产业的发展。"大社会"运动阶段，英国政府转变了以往的经济发展模式，从发展绿色经济入手，对从事民生、环保的项目和企业提供资金和政策支持。2012 年，英国政府组建了由政府控股的全球首家绿色投资银行，绿色投资银行是一家从事"绿色"与"盈利"项目的商业机构。成立 3 年内，绿色投资银行在英国境内投资项目超 40 个，投资回报率约 4 倍。绿色投资银行的成立鼓励了更多私有资本投入绿色经济领域中，抑制了绿色产业中出现的市场失灵问题。

"大社会"运动对以往的福利制度改革做出了重要的修正，但依旧没有对缩小贫富差距等问题提出行之有效的解决措施。从整体来看，在国家资本与私人资本相互混合的过程中，英国的混合所有制企业得到了较快的发展。

二、英国混合所有制企业改革方式

英国混合所有制企业的改革主要通过三种方式。第一种是交易出售模式，政府与购买者之间通过直接谈判来完成出售，这种模式大多用于规模较小或亏损严重的企业，购买者需要满足事先确定盈利目标，承诺后期追加投资，同意以优惠条件向员工转让股份等条件。第二种是特许经营模式，购买者与政府之间签订特许经营契约，由购买者代表政府对企业进行运营和管理，在特许经营期限内，购买者享有企业全部的自主经营权，一旦契约到期，政府可以选择更换经营者或是直接执行收回。第三种是挂牌上市，也是英国政府引入私人资本常用的模式之一，企业在证券交易所挂牌上市，分批次完成国有股份的转让。

英国政府采取了一系列行之有效的措施来保证国有企业混合所有制改革的顺利实施。首先，改革注重完善企业法人治理结构，政府在此期间专门设立了股东执行委员会代表政府加强对国有股份的监管，并借此来平衡国有资本与民营资本之间的关系。其次，为避免国有资产在私有化改革过程中被恶意低价出售，英国针对每个行业成立了完全独立于政府的私有化立法和政策制定委员会，委员会负责制定本行业中国有资本私有化的相关法律法规，并且为了合理公平地对国有资产进行估价，英国政府从财务、金融、法律等行业聘请相关专家以及设立专门的审计部门来参与估价过程。此外，英国混合所有制改革遵循渐进式的改革模式，首先将改革重点集中在竞争性、盈利性的国有企业，随后在垄断性、低盈利性的企业中引入私人资本。政府对大型国有企业的改革通常采取拆分企业的方式，按照盈利部门和亏损部门将企业分割为几个小型企业，再根据不同类型的小型企业，对盈利的小型企业先进行混合所有制改革，而亏损较为严重的小型企业则延迟改革，通过这种方式利用优势资源吸引更多的民营资本入股。

三、英国混合所有制企业改革评价

从第二次世界大战结束到现在，经过私有化改革的英国国有企业在产品质量、公司业绩、经营管理等多个方面的水平显著提升。第一，混合所有制改革成功打破了国家垄断，市场竞争的压力迫使企业提高服务水平来满足消费者需求，积极抢占市场份额。第二，产品市场的激烈竞争促使国有企业意识到提高管理水平的重要性，其经营效率也随着公司治理水平的提升而提高。第三，英国混合所有制改革拓宽了股份所有权的范围，为企业带来了更多的股民。私有化改革鼓励工人持股，加强了员工与企业之间的联系，员工持股机制完善了提升工作效率的激励机制。第四，国有企业的混合所有制改革实现了国家财政收入的增加，这是由于，在混合所有制改革中，英国政府出售了大量的国有资产或股份，带来了新的财政收入。同时，国有企业的外部借款一般被视为政府公共支出，企业引入私人资本之后，其被视为政府公共支出的外部借款这部分支出的性质发生改变，公共支出较之前有所减少，政府财政支出也随之减少。第五，政府控制限制了英国国有企业财务自由，导致企业难以从外部进行融资，而混合所有制改革拓宽了企业获得资金的途径，企业内部劳动生产率得到提升，产品价格也随之下降，董事会在战略目标、经营投资等重大问题的自主权限较以往得到了极大的扩展（钟红和胡永红，2001）。

第二节 美国公私合营企业的发展

目前美国拥有世界上最大的资本市场，但美国对政府干预企业这一行为有着严格的控制，在美国交易所上市的数千家美国公司中，并没有一家是由美国政府参股或控股的企业，然而，这并不代表美国未出现过公私混合经营企业。事实上，在美国历史早期阶段，政府参股私人企业是一种十分常见的行为，但随着美国经济发展以及社会需要，政府参股企业的行为被刻意地取消。早在1776年，美国建国后不久就组建了混合股份银行。此后，随着美国股份经济的发展，美国的公私合营企业又得到了一定程度的发展。

一、美国公私合营企业发展阶段

从18世纪美国公私合营企业出现开始，其发展大致经历了六个阶段，其中美国公私合营企业真正得到充分发展是自第二次世界大战结束后才开始的。

（一）政府支持企业发展阶段

18世纪末到19世纪初，美国政府在银行、铁路、运河等行业都有参股。处于资本主义初期的美国采取政府支持企业的政策措施，并从中获得了诸多好处，但政府常作为企业股东的行为会导致一系列的内部利益冲突。事实上，出于投资回报以及保护经营自主权等方面的考虑，联邦政府以及各州政府为避免由于竞争加剧而危及投资的财务回报率，通常不愿在同一行业中投资新的企业，并且国家虽然有权任命董事，但为了给予企业经营自主权，被任命的董事一般不行使其表决权来干涉企业经理层的经营决策。虽然政府竭力限制对企业的控制和干涉，但由于1837年经济萧条以及部分国家的不良投资，使部分政府参股企业的行为受到质疑，政府不得不直接取缔了这些由政府提供支持的混合所有制企业。

这一时期较为典型的公私混合经营企业是美国第一银行。1791年，美国政府参股美国第一银行。当时政府预言，政府参股美国第一银行，是公共使命与私人经营的有机结合，这种公私股权和经营模式是美国发展混合所有制企业的标志性模式（路乾，2016）。美国政府认为，国家参股的形式使美国第一银行在处理私人财产问题的同时，也能成为实现国家宏观调控的重要政治机器。为消除公众对于政府过分干预而带来风险的顾虑，美国政府将第一银行的发展原则定位于自身利益最大化，而非为满足公共政策的需求。政府的主要职责是监督美国第一银行的业务运行。但随后，为了解决政府对第一银行的债务问题，联邦政府将其持有的20%的银行股份全部出售以抵偿债务。

（二）政府持股实验阶段

19世纪中期，这一时期美国公私合营企业的发展并不明显，这是由于联邦政府为推行财政改革，大多数州的宪法都禁止政府持有私人企业的股份。这一阶段，较为典型的混合所有制改革包括美国第二银行以及联合太平洋铁路局的政府持股实验。

美国第二银行于1816年成立，联邦政府持有其20%的股份。但与其在美国第一银行上的失败经历不同的是，美国第二银行的董事会治理结构成为之后各州效仿的标杆模式。新的公司章程规定，政府可以任命5名董事会成员，协助公司其余董事并对公司的日常经营活动进行监督。虽然这种董事会结构与国家的出资额相匹配，但这种政府委派董事参与经营的行为仍旧存在争议。并且，美国第二银行出于对利益冲突的考虑，存在向政府派驻董事隐瞒公司经营决策信息的行为，导致政府与公司之间出现信息不对称问题。

19世纪末，联邦政府持股实验对象是1862年国会特许成立的联合太平洋铁路局。政府放弃通过拥有股票所有权的方式，而是利用土地补助或贷款等政府补贴的形式，向企业派驻两名董事参与监督日常经营，但政府委派董事依旧受到公司内部其他董事的抵制，且被搁置在企业董事会议之外。

（三）公私合营企业迅速发展阶段

第二次世界大战结束后，美国的公私合营企业随着国家私有化的进行得到了蓬勃的发展。在第二次世界大战期间，美国投入建设费用达450亿美元，其中国家出资282亿美元，占总投资额的2/3，私人部门投资额占总额的1/3，这其中用于军事建设费用达220亿美元，其中

73%由国家负担，27%由私人部门承担（美国经济顾问委员会，1960）。直到第二次世界大战结束，在美国国民经济的各个领域中仍分布着大量国有工商企业和军工企业。由于第二次世界大战后私有化在美国兴起，并且联邦政府秉持着不干预私人企业经营的原则，美国政府除了大量出售为满足战时需求而建立的国有企业外，还积极与私人企业合办军火公司，这种公司被称为公私合营企业。公私合营军火企业在20世纪50~60年代之间实现了迅速发展，几乎所有的大型私人军火企业都有政府参股。这类由政府和私人军火公司联合出资组建的公私合营企业，实现了国家所有制和私人所有制在同一企业内部混合成长的模式，这类企业也被称为混合所有制企业。

（四）公私合营企业调整阶段

20世纪60年代末期，美国经济开始陷入萧条期，尤其是在70年代，第二次世界大战后最严重的经济危机爆发，种种原因导致美国在整个70年代都被"滞胀"问题困扰，因此政府不得不着手对公私合营企业做出调整。一方面，联邦政府对公私合营企业的政策进行调整，减少干预与适度加强调节交替进行。70年代初期，美国公私合营企业得到了充分的发展，这一时期政府对混合所有制企业实施一定程度的干预和调节，联邦政府与各州政府对公私合营企业的发展给予适当资金和政策上的支持。但70年代后期，由于公私合营企业发展过快，政府被迫对其干预和调节政策做出调整，改为严格控制参与私人企业的经营决策。因此，70年代以后，政府相继从实力不断壮大的私人军工企业主动退出，以促使企业拥有更多的经营自主权。但与此同时，某些行业中的私人企业因经营不善而需要政府扶持的话，联邦政府依旧会对这些企业提供必要的干预与调节。另一方面，政府参股并非局限于某些固定的行业，而是视国民经济需求以及行业发展状况而定，因此美国公私合营企业可能在某一阶段是为重点发展某些行业的重要手段，但在另一阶段可能又在其他行业得到充分的发展和运用。以美国铁路部门为例，虽然铁路部门一直是联邦政府重点管控的领域，但在第二次世界大战结束后的很长一段时间里，铁路部门都由私人垄断组织所控制，直到20世纪60年代，铁路客运和货运业经营状况持续恶化，为解决铁路部门经营困境，联邦政府出资与私人公司合作组建公私合营企业，试图以此来推动铁路部门的发展。

（五）多种形式公私合营企业发展阶段

20世纪80年代，美国各种形式的公私合营企业得到极大发展的原因主要在于，一是适度干预和减少调节交替的模式发挥了较大的作用，二是虽然私人垄断资本对国有企业不友好，但并不排斥公私混合所有制企业，与此同时美国经济增速回升也为企业劳资双方的合作创造了更多的便利条件，并且极大地加快了职工所有制企业的发展速度。在此期间，联邦政府一方面发展政府与私人合营的混合所有制企业，另一方面通过政府职能转让、经营权租赁或是员工持股等方式将电力、供水等行业的国家所有权部分转让给私人。

在此阶级，一种新型混合型的政府资助企业（government sponsored enterprises，GSEs）出现在美国市场中。到20世纪90年代，政府资助企业达到6397家，其中包含45家联邦政府控制公司（石颖和黄群慧，2017）。政府并不享有政府资助企业的所有权，只是对其债务提供隐含担保，企业由私人控股或拥有，在交易所上市，并且要实现公共目标，弥补市场失灵。在公司治理中，政府的权力仅限于总统对公司少数董事的任免。虽然这种混合所有制形式减少了企业股东内部利益冲突，但极易造成股东和管理层之间的利益偏差。美国较为典型的政府资助型企业分别是支持住宅按揭二级市场的联邦国民抵押贷款协会——房利美（Fannie Mae）和联邦住宅贷款抵押公司——房地美（Freddie Mac），两家公司均由联邦政府授权享有不同的法定特权，先后在纽约证券交易所上市，政府通过向企业债务提供隐形担保的形式对其提供支持。

（六）政府救市阶段

2008年金融危机爆发，美国政府开始对私有企业股份进行前所未有的大规模收购，联邦政府成为美国国际集团、花旗集团、通用汽车等大型企业的控股股东。但事实上，美国政府一直扮演着"不情愿的股东"的角色，政府一般倾向于持有比一般商业企业惯例更低比例的股份。金融危机爆发后的政府对私有企业的救助基本上是采取针对不同企业分别制定相应政策的方式。以通用汽车公司为例，联邦政府在其破产程序中，利用现有贷款来换取企业控股权的方式，但美国政府持有公司股份，任命了董事会中的大部分董事，却并不对公司的日常经营进行直接的干预，混合所有的经营模式在通用汽车也只持续了5年。与之不同的是，美国政府对房利美和房地美的干预程度极大，在2008年将两家公司纳入监管机构，并在2012年，美国财政部以牺牲私人股东利益为代价将企业的未来利润转移给政府，政府的"净值扫荡"行为被认为是对私人投资者资产的非法侵占。到目前为止，为遏制政治干扰的风险，除了房利美和房地美外，政府基本上已经将金融危机时期获得的私有公司股份全部回归私有。

二、美国混合所有制企业的主要模式

美国混合所有制企业包括多种模式。第一种是政府和私人合伙经营的企业，这类企业是一般意义上的混合所有制企业。其中最为典型的是20世纪60年代的美国公私合营的军工企业，如在美国波音飞机公司、北美飞机公司等13家大型由国家所有与私人所有组成的军工企业中，国家固定资产所占比例超过公司总资产的50%，总价值约达15亿美元，而属于军工业垄断组织的私人固定资产价值约为14亿美元（达林，1975）。如表8-2所示，美国波音飞机公司、道格拉斯飞机公司和北美飞机公司的国有资产在这三家公私合营军工企业中占有较大的比重。除此之外，对于转包给私人的国有固定资产，美国政府还会就其损耗拨出专款来补偿和更新这些私人承包商。

表8-2　20世纪60年代波音飞机公司、道格拉斯飞机公司和
北美飞机公司固定资产情况　　　　　　　　单位：%

公司	国家资本占比	公司自有资本占比
波音飞机公司	70.4	29.6
道格拉斯飞机公司	67.4	32.6
北美飞机公司	73.3	26.7

资料来源：谢·阿·达林. 第二次世界大战后美国国家垄断资本主义[M]. 上海：三联书店，1975.

第二种是由政府提供资金或贷款、私人垄断组织经营管理的混合所有制企业，较为典型的是铁路货运行业和美国国际集团。20世纪80年代，美国铁路货运亏损日益严重。1973年，包括宾夕法尼亚中央公司在内的7家全国大型铁路货运公司宣布破产。为改变这种状况，美国国会成立了新的独立机构，用以筹备美国东北部和中西部铁路货运公司的改组计划。1975年，该机构提议对这7家破产铁路货运公司进行改组，联合成一家全新的由政府提供资助、由私人垄断组织经营的大型公司。随后这项提议在美国国会顺利通过，国会通过立法支持和40亿美元的资助来联合铁路公司并改善铁轨等设施，以此来激发铁路货运业的活力。2008年，美联储又先后承诺了850亿美元和378亿美元的救助，获得了美国国际集团79.9%的股份，并拯救AIG估价持续下滑危机，同年11月，政府又通过了问题资产救助计划向企业投资更多资金（石颖和黄群慧，2017）。

第三种是政府将国有企业权力赋予私人企业。这类国有企业名义上归国家所有，但实际上其生产资料所有权仍由私人垄断资本所控制，如，美国为改变通信卫星行业缺乏国有企业的问题，联邦政府赋予部分经营通信卫星的企业行驶国有企业职能与权利。

第四种是政府职能转让给私人企业。在美国混合所有制改革的过程中，政府将国有公共事业部门的政府职能转让给部分私人企业，如，州与地方政府通过签订契约的方式将市政建设和服务承包给私人企业。这

种方式在20世纪80年代得到了大面积地成功推广，1983年美国城镇市政服务私有化较十年前增长了十倍以上（普尔，1987）。

第五种方式是兴办工人股份制企业。这类混合所有制企业由单位的员工共有和管理。员工按照一人一票制持有公司股份，公司管理者直接或间接由公司持股员工选举，并且这些员工参与公司产出和剩余价值的分配。

三、美国混合所有制企业发展的成功经验

美国政府采取了多种参与形式与私人资本共同组建公私合营企业。第一种是充当不具有表决权的优先股股东，美国国有资本在公私合营企业中作为没有表决权的优先股股东，通过持有优先股来排除对私人资本的"隧道"挖掘、直接干预企业经营的风险，从而更好地实现国有资产保值增值（郑志刚，2015）。第二种是政府作为债权人或第三方向私人企业提供贷款、赠款或者债务担保。联邦政府作为债权人，并不参与企业的日常经营，仅定期向企业收取利息和成本，作为提供债务担保的第三方，这种经营方式能够有效地规避国有大股东干预企业的风险，同时作为债权人的政府在行驶监督者职责时更加具有积极性，而企业则更有动力提高生产水平尽早还清本金和利息。第三种是国有资本在公私合营企业中有进有退。美国的经济政策崇尚自由主义经济，在市场不景气的情况下，联邦政府大量增持私有企业股份，而在市场恢复元气后，则选择按照预先约定从企业中退出。

美国的公私合营企业建立了科学制衡的内部治理机制。美国采取单一制，不单独设立监事会，而是由企业的独立董事行驶监督职能，国有资本能够做到切实履行监督职能。同时，美国混合所有制企业中政府通常作为不具有表决权的优先股股东。董事会成员的选举按照股权比例或者是由无表决权的外部股东决定，公司的高层经理人则由公司董事会依据市场原则任免。这样既能避免政府作为股东对企业的过度干预和调节，同时也能保证经理人具有相对自由的经营决策权。

美国政府为公私合营企业的发展建立了良好的外部制度环境。美国是当今世界上信息披露制度较为完善、立法较为成熟的国家之一，政府借助严格的信息披露制度等市场监管方式，掌握企业基本运营情况。一方面，美国拥有十分严密的法律体系，宪法、联邦法律和各州立法为投资者利益提供了有力的保护措施。一旦企业从事不法行为，美国政府出于维护社会大众利益的角度将对企业做出制裁。另一方面，新闻媒体在美国社会中具有强大的舆论引导和信息传播能力，在混合所有制企业发展的过程中，美国利用完备的媒体监督等环境监督对混合所有制企业运行中存在的不良行为做出潜在约束。

第三节 日本的公私合营企业

在日本，公私混合企业一般是指由国家、地方公共团体或政府所属机关设立的事业团体，其目的是为了在大型项目工程建设过程中提高效率、引进民间资本、加强经营能力。政府或地方公共团体一般持有公私混合企业的一定资本，虽然其中有一部分资金来源于政府，但公司内部也需要民间资本，其一般采用商法、民法等法律规定的股份制公司或是有限公司的形式募集。通过对日本公营企业和民间企业的优缺点比较，可以发现日本公私混合企业的经营目的是最大化公营企业的优势，实现公益和盈利目的的统一，并且在此基础上尽最大可能排除政府的干预，优化公营企业的经营模式，刺激工作效率的提升，在所有权和经营权问题上明确公共部门与民间部门的权责界限，如表8-3所示。

表8-3　　　　日本公营企业和私营企业优势劣势对比

公营企业		私营企业	
优势	劣势	优势	劣势
注重公益性	盈利意识不强	注重盈利性	忽视公益性
经营目标稳定	做决策所需时间长	经营决策灵活	经营目标不稳定

续表

公营企业		私营企业	
优势	劣势	优势	劣势
经营风险性小	经营管理缺乏诀窍	经营管理诀窍丰富	经营风险性大
技术及设备先进	缺少自主经营管理权	经营管理自主性强	技术薄弱
易于达成协议	资金不充足	资金流通能力强	易于形成个人垄断
关注长期效益	工作效率较低	工作效率较高	关注短期效益

资料来源：佟福全等．西方混合所有制比较[M]．北京：经济科学出版社，2001．

一、日本混合所有制企业的发展历程

第二次世界大战后，日本的公营企业在国家经济重建、解决失业问题等方面发挥了重要的积极作用。以开发型为主的公私合营企业得到了迅速发展，如青森县陆奥小川原株式会社、北海道苫小牧东部开发株式会社、茨城县绿岛城市开发等。但自20世纪70年代开始，日本遭受了两次严重的"石油冲击"，日本公营企业相继出现严重亏损，发展进入停滞期。1985年，日本国有铁路累计亏损达14.12万亿日元，是其当年营业收入的4.7倍，按照当时民营企业的标准，日本国有铁路已经处于破产状态（陈建安，1996）。为减轻财务负担，恢复经济活力，日本政府采用渐进式的改革方式，向国有资本内注入民间资本恢复活力，发挥民营企业的优势，让民营企业在公营企业占据主导地位的领域获取更多的竞争空间。为此，政府相继出台了《民活法》《在地区经营中发挥民间活力》等政策办法，将大力发挥民营企业活力作为扩大内需、振兴经济的重要方式之一。

20世纪八九十年代，日本公营企业改革主要是针对日本电信电话公社、日本专卖公社和日本国有铁道公社进行混合所有制改革，引入民间资本，这一时期的改革取得了一定成效。1981年，日本第二届临时行政调查会在咨询报告中提出了对三公社（日本电信电话公社、日本专卖公社、日本国有铁道公社）的民营化改革方案（Toyama，1998）。20

世纪 80 年代开始，根据《民营化法》，日本电信电话公社改革为日本电信电话公司（NTT），日本专卖公社改革为日本烟草股份有限公司（JT），日本国有铁道被分割为北海道、西日本等 6 家客运铁路公司和日本货运铁路股份有限公司（JR）（Imai，2009）。根据法律规定，在改革初期，这些企业是由政府拥有全部股份的特殊公司，若干年后再将部分股份出售给私人，成为公私混合所有制企业。NTT 在民营化的最初五年，政府仅能出售公司全部股份的 1/2，在民营化结束时，政府须持有公司 1/3 的股份。在 1985 年 NTT 开始改革后，政府持有 NTT 的 51% 以上股份。随后，NTT 与日本邮政省和日本电信监管局达成协议，于 1999 年分割成一家长途和国际电信业务公司和两家区域业务电信公司，直到 2003 年，日本政府对 NTT 公司的持股比下降到 46%（曹洁和侯珺然，2009）。原则上政府需要持有 JT 一半以上的股份，但在 1987 年日本废除《日本航空公司法》后，JT 由政府持有 1/3 股权的公私混合企业变成了完全没有政府参股的民营股份制公司。日本邮政业由邮政、邮政储蓄和邮政保险三部分组成，其中邮政储蓄和邮政保险管理着日本将近 1/4 的个人金融资产，但长期以来邮政业都无法摆脱效率低、竞争弱的国有服务业通病（解石雯，2005）。因此，进入 21 世纪，以小泉纯一郎为首的日本政府大力推行以民间资本为主导的新型经济结构，日本邮政业的所有制改革被视为改革的核心（Mizutani & Uranishi，2010）。2003 年日本成立了由国家控股的邮政公社，按照民营企业的方式受国家部门审计，进行独立核算，在一定程度上实现了邮政业的健全化和效率化（Porges & Leong，2006）。随后在 2007 年，日本政府取消邮政职员的国家公务员编制，分批出售公司股份，废除政府对储蓄和保险业的干预和进入。

　　日本通过组建公私混合企业的方式，使民营资本的活力在资金、经营、体制和组织等各个方面都得到了充分的发挥。除此之外，放宽经济和行政限制、推进公营企业民营化等措施也为新型公私混合企业的设立以及传统公私合营企业注入了新的活力。

二、日本公私合营企业的特点

日本公营企业的混合所有制改革的一个显著特点是第二次世界大战后大力推行国有化战略存在矫枉过正的问题。在第二次世界大战后，受英美等国大力推行国有化的影响，国家垄断主义对社会经济进行干预和调节的浪潮风靡整个日本，公共事业和社会基础设施等领域的企业的国有化尤为突出。日本在 1949 年成立国家钢铁公司，随后成立国家煤炭株式会社，在经济复苏时期将这两家企业作为国家投资重点，采取倾斜生产方式。但是随着科技水平的进步，钢铁、煤炭这类传统工业在国民经济中的地位逐渐被削弱，取而代之的是现代企业公路运输业和高新技术产业在国民经济中逐渐占据主体地位。1950~1980 年，日本能源供应总量中煤炭所占比重由 58.4% 下降至 17%。这一时期，英、法、美、德等国家同时面临着相同的产业结构变化问题，但这些西方国家对过度国有化问题的矫正都是适时合理的，大体上符合产业机构发展的基本规律和要求，有利于本国经济发展，而日本的所有制改革最终使煤炭和钢铁等传统工业完全实现了私有化，其利用私有化对过度国有化问题的矫正存在矫枉过正现象，并不符合国家经济发展的实际需要。

日本公私合营企业具有种类多、数量大和范围广的特点，截至 1993 年，地方公共团体出资额占法人或公司总资产 25% 以上的财团法人 3327 个、社团法人 395 个、股份公司 1216 个、有限公司 61 个，占法人或公司总资产 25% 以下的法人 1587 个（陈建安，1996），涉及领域包括城市开发、旅游、教育、医疗、娱乐、农业、环境保护等行业，其中地区与城市开发、农林水产、教育文化行业占比分别为 40%、10%、10%。日本公私合营企业按照功能具体可以分为五类：考虑到劳务和业务管理的专业性，将社会福利机构、调查研究机构等部分地方公共团体交由公私混合企业经营，并向其支付委托费和补助金；针对经营基础薄弱及高新技术领域，如中小企业振兴公社、信用保证协会等，政府与地方自治体将其交由公私混合企业管理，并向其提供金融支持；从保持民间活力和实现多元化经营的需求出发,地方公共团体通过持有一定比例的股份等方式实现其在从事地方公有事业和土地与建筑物委托事业的企业中占有主导地位,这类企业包括土地开发公社、住宅公社、地方道路公社等;对于公社民营医院等,日本政府将其设施租赁给公私混合经营企业,并按照独立核算原则进行运营;出于促进行业发展的目的,日本政府对新媒体开发事业、热供应事业等以民间经营为主的行业提供一定的资金与补贴。

日本公私合营企业的起步虽然较英、美等西方国家晚,但其民营化改革的范围和程度较其他国家更为深入。在第二次世界大战后的国家经济恢复期间,针对特定社会团体和企业经济活动日本政府设置限制规则,即国家规制,通过政府和民间的配合对经济、社会发展起到了积极的作用。但随着国内外环境的变化,受高新技术产业迅速发展、消费意识和需求高级化等多样化背景的影响,日本政府将放宽国家规制作为振兴经济和焕发民间活力的重要政策手段,先后在邮电业、烟草业和运输业等诸多行业实行民营化。一系列的改革使国有经济占比大幅缩减,除了军事、电信行业外,大多数国有企业,包括基础设施及有关国民经济命脉等自然垄断行业中的大型国有企业都被政府以低价拍卖等优惠方式出让给私人企业(潘石和李莹,2012)。截至20世纪70年代中期,日本中央政府和地方政府所有企业占纯资产总额的9.2%,占总固定资产总额的11%,占总就业者人数的4.7%(陈建安,1996),但该比例不及英、法等国的一半(伍柏麟,2006)。一方面,规制的放松给既得利益者带来了冲击和威胁,却给予了新事业者更多的商机。由于新事业者的进入,能源、运输、金融、证券等行业内部引进了竞争机制,推动效率较低企业走向生产经营的合理化和效率化,为公私合营企业的发展营造了更为宽松的外部环境。另一方面,日本国有企业过度民营化,令国家缺乏直接干预社会经济的重要手段,其带来的危害与隐患也十分严重。

日本国有企业改革采取先改制再出售的渐进式改革战略,其股权改造先在国有企业中注入私人资本,令所有权与经营权完全分离,引入市场竞争机制，提高企业的效益和效率，从根本上扭转企业日益恶化的财务状况。然后在条件成熟时，进入民营化阶段，出售公私合营企业中的国有股份。

三、日本混合所有制企业改革正负效应

第二次世界大战后，日本混合所有制改革取得了极大的成功，公私合营企业的发展对经济社会发展有显著的促进作用。

改革促进了企业经营方式的转变，经济效益明显提升。引入私人资本前的日本国有企业机构冗杂、效率低下，改革打破了官僚体制，实现了减员增效和经理层民主决策。改革前企业做出的经营决策往往需要逐级传达执行，基层缺乏灵活性和自主性，劳动者的积极性得不到有效发挥，改革后国有资本不再直接参与企业决策，企业经营者能够吸纳基层合理化建议，基层劳动者的积极性被充分调动，企业经济效益得到明显提升。改革前的日本国有企业普遍存在亏损严重的问题，需要依靠国家补贴维持企业运营，但混合所有制改革使国有企业扭亏为盈，减轻了国家财政压力。以日本国铁为例，1985政府对其提供6001亿日元的补贴，其应支付税款为478亿日元。引入私人资本后，1991年日本国铁应纳法人税4443万亿元，政府向其提供补贴1082亿日元（潘石和李莹，2012）。此外，改革前的国有企业产权主体虚置、缺位问题严重，公司经营者和员工对企业财产关注度并不高，公司财产与经营好坏没有直接联系。改革增强了劳动者与企业之间的联系，劳动者对企业财产的关注度增加，产权收益率明显提升。

但日本国有企业公私合营具有一定的负面效应，这是由于日本急于转卖国有资产，使国有资产蒙受了极大的损失。日本部分国有企业是第二次世界大战后在美国的扶持下或是国家直接收购优质民营企业而组建起来的，这类国有企业的资产优质、科研人才出色、公司治理结构合理、企业经营经验丰富。事实上，日本国有企业之所以长期处于亏损状态，是由于企业内部官僚体制盛行，经营决策违背市场规律，经营管理

混乱等原因导致的。事实上，官僚体制问题本就应利用国有企业体制改革来解决，但日本政府却试图通过出卖国有股份的方式解决，更加导致国有资产流失严重。据估计，日本在整个国有资产出售过程中所导致的国有资产流失高达几十万亿日元。同时，日本出售国有资产所获得的收入大部分用于清偿债务和非实体经济，这是因为20世纪六七十年代，日本为发展经济向国外大量举债，因此日本利用此时出售国有资本的大部分收入来清还美国的利息和债务以及民间借款；另一部分收入用于发展第三产业和非实体经济，使第三产业在国民经济中所占比重大幅上升，虽然这部分资金的利用具有一定的合理性，但其中非实体经济发展过度，导致产业空心化和金融泡沫化等问题随之而来。此外，国有企业失去对自然垄断行业的绝对控制，国家缺乏直接支配物资的权利，使其缺乏对自然灾害等突发性不可抗力事件的支撑和保障。

第四节 法国混合经济公司发展

在西方国家中，法国的混合经济制度表现出有别于其他国家的独特之处。在法国，公营企业与私营企业并存，市场经济与计划经济并存。法国混合所有制企业内部国有资本与私人资本相融合，通常被称为混合经济公司，这类公司是法国混合经济的缩影，在混合经济中占有极为重要的地位。作为西方国家中国有经济成分相对较高的国家之一，法国混合经济公司分布在国家经济的各个领域，包括航天工业、保险、能源、运输、广播等。除全国性的混合经济公司外，法国也有大量的地方性混合经济公司存在，即政府与私人在一个股份有限公司内的联合形式，这种联合形式中国有资本要占多数股份。地方混合经济公司在20世纪八九十年代得到了充分的发展，1997年法国地方混合经济公司占全国混合经济公司的比重为65.3%（林兆木等，1994）。

一、法国混合经济发展历程

法国国家参股经济活动的做法最早可以追溯到 17 世纪，随着公司组织形式的出现和完善，国家参股私人企业也逐渐发展起来。在第一次世界大战结束后，随着法国经济的复苏和发展，国有资本参股私人企业逐渐频繁、活跃，相继建立了大量具有行政管理职能的公私混合经济组织和企业。随后，在 20 世纪 30 年代，国家采取收购或参股的方式挽救"大危机时期"濒临破产的私人公司，如法兰西航空公司、泛大西洋航运公司和开发罗纳河水利公司等。第二次世界大战后，伴随着国家经济新一轮的重建和复兴，高新技术逐渐兴起，全球竞争加剧，法国先后掀起了三次国有化运动，国有资本的参股范围进一步扩大，参股数量和份额逐渐增多，国家参股在国有化运动的过程中得到了渗透和发展。

（一）国有化运动第一阶段

第一阶段国有化运动开始于 1945 年，结束于 1974 年，这一时期法国国有经济得到了迅速发展。第二次世界大战结束后，法国国内基础设施和工农业生产遭到重创。为扭转经济等各方面衰退的局面，以戴高乐为首的法国政府出台了一系列国家干预政策来医治战后创伤，发展国家经济，第一次国有化运动随之开启。

第一阶段的国有化运动高潮开始于没收在战争期间与纳粹合作经营的企业。这一阶段的改革重点放在发展基础工业和金融体系上，在煤炭、汽车、银行和航空等领域大规模推行国有化。政府相继组建了法兰西电力公司、法兰西煤矿公司、法兰西煤气公司，并对在战争期间与纳粹合作的雷诺汽车公司实行国有化改革，组建了国有雷诺公司。在金融领域，政府针对银行和保险也开展了国有化运动。对法兰西银行以及 4 家大型商业银行和 34 家保险公司分别实行了国有化改革。随着国有化程度不断加深，已经国有化的私营公司的下属子公司也陆续引入了国有资本，成为国家参股公司。国有化浪潮有力地推动了国家经济的发展，1950~1959年，法国工业年平均增长6.1%，国民生产总值的年平均增长率达到4.8%（王朔和张浩，1997）。在20世纪50~70年代之间，法国政府除了对原有的国有企业进一步调整和重组，同时还兴建了大量工业企业和高新技术企业。政府进行经济刺激和国有化运动的同时，也对私人资本的发展给予了相应的重视。到20世纪60年代末期，法国已经形成了国有资本与私人资本共同发展，国家干预与计划经济共同存在的混合所有制经济制度。

第一阶段的国有化运动使法国国家参股企业和国家经济都得到了极大的发展。在改革末期，法国拥有国有独资企业150余家，政府持股比例在30%以上的混合经济公司达1000家以上（王金存，1999）。法国的部分经济指标通过改革也有所回升，1970~1974年达到了投资增长率的高峰，GDP年均增长率达6.2%，GDP中生产性投资占比达到13.3%（罗红波和戎殿新，2000）。

（二）国有化运动第二阶段

第二阶段国有化运动改革开始于1974年，最为显著的特征就是开始重新关注私人资本和市场经济的重要作用。由于受到"石油危机"的影响，第一阶段国有化运动所带来的经济水平高速增长的局面逐渐消失，经济开始出现衰退下滑。以德斯坦为首的法国政府，面对本国失业率攀升、赤字增加、物价疯涨以及经济增长缓慢等严峻形势，提出了经济由"管理主义"向"自由和竞争经济"过渡的全新发展理念。"巴尔计划"就是专门针对这一理念而提出的，其经济稳定纲领包括抑制通货膨胀、提升竞争力、促进外贸平衡，尤其强调发挥自由竞争在市场中的作用，削弱国家宏观计划的调节和干预作用。然而，"巴尔计划"并未达到其预期效果，一直到20世纪80年代，法国经济增长仍处于下降趋势，1976年的经济增长率为4.7%，这一数值到1979年下降为3.5%，到1980年已经低至1%，通货膨胀、失业率攀升以及贸易逆差加大等问题愈发严峻（何自力和郑子彬，1994）。

(三) 国有化运动第三阶段

1981年，法国开始推行新一轮的国有化运动，开始重新恢复国家对经济的计划与干预。为解决第二阶段国有化运动后仍旧低迷的国家经济，以密特朗为首的法国政府，放弃了自由主义的政策，采取较为激进的措施开展更大规模的国有化运动，即法国式社会主义。在此期间，国有化的范围主要包括12家大型工业集团，其中一些完全进行国有化，另一些是政府强制性参股或将国家债券转为股权来实现国有化，如对常年亏损依靠国家贷款维持的北方联合炼铁公司以及洛林炼铁公司采取了债权转为股权的方式，大幅提升了国有股份的比例；而对大型军工集团——马塞尔·达索·布雷盖集团以及由德资控股的罗塞尔·尤克拉夫公司则是通过谈判的方式提升国有控股的比例。第三次国有化运动的规模与速度要高于前两次，国有涉及的公司并不只局限于本国境内的公司，同时也包括世界性大型跨国工业集团以及法国在国内和国外拥有的众多子公司。法国这种典型的"混合经济"对国家参股制起到了积极的推动作用，政府加强了在工商部门以及银行等行业的控制地位。到1986年，法国政府直接或间接控制的国有企业达4000家，员工235万，占当时全国职工人数的16.7%，政府在煤炭、石油、天然气等行业控股超过80%，对汽车、航空、武器弹药、运输、自动设备等部门控制达到40%~80%（牛慕鸿，1998）。法国经过"国有化"运动，1982年政府控制了全部银行存款的90%，全部信贷的85%。在非金融领域，政府控制了100%的公用事业、84%的航空工业、75%的军火工业、63%的有色金属工业、54%的基础化学工业、44%的家用和办公用的电子工业（何光辉，2005）。国有企业占全国企业销售额的30%，出口总值的1/3以及生产投资的30%以上，政府财政收入得到了极大的改善（王与君，1998）。

(四) 私有化浪潮

20世纪80年代中期之后，受资本主义世界私有化浪潮、希拉克政府经济自由化主张以及国家投资率低、直接融资比重低、参股制缺陷等因素的影响和冲击，法国私有化运动势在必行。政府利用股权转让、兼并等方式，对国有资产进行优化配置和结构调整。

1986年，法国开始了自第二次世界大战以来规模最大的私有化运动，颁布了私有化法案对国有企业进行改组。法国的私有化运动主要通过民众股东制、雇员股东制、核心股东制等在市场上公开拍卖以及在市场外交易出售股份等方式实现。政府相继出售埃尔夫·阿基坦石油公司11%的股份，挂牌上市圣戈班化学公司，公开拍卖巴黎—荷兰金融公司等十几家企业。为保证私有化运动有法可依，法国国民议会通过了《关于授权政府采取多种经济和社会政策的法律》《关于私有化实施方法的法律》等相关法律，同时政府还成立了"私有化委员会"领导国有企业股份化、私有化改组。

随后在1993年，以巴拉迪尔为首的法国政府开启了新一轮的私有化运动。1997年，面对提高经济效率、开放欧洲电信市场的压力，法国政府在对世界第四大电信公司——法国电信公司重新进行私有化可行性评估后，宣布向社会公开出售其20%~25%的股权，这次改革是截至当时法国规模最大的一次国有企业股份制改革，法国电信公司资本开放为国家获得了大约400亿法郎的财政收入（廖杜平，2000）。法国电信公司私有化的成功推行，极大地推动了私有化运动的深入开展，一些包括法国航空公司、法国宇航公司在内的大型工业公司，包括里昂信贷银行、埃韦银行在内的银行集团以及部分保险集团相继引入了私人资本。成立于1946年的法国电力公司，自21世纪开始便受到缺乏自主权、机构臃肿、缺乏竞争意识等问题的影响，政府利用金融市场进行部分股权转让，鼓励民众和员工认购股份，重新焕发生机，最终使其发展成为具有世界级工业竞争力的大型混合经济企业（肖耿，2007）。

尽管法国私有化运动较英美等国开始较晚，但其效果显著，国有企业的资本开放为国家财政带来了大量收入，这些收入一部分用于扶植其他国有企业，另一部分用于偿还国家债务。注入新资本后的混合经济公司不仅减少了自身对国家的依赖，同时也提高了其在全球市场上的竞争力，一些实力雄厚的大型混合经济公司逐渐有能力购买或兼并国外的大型公司，对国民经济发展起到了积极的推动作用。如进入21世纪后，法国电信公司与阿拉伯银行共同购入了约旦电信公司40%的股份，随后法国电信公司又兼并了英国的第三大电信公司——奥兰治公司。2004年，法国又颁布法案成立法国政府股权管理机构。2011年，新法案拓展了政府股权管理机构的目标，政府积极参与到各国有企业的战略制定等重大决策工作中（关琦，2013）。但法国铁路、石油、国防军工企业、电视文化企业仍由国家控股（林修凤和游栋明，2008）。

二、法国发展混合经济公司的特点

虽然法国与英美国家一样都属于资本主义国家，但相比之下，法国的市场经济有较为浓重的国家干预色彩。在法国经济中，混合经济占有较大比重，而国有资本在混合经济中所占比例相对较大。

法国对混合经济公司一般采取直接持股和间接持股的方式。间接持股是通过银行等金融机构来持有公司股份，这种投资方式中，政府并不直接干预企业的日常经营活动，但要对企业进行必要的监督与管理，政府会委派稽查特派员参与企业的经营决策，对企业的状况进行监管，特派员有权在一系列的企业事项中发表意见。直接控股比例决定国家对企业经营决策的控制程度，控股比例超过50%，政府在董事会中的表决权占到半数以上，可以决定利润分配等事务（高伟彦和张春霖，2003）。一旦控股比例超过66%，政府在董事会中的表决权占到了2/3，有权对企业经营的重大事项进行决策。

针对不同性质的混合经济公司，法国政府采取不同类型的监管方式。对于竞争性混合经济公司，企业在市场经济的环境中自由独立运作，除了对财务、税收、人事等重大经营决策和方针进行适当的监管外，政府基本不干预其经营活动，管理较为宽松。而对于能源、电信、运输等垄断性的混合经济公司，国家一般采取直接任命高层管理人员，并对企业的产品和服务价格实行严格管制，企业投资规模和重大建设项目由国家经济和社会发展基金会进行管控。

  法国混合经济公司产权归属清晰,产权交易保护制度健全。法国混合经济公司中,国有产权的唯一主体是国家,非国有产权主体包括私营、个人和外资,国有产权主体和非国有产权主体作为混合经济公司的所有者,根据持股比例平等地履行其相应的出资任务,分别拥有相对应的产权代表数量和权益维护方式,产权归属明确。同时,法国混合经济公司的产权交易公平、公开和公正。涉及国有产权转让的交易,法国经济和财政部需在政府公报刊登相应的产权转让公告,随机招标选定其审计委员会与政府咨询机构。股权转让委员会确定产权转让的最低价格时,需听取企业、股东、咨询机构以及经济和财政部国库司等的建议及汇报,并将结果向社会公布。法国健全的产权交易制度,对国有经济的发展产生了有利影响,实现了国有资产保值增值,同时,私人资本与国外资本通过产权交易向国有企业注入新资本,对企业实力和竞争力的提升亦具有积极作用。

  法国混合经济公司的管理采取契约制,这是法国政府在平衡国家与企业间关系的一大创新。企业通过契约制将国家监督与企业自主管理相融合,对企业采取"有监督的自由",政府与企业间签订计划契约、意向契约、目标契约等各类契约,在实现指导企业经营决策的同时,最大限度地给予企业的经营自主权。这种契约制保证了企业中期经营战略目标与国家总体利益目标相契合,顺利完成了政府由直接控股向间接控股的过渡。

  国有企业在法国已有半个多世纪的历史,是法国经济的重要组成部分,国有企业混合所有制改革的目的并不是为了削弱国企实力,而是为了优化其经营模式,使国企能够实现持续化发展。当前,法国国资局计划完成的两项战略目标:一是调查整合现有的公司,对亏损的企业进行清理;二是寻找一些有发展前景的新兴企业,进行适量投资,鼓励发展新兴产业(关琦,2013)。

第五节 德国公私混合企业发展

在第二次世界大战之前,德国只拥有少量的国有企业。第二次世界大战后,英、法、美三国将其占领的区域合并,联合成立了德意志联邦共和国。德意志联邦共和国的经济模式秉承三国特色,并受到了德国弗赖堡学派的影响,形成了以私有化为主导的社会市场经济模式(social market economy)。而苏联占领的德意志民主共和国则坚持以公有制为主体的计划经济体制。直到1990年,民主德国加入联邦德国后,德国经济开始统一沿着社会市场经济的道路发展,政府对国家经济进行适度干预,对市场公平和社会稳定给予高度重视。这种社会市场经济发展模式对联邦德国的战后复兴有积极的作用,并使德国一度成为仅次于美国和日本的西方第三大经济体。

一、德国公营企业的私有化改革

第二次世界大战后,联邦德国政府接手了大量损坏严重、无人经营的企业,并在此基础上组建了掌握德国经济命脉的基础性产业企业,如铁路、邮政、电信等国家垄断行业以及大众汽车、电力矿山联营公司、汉莎航空公司等国有企业,此为解决德国战后城市基础设施毁坏严重等问题,发挥了巨大的作用。在各州自治政府成立后,各州政府也开始在本州范围内建立公营企业,来承担公共事业以及私营企业不愿从事的领域的生产。德国并未像英国、法国等国家一样大规模推行国有化,其大部分国有企业都来自对继承的德意志帝国财产的改组。

(一)私有化改革阶段

德国社会市场经济体制较完全自由的市场模式有一定的不同,德国的国有企业先后经历了两次私有化改革。

第一次私有化改革是在20世纪60年代，主要改革对象是联邦德国所有的大型竞争性生产领域的国有企业。由于行政命令难以完全有效去除国有企业行业垄断、生产效率不高等弊病，德国政府通过引入私人资本，优化国有企业的经营模式与理念，来提高企业的经营效率和整体竞争力（赵玲玲，2014）。政府通过将国有企业的部分股票出售给大众等方式，逐步从竞争性领域的经营性活动中退出，充分发挥市场对资源配置的作用。在国民社会生活实现由特殊时期向稳定时期的过渡后，参与战后重建的国有企业也逐渐开始根据社会市场经济原则在所有制等方面做出改革。但事实上，这一阶段国家只是减持了部分股票，仍未改变国有资本在企业中的控股地位，如国家依旧持有汉莎航空公司74.3%的股份、大众汽车公司40%的股份（沈华，1988）。

第二次私有化改革在20世纪八九十年代达到了高峰。改革主要针对电信、邮政、铁路等国家垄断行业。德国政府期望通过改革提高企业生产经营效率，减少国家财政负担，以更好地履行企业公共服务职能。长期的国家专管专营阻断了其他企业进入邮政行业的道路，使国有邮政企业在价格和经营上形成了垄断。进入20世纪90年代后，随着计算机网络技术与无线电话技术向民用领域的快速普及，电信科技发展迅猛，国家垄断形式严重阻碍了邮政行业发展。德国政府将联邦邮政和电信部改组为联邦邮政总局，随后以邮政总局参股的方式成立了三家股份制公司，使邮政行业走向市场化，国家通过出租或拍卖的方式使私人公司能够获取电话网络的使用权和建网权。

(二) 改革特点

经历两次国有企业改造，联邦政府以及各州政府对企业的所有权大部分以股权的形式转让给了社会公众，其中一部分规模较小的企业则以整体出售的方式，完全脱离了与政府之间的联系（张东明，2013）。

在私有化改革前，为了使企业能够更加适应市场需求，往往会花费大量的时间来对企业进行结构上的优化和调整，清除企业的债务，承担职工的社会保险费用。为保证重大的私有化改革方案的顺利实施，政府一般会事先修订相关法律法规，如修改《基本法》《官员法》等十几项法规帮助电信业顺利实施民营化改革。

主张股票大众化，减少国家持股比例。德国私有化的一个显著特点是在不动摇国有企业法律地位的基础上，委托多家银行组成财团，在股票市场上销售企业股票，在政府逐渐减持公司股份的同时实现股票大众化。

德国的国有企业改革也采取了渐进式的改革方式，根据企业实际情况，分期分类推进，逐渐扩大退出范围和减持的数量，避免了"休克疗法"或"一刀切"的改革方法所带来的危害。

二、公私混合企业的发展

1990年，德国政府修订并通过了《私有化和联邦参股政策总体方案》，对国家参股企业的原则和约束做出了详细的规范，并明确了国有企业的经营目标。

德国公私混合经营企业发展以基础产业和服务产业为重点。20世纪90年代以来德国国有企业改革向纵深方向发展，交通、电信等基础行业和服务行业成为改革重点。德国的电信公司是德国当时较大的企业之一，同时也是欧洲最大的电信公司。为打破邮电业国家垄断的局面，为消费者提供更为优质的服务，德国电信公司利用9年的时间分阶段地、逐步走民营化改革，通过增发新股、出售政府股份的方式减少政府持股比例，逐步采取了官转民、股份制改革、股票上市以及允许私人资本进入电信市场等改革措施（Börsch，2004）。

随着改革逐渐推进并加大国家减持股票的力度，为了充分调动企业的积极性，对于能够提供比国有企业更为优质服务、获得更高效益的产业，在不损害联邦政府利益的前提下，国家逐步减少对这类行业或企业的持股比例，直到最终放弃此类国有企业的全部经营所有权。以汉莎航空公司为例，公司人员冗杂、盲目扩大航线以及经济不景气等原因导致公司在一段时间内面临着严重的亏损问题。从1992年开始，汉莎航空公司走上了私有化改革道路，分批次向社会大众出售股票，公司在两年后基本上恢复了收支平衡。

实践表明，多元化持股形式的公司较国有独资公司具有更大的优越性。实现相互参股、多元持股是德国公私混合企业改革调整的重点之一。德国现代公私混合企业鼓励企业员工积极参股，强化企业与雇员之间的关系。同时，参股形式的多样化也反映在大量国内外企业兼并方面。2000年，德国电信公司以507亿美元收购美国留声电话公司，这次兼并使德国电信公司在全球最大的电信市场中获取了一个新的立足点（季晓南和任继勤，2007）。

第九章

积极发展我国国有企业混合所有制的政策建议

坚持公有制为主体，促进非公有制经济发展，应统一于社会主义现代化建设的进程中，而不能把这两者对立起来。改革实践充分证明，混合所有制经济完全可以在市场竞争中发挥各自优势，相互促进，共同发展，不断完善和发展中国特色社会主义市场经济体制。

第一节 完善现代市场体系

健全市场体系基础制度，即坚持平等准入、公正监管、开放有序、诚信守法，形成高效规范、公平竞争的国内统一市场。完善现代市场体系是保证所有制结构优化的先决条件，需要充分发挥市场的决定性作用，逐步弱化价格管制和行政审批的功能，加快推进生产要素价格体制改革，形成客观反映资源稀缺程度和市场供求关系的价格形成机制，尤其注重用严格的法规来规制企业开发利用资源的行为，将环境污染、生态破坏等负外部性内部化，从根本上解决资源浪费与低效利用问题，促进资源的优化配置，缓解或消除资源供需的尖锐矛盾。具体来说，需要强化市场竞争机制，进一步深化垄断行业改革，充分发挥市场竞争的功能，形成多元化的竞争主体；进一步调整国有经济的布局，不断优化国有经济布局和结构，区分竞争性领域与垄断性领域，坚持"有所为，有所不为"的原则，对于电力、石油、通信等关系到国家安全的关键领域和特殊垄断行业，在不影响宏观经济稳定的前提下，还需要对垄断性产业实行结构重组，实现自然垄断业务与竞争性业务拆分，引导企业将利润的获取由主要靠垄断转向依靠企业的技术创新、管理创新、品牌创造，推进土地、劳动力、资本、技术、数据等要素市场化改革，提升经济发展质量，以此来为国有企业资源提供良好的资本流动条件，并吸引非国有资本进行更高效率的配置；健全要素市场运行机制，完善要素交易规则和服务体系，提升国有经济布局及市场的有效性，切实提升国有资源配置效率。

一、进一步完善产品市场

在现有改革的基础上，一方面推进产品市场改革，促进其不断完善与发展，形成成熟、竞争性的产品市场，充分发挥价格机制的作用，使国有企业经营者的业绩能通过利润、市场占有率等反映企业绩效的市场指标充分地表现出来，所有者可以凭借商品市场反映出来的信息对经营者的成绩进行客观地分析，进行适当地奖惩，从而形成对国企经营者的外在压力，使其不得不提升自己，促进国有企业发展。另一方面，要完善产品市场，打破产品市场垄断结构，允许民营企业与国有企业公平竞争，实现自由进入和自由退出。进一步完善当前促进公平竞争的相关政策法律，并在实践中确保已有制度被有效实施；切实减少产品市场中妨碍进入及退出的壁垒，尤其是烦琐的行政审批程序，降低各类型企业的沉淀成本；进一步推进政企分开，割裂国有企业与政府的特殊联系，真正地将国有企业塑造成自主经营、自负盈亏的独立的竞争主体。

二、完善竞争性要素市场结构

党的十八大以来，党中央高度重视构建以数据为关键要素的数字经济，推动数据从消费领域到产业领域的融合，推动数字经济和实体经济的深度融合。在这样的大背景下，数据成为数字经济发展中关键的要素。2019年10月，党的十九届四中全会通过的《中共中央关于坚持和完善中国特色社会主义制度、推进国家治理体系和治理能力现代化若干重大问题的决定》指出，"健全劳动、资本、土地、知识、技术、管理、数据等生产要素由市场评价贡献、按贡献决定报酬的机制"。（1）提出"推进要素市场制度建设，实现要素价格市场决定、流动自主有序、配置高效公平"，这是中央文件第一次将数据确立为一种生产要素并参与收益分配。数据作为生产要素，反映了随着经济活动数字化转型加快，数据对提高生产效率的乘数作用凸现，因此打破行政垄断和区域垄断，降低交易成本，允许生产要素在区域间和国际间充分流动。（2）进一步扩大市场开放的程度，在基础设施和基础产业、金融、教育、医疗、文化等领域，进一步破除垄断、鼓励竞争，实现国有企业与民营企业的公平竞争，促进各种生产要素在更广泛领域的高效流动。（3）完善劳动力市场，促进劳动力要素市场化改革。完善维护劳动者合法权益的制度建设，尤其是法律制度的完善，为劳动者权益提供制度化保障；推动职工工资集体谈判与支付保障制度建设，切实提高劳动者收入水平，使劳动者真正地从国有企业发展中获得实惠；充分重视并加强国有企业党代会、职代会、工会的组织机制建设，与现代企业制度进行有效衔接，充分发挥维护职工权益及监督经营者的功能，使其真正地为广大职工权益服务。（4）完善资本市场，增强国有股流动性。国有股充分流动是实现国有股最优比重的前提，虽然经过了国有股减持与股权分置体制改革，但是国有股流动性依旧较弱，受行政因素的干扰，难以根据市场要求自由流通。对于流通股权，主要靠原值或净现值评估出来，无法正确衡量与确定国有股市场价格及其获利能力，导致国有资产的贬值风险，进一步抑制了流动性。对此，需要进一步完善资本市场，坚持公开、公平和公正的"三公"原则，在充分保护国有资产安全及中小投资者利益的前提下，完善国有股定价机制，规范国有股流通程序及通道，实现全过程公开化，稳步推进国有股减持。

三、完善产权交易市场

产权交易市场的主要功能是将国有资本、集体资本、民间资本以及境外资本等不同主体间的资本进行科学、有效地配置和重新组合，以确保产权顺畅流转、提高资本转让率，满足企业的融资需求。我国的产权交易市场从产生、发展到现在，在交易范围、交易品种、交易规则和法律制度方面都取得了一定的成绩，但还存在诸多不足。我国产权交易市场目前仍然存在市场化程度不高的问题，主要表现有：价格机制不健全，国有资产的评估价格缺乏弹性，不能充分发挥价格发现与价值实现功能；交易规则壁垒、利益保护壁垒和市场天然壁垒等产权交易市场壁垒情况严重，造成了市场割裂现象；信息披露方面操作不规范，严重影响各地产权市场之间的信息交流和资源流动。

以上这些方面影响了我国产权交易市场的规范运行，降低了交易市场效率，阻碍了混合所有制经济的发展，因此应当完善产权交易市场，全力打造有利于混合经济发展的产权交易平台。完善我国的产权交易市场，推进混合所有制经济发展要做好"统一、开放、竞争、有序"四个方面的工作。

第一，要建设"统一"的产权交易市场。所谓统一，是各地区内部的统一、区域的统一乃至全国产权交易市场的统一。首先是各地区应结合自身情况建立规范、统一的产权交易市场。在此基础上，逐步形成区域产权交易市场，不断推进区域市场一体化，促进信息和资源的流通和共享。最后实现全国产权交易市场的统一。可以利用"互联网+"开发混合经济产权网络交易系统、搭建混合所有制经济电子商务平台，通过网络交易平台使产权交易突破时间、地域的限制，实现产权交易电子化、网络化、信息化，将信息工具与市场机制有机结合，提高交易效率，降低交易成本。逐步建立起整合全国范围内融资项目资源的服务网络，同时完善国有资产产权交易信息监测系统，搭建统一的市场信息平台，做好信息披露、信息监测和信息反馈工作，努力做到统一发布交易信息、统一交易规则、统一交易数据的统一口径，最大效率地整合各种资源，充分发挥资源效能。

第二，要建设"开放"的产权交易市场。建立一个开放的市场，要同时做好对内开放和对外开放两项工作。对内开放是指放开政府对市场的过度干预，转而重点发挥市场的基础性调节作用。信息披露是市场化运作的重要前提，是市场供求双方做出合理决策的基本保证。此外，产权交易市场的信息不对称，提高了交易成本，市场参与者的市场主体地位也得不到应有的保障。信息披露制度不健全的市场，不是开放的市场，因此，做好对内开放，必须要做的就是规范信息披露，既要及时向公众发布相关信息，更要确保信息的真实性和完全性。同时加强产权交易市场的配套服务，根据产权交易的需要，构建产权交易中介服务体系，为混合所有制经济的产权交易提供法律事务、中介评估、资产担保、产权公证等"一站式"服务，不断提高国有资产处置市场化程度，促进市场平衡运行。对外开放是指产权交易市场应该透明化，自觉接受国资监管机构、行业协会和公众的监督。

第三，要建设"竞争"的产权交易市场。完全竞争市场有四个构成条件：一是买者和卖者数量众多，且所有人都是市场价格的接受者；二是交易的产品或者服务是无差异的；三是资源可以自由流通，不存在市场壁垒；四是信息是完全的，买卖双方在进行交易时无需考虑信息成本。虽然现实经济生活中无法满足这些理想条件，但可以尽力消除影响市场竞争的因素。比如，国有产权的转让必须要按法定程序进行资产评估，使资产价值被交易价格真实反映，避免国有资产流失。再如，各地区通过统一的市场交易运行规则消除交易规则壁垒，通过进一步减少行政干预消除利益保护壁垒等。还可以通过媒体手段、网络技术搭建混合所有制经济产权交易诚信平台，建立网络诚信系统。产权交易信用数据库的形成,可以减少信息不对称导致的道德风险问题,有效促进交易双方公平竞争,平等交易。

第四,要建设"有序"的产权交易市场。市场规范有序运行是保证市场效率的重要基础,市场经济是法制经济,完善的法律制度是协调市场主体行为的重要基础。根据西方发达国家的先进经验,完善产权交易的法律制度往往有三个方面需要考量,分别是公司法、反托拉斯法和证券法。目前,我国的法律制度仍不够完善,我国产权交易市场中存在的价格形成机制不完善、市场割据、信息披露机制不合理的主要原因也是因为法律制度不健全,虽然中央和地方陆续出台了一些政策法规用以规范产权交易市场主体的行为,但缺少全国性的产权交易法,以至于各地产权交易市场秩序混乱,不利于产权交易市场效率的提高。因此,应对现有的法律法规进行修正,建立统一的产权交易法,在最大程度上为维护市场秩序提供制度保证。产权交易市场还要为国有资产和非国有资产提供进入与退出通道。在混合所有制改革前,国有企业的控股权和决策权掌握在国家手里,市场的进入和退出都由政府决定,后续问题和风险也由政府承担。通过发展混合所有制经济,国有企业进一步深化产权多元化改革,政府逐步放开国有企业的控股权,将进入与退出的决策权归还到众多股东手中,由股东大会进行决议,决定企业的进入和退出方案。除此之外,为保证市场的有序运转,还应该制定其他市场规则,包括市场竞争规则、市场交易规则和市场仲裁规则等。

完善的产权交易市场,多层次地丰富了我国的资本市场建设,既可以增加国有企业的资产流动性,也有利于解决非上市股权交易中股权归属不明的问题,而资本的充分流动有利于盘活国有资产存量,促进国有资本和非国有资本的完美融合,促进混合所有制经济的健康发展。

四、完善经理人市场

经过 40 多年市场化改革,我国生产要素的市场化程度始终低于产品的市场化程度,劳动力作为重要的生产要素,亦在整个市场体系中居于重要地位。要坚持市场化改革,就要继续深化国有企业的内部用人制度,完善经理人市场、健全管理人员公开招聘、竞争上岗制度是国有企业发展混合所有制经济的重要任务。

完善经理人市场有利于推进国有企业混合所有制改革。职业经理人的战略眼光、领导才能和管理能力在混合所有制企业中起到了举足轻重的作用,提高混合所有制董事会的治理水平需要高度专业化的独立董事,而此类人才正是应该来自高度职业化、市场化、专业化、国际化的经理人市场,并接受经理人市场的激励与约束。我国需要加大对经理人协会的投入和管理,完善规范统一的职业经理人培训体系,制定科学合理的经理人资质评价指标,逐渐形成一个透明、准确、全面的经理人信息库,使市场竞争机制在国有企业的人事任命中充分发挥作用。如,实行管理人员市场化公开招聘制度,引入竞争机制,根据管理人员的职业素养和业务能力,给付与市场相符的薪酬水平,同时也鼓励业绩突出、能力优秀的员工通过内部竞聘的方式竞争上岗。国有企业经理人的评价和选拔要同时采用企业内部激励和经理人市场外部激励两种方式完成。内部激励主要是按照经理人对企业的贡献大小制定薪酬水平,使经理人的自身利益目标和企业的经营目标趋于一致,减少道德风险问题;外部激励的主要方法是打造一个有效的经理人市场,在完善的经理人市场中,管理人员可以通过个人业务能力和经营业绩建立良好的声誉,反之,如果在原工作岗位中被淘汰,那么经理人市场对其评价也将做出相应调整,对经理人的职业生涯产生影响。完善的经理人市场对加强管理人员的责任心,提升业务素质有良好的作用。

同时,在员工层面也要形成市场化用工制度,员工招聘工作应该透明化,接受企业、职工和社会各界的监督,以公开、平等、竞争、择优为原则进行。员工的考核工作,应该根据不同工作岗位的特点建立科学、全面、合理的绩效测评体系,采取动态管理,根据员工的工作能力和对企业的贡献核定职位与薪酬,优胜劣汰,真正形成国有企业各类管理人员可上可下、员工能进能出的合理流动机制。只有建立符合现代企业制度、满足市场需求的用人机制和市场化薪酬制度,才能有效推进国有企业混合所有制改革。

各级政府要"坚持权利平等、机会平等、规则平等"的原则,在当前政策的基础上,制定并出台更多配套措施及相应的实施细则,加大税收、补贴等优惠政策的力度,鼓励和支持私营企业参与国有企业改革。注重市场政策的有效性,切实落实"新非公36条"等鼓励私营企业投资的政策,促进生产要素价格机制完善,给予私营企业投融资、市场准入方面的公平待遇,并完善资产交易尤其是二手交易市场,实行加速折旧与税收减免等供给政策;充分发挥国家作为出资者及所有者的权利,加强对国有企业改革的有效引导,并规范自身行为,尊重市场机制的基础性作用,减少对企业改革的不合理干预;政府要搭建好国有企业与私营企业之间的信息沟通平台,发挥好纽带作用,在分享国有企业改革相关信息与私营企业信息上进行双向沟通,为双方提供有助于选择合作对象及合理的合作方式方面的信息服务,并以此促进私营企业在参与国有企业改革中的公平竞争;加大对国有企业历史遗留问题的援助力度,包括增加经济补偿金支付比例、进一步豁免历史欠税、完善社会保障体制等,激励私营企业积极参与国有企业改革,促进自身成长;政府要做好协调工作,对于私营企业及国有企业在合作过程中所发生的摩擦与矛盾,政府要注重协调好双方之间的利益纷争,避免矛盾激化,将损失降到最低;工商联充分发挥桥梁作用,加大宣传及引导作用,为参与改制的私营企业排忧解难,努力引导私营企业抓住机遇,积极参与国有企业改革;要完善法律制度,保障私营企业权益。在当前已有相关法律制度基础之上,结合我国国情,进一步完善私营企业相关立法及相关实施细则的制定与实施,保障私营企业的合法权益。进一步简政放权,深化行政审批改革,简化办事程序,做到"一站式"审批、"一个窗口"收费、"一条龙"服务和"一条线"应诉,为非公有制经济发展营造优越的市场竞争环境。

第二节 培育真正的市场经济主体

合格的市场主体是完善市场的首要条件，没有市场主体的市场化，就不会有真正的市场。长期以来，我国社会主义市场经济由于市场主体缺位或错位，导致市场失灵。要深化国有企业改革，发展混合所有制经济，推动企业成为真正的市场主体。

一、深化产权多元化改革

国有企业投资主体多元化的一个最基本前提是国有资本的市场化，从一般意义上说，国有资本与其他资本类型的一个重要区别就是经营目标不同。其他市场化程度较高的社会资本均以利润最大化为经营目标，但社会主义国家的国有企业是社会公众利益的代表，其主要目标是社会福利最大化，是非市场化的利益追求。国有企业只有使其自身运作符合市场经济规律，充分发挥价格机制、供求机制和竞争机制对资本市场的调节作用，才能实现国有资本的保值增值，更好地完成将国有企业做大做强的历史使命。这一目标的实现需要改善国有资本的管理方式，摈弃传统的行政手段，辅以灵活有效的经济手段以充分发挥市场的基础性调节作用，使其对国有资本的使用更符合市场经济基本要求，体现公平、效率、清晰及透明等原则。

企业行为的市场化程度与企业产权关系是否明晰有着密切联系，模糊的产权必然会导致企业经营目标不明确，形成非市场化的利益追求。因此一直以来，产权清晰都是国有企业改革必须解决的首要问题。发展混合所有制经济，引入其他集体资本、民营资本和境外资本等参与国有企业产权多元化改革有利于改变我国国有企业产权模糊化的问题。我国国有企业混合所有制改革，可以积极引入境外资本和民营资本。

不同的投资方式会对企业法人资本金、股权结构、资本结构以及现金流等各方面产生不同的影响。在合作方式方面，还可以通过公私合作制（public private partnership，PPP）促进混合所有制经济发展。深化国有企业产权多元化改革，使不同所有制资本能够在技术、管理、资源和文化等方面发挥各自优势，有利于产生资本集聚效应。减少国家持股比例，可以在有效减轻国有企业政策性负担，缓解软预算约束的同时，形成有效制衡、运转协调的公司治理结构，提高企业经济效益水平，最终使国有企业形成中国特色现代企业制度。

二、完善现代企业制度

目前，国有企业的公司法人治理结构仍存在一定问题，董事会作用未能充分发挥，对管理人员的选聘和管理市场化程度不高，企业内部的薪酬制度也尚待完善。因此，我国国有企业要成为合格的市场主体，需要进一步健全公司治理结构、加强现代企业制度建设，这主要可以从以下三个方面入手。

第一，健全公司法人治理结构。健全公司法人治理结构是建立现代企业制度的核心，而董事会制度的完善则是公司治理结构改革的核心。只有依法将董事会、经理层的诸项职权落到实处，充分发挥董事会、监事会和股东大会各自的决策权、监督权和执行权，做到决策、监督和执行各职能分离，各部门互相配合且互相监督，才能保证建立权责对等、协调运转、有效制衡的法人治理结构，使国有企业成为真正独立的市场主体。除了依法行权，还要加强董事会内部的制衡约束作用，在国有企业混合所有制改革中，尤其要防止出现因大股东对小股东存在"道德风险"和"逆向选择"问题而使小股东利益被侵害的现象，切实维护非国有资本投资者的话语权，保障其合法权益，做到同股同权，让民营资本和境外资本在参与混合所有制改革时没有后顾之忧。为确保董事会认真履行职责，可以优化评价机制，做到公平合理，依法有效追责。董事会于经理层的行政级别应当逐步淡化，在混合所有制改革中，分离企业的所有权、决策权和经营权是重要目标，这就需要树立经理层向董事会负责，董事会向股东大会负责的意识，体现"三权分立、相互制衡"的公司治理理念，企业各主体各司其职，有效沟通，互相支持，形成高效运转、有效制衡的决策执行监督机制。最后，应继续加强外部董事队伍建设，逐渐扩大外部董事占比，拓宽董事来源渠道，邀请职工代表、民营企业家和专业人士进入董事会，加强对国有企业的制衡约束，规范国有企业发展混合所有制的法人治理结构。进一步建立和完善混合所有制的董事会制度，加大混合所有制董事会中独立董事、外部董事、专业委员会在董事会的比重和决策权比例，落实一人一票表决制度，加强混合所有制董事会内部的制衡约束；改进董事会和独立董事评价办法，增强独立董事对董事会决议的责任意识，强化对独立董事的考核评价和管理，对重大决策失误负有直接责任的要及时调整或解聘，并依法追究责任。

第二，分类分层管理领导人员。公司治理中的各层领导人员的选拔和任用也是完善现代企业制度中的重要一环。首先，在管理人员选拔方面，要改变从前的集中化、模式化的管理模式，逐步确立分类分层管理制度，即根据不同岗位特点，在选拔、培养、测评和监管过程中实行差异化、类别化的管理机制。根据国有企业的特殊性质，将加强党的领导和健全公司治理结构有机结合，形成层级权限明确、权力运行规范、治理结构健全、权责对等到位的管理体制。在管理层的选任上，还要大力推行职业经理人制度，按市场化方式选聘和管理职业经理人，促进国有企业管理人员的市场化、职业化发展，既要注重企业内部人才培养，也要积极从外部引进优秀管理人员。同时，建立有效退出机制，增强领导人员竞争力，提升干部队伍活力，从而增强国有企业的创新意识和业务能力。在国有企业混合所有制改革过程中，也可以通过实行高管持股制度和员工持股制度来提升绩效。当企业管理人员拥有部分股权时，其自身利益目标和企业利益目标便容易达成一致，企业高管为增加自身的利润分享，会更有动力提升企业的经营绩效。当然，为防范道德风险，也应建立相关配套的约束措施，建立合理的考评指标，科学确定持股比例。一些发达国家已经证实了员工持股制度对企业的激励效果，但我国国有企业规模大、员工多，推行该制度有一定困难，所以各企业可以根据自身的实际情况，逐步制订推行计划。

第三，完善薪酬分配制度。国有企业混合所有制改革要坚持市场化的改革方向，建立更加科学合理的薪酬分配制度，与社会主义市场经济相适应。在构建收入分配体系时，要做到兼顾激励与约束、平衡效率与公平，在符合现代企业一般规律的同时又体现国有企业的功能定位和自身特点。完善薪酬分配制度，要健全工资决定和正常增长机制，使其既能够客观反映劳动力市场供求关系，又能与企业经济效益和劳动生产率紧密挂钩。同时还要推进全员考核评价分配奖惩机制，逐步推进全员绩效考核，避免"平均主义"，按照不同岗位员工的具体贡献，建立科学合理的评价指标体系，以工作业绩为导向，实现收入分配个体化、差异化，做到员工收入可增可减，奖惩分明。

因此，我国国有企业发展混合所有制需要建立和完善现代企业制度与法人治理结构，降低契约关系履行的交易成本，减少机会主义行为，提高混合所有制改革效率。

第三节 加强沉淀成本管理

经济学家经过研究发现，与人均国民收入增长有关的变量总结起来可以归纳为两类：投资变量和制度变量。经济增长不仅要求发挥市场的决定性作用，还要求有合理的制度安排。其中，政府的作用不可或缺，包括保护产权和签约执行、开放的活跃的市场、充满竞争性的市场环境。此外，还要有足够的公共基础设施，如公路、铁路、桥梁、港口、电话和电力网络服务等。这样，市场才能很好地发展起来。因此，在国有企业混合所有制改革过程中，需要加强沉淀成本管理，避免出现巨大的潜在损失。

第一，加强专用性资产管理。所有制结构调整的关键因素之一在于资产专用性。资产专用性会带来企业进入及退出市场的壁垒，不利于实现所有制结构的拉姆齐最优。围绕资产专用性，需要制定并采取有效的市场与非市场措施。具体来说，即要完善各类生产要素的价格形成机制，大力发展二手市场，为企业专用性资产提供有效的价值转移渠道，对专用性资产采取加速设备折旧、适度税收减免、补贴等优惠政策，降低使用专用性资产带来的机会成本。企业要完善专用性资产投资决策制度，优化投资决策程序，严格控制风险，明确投资责任，切忌盲目投资。加大对已有的专用性资产的维护和使用力度，对厂房、设备等专用性资产做好日常的维护、维修、保养及升级，减少有形及无形损耗；对人力资本专用性资产，要加强人力资源管理，培养高素质复合型人才；对品牌专用性资产，要做好品牌管理，维护及提升企业声誉；对专项专用性资产，要加强事前谈判，合理分摊成本；对于临时专用性资产，要加强时间或过程管理，保证按时完成项目目标。

第二，优化企业的市场准入及退出机制。（1）健全市场准入制度，降低市场准入门槛，保障各类市场主体能够依法、平等、高效地进入。具体包括：按照公平、法制的市场经济要求，加大配套政策供给，切实落实好党的十八大及其三中全会有关精神和"新非公36条"等鼓励非公有制经济发展的政策；加快推进石油、天然气、电信、铁路运输、银行等领域的垄断行业改革，在行动上消除所有制歧视，为非公有制企业进入垄断行业创造必要的条件；大力改革行政审批制度，严把合法关、合理关与监督关，尽快落实2013年国务院提出的133项行政审批的取消与下放工作，继续简化行政审批，取消已经没有审批必要的事项，把一些适合由地方管理的事项下放给地方，做好对非公有制企业的市场准入服务，激发私人资本的积极性。（2）完善各项市场退出制度，为资源型等专用性投资高的国有企业创造良好的市场退出条件。具体包括：建立完善的退出援助机制，规范企业破产保护制度，采用专门的改革基金、投资补贴和税收优惠等方式，合理承担国有企业退出成本；打破制约劳动力自由流动的行政性及市场性障碍，为国有企业劳动力的有效转移创造良好的市场条件，减轻企业改革进程中因劳动力尤其是富余劳动力安置问题带来的沉淀成本压力；大力加强职工培训，增强职工的专业技能和素质，为其提供有效的信息服务及优惠条件，增强其再就业能力及流动性；进一步完善社会保障体系，保障国有企业尤其是老工业基地资源型企业市场退出后离退休、下岗人员的生活，为国有企业市场退出奠定良好的社会保障基础。

第三，投资者需要采用适用的生产技术，即选择符合比较优势的生产技术，而不是人为地赶超高新技术，避免因无形损耗而引起沉淀成本，即如同熊彼特所说的"创造性破坏"——当一种有活力的经济创造了崭新的部门时，它同时亦破坏了整个工业，而不是使经济平稳地趋向均衡。因为技术进步可以削弱现有生产技术投资的原有价值而产生沉淀成本，所以采用符合资源禀赋的比较优势，不仅可以降低生产成本，而且还有助于原有机器设备的成本回收，有助于减少沉淀成本，从而有利于企业或产业生产技术有序升级。

第四，在某些情况下，沉淀成本可以由私人或政府间接管理，特别是间接地减少其出现的概率。例如，采取社会保险、社会安全网（食品和福利计划）、价格支持计划（最低工资或最低生活保障标准），以及加速折旧和税收优惠政策等补偿机制，都可以减少沉淀成本。

第四节　降低交易成本与风险

逆向选择是指市场交易一方如果能够利用信息优势使自己受益而对方受损时，信息劣势的一方便难以顺利地做出买卖决策，于是价格便随之扭曲，并失去了平衡供求、促成交易的作用，进而导致市场效率的降低。而道德风险是指交易合同签订以后因交易一方的行为不易被另一方所察觉而使另一方利益受损的现象。而制度是降低机会主义行为的重要工具，制度最核心的功能是对市场经济中的经济主体提供激励与约束，通过降低不确定性、抑制机会主义行为、外部性内在化来实现交易成本的降低。如产权制度通过对剩余索取权与控制权的合理配置，能够减少摩擦，促进交易顺利进行。因此，企业内部的与市场外部的制度效率影响着交易成本的高低。设计和实施合理的制度，实现制度耦合，保证制度的适应性效率，有利于对企业内外部的交易主体产生激励与约束，降低解决纠纷与冲突的成本，促进混合所有制经济发展。

科斯定理认为，在交易成本大于零或信息不完全的情况下，不同的权利配置会带来不同的资源配置，因此产权制度是重要的，在所有的制度集合中，最基本、最重要的制度安排就是产权制度。产权制度实质上是产权关系的制度化，是划分、界定、保护和行使产权的一系列规则。高效率的产权制度，能够明晰产权关系，界定交易双方之间的权责利，减少不确定性，通过外部性内在化，对产权主体产生激励，进而达到降低交易成本的作用。因此产权制度的完善是降低交易成本、促进企业所有制结构调整的基础条件。

产权结构是产权制度中最深层次的问题。企业产权包括剩余索取权与剩余控制权，产权结构是两种权利的相互关系和归属状况，主要表现为两种权利的结构，从古典型企业到现代企业制度的转变，实质上是产权结构的变迁过程。不同的企业产权结构决定着不同的交易成本，独资型企业剩余索取权与控制权相结合，拥有较少的代理问题，因此存在较低的交易成本，但是由于企业主认知能力有限，往往会产生用于学习、获取信息上的高额交易成本。股份制公司由于两权分离，存在较高的用于解决代理问题的交易成本，但是在信息获取、决策正确性、专业性上又具有降低交易成本的优势。现代企业形式大都实行股份制，存在大量的代理问题，因此有必要强调治理结构的重要性，法人治理结构及其配套措施是其重要的制度安排，合理、完善、高效的治理结构可将代理人的行为置于严格的约束框架下，减少代理成本，也就是委托人与代理人之间的交易成本。因此，企业要根据自身的实际情况，选择合理的产权结构和内部治理结构，完善相应的配套制度建设，最大限度地提升企业的价值。

对于市场交易而言，要强调市场体系的完善，而高效率的法律法规等正式制度和价值理念、意识形态等非正式制度是完善市场体系的重要手段。产权明晰、法制完善、诚信至上的市场体系下，经济主体之间的交易被置于国家严格的正式与非正式制度的框架之下，机会主义倾向受到抑制，不确定性减少使人们交易的风险降低，交易得以顺利进行，充分发挥市场生产规模经济与范围经济的优势，有效地降低交易成本，如避免专业性资产投资所产生的沉淀成本。这其中，最主要的制度是产权制度，它是由国家制定的正式制度，具有权威性，是市场经济存在和发展的基础。产权制度的效率高低决定着能否明确交易主体之间的权责利，减少企业与交易对象（国家、企业、个人）在交易标的所有权的转移过程中的冲突，保障企业的合法权益，使企业减少用于防范风险的交易成本，将有限的资源用于生产经营，实现所有制结构优化，从而有助于实现企业健康发展。

第五节 营造良好的外部市场环境

市场不是万能的，在市场失灵的情况下，政府应当履行其职责去帮助降低混合所有制改革中出现的交易成本，防范在各个环节出现的风险。在国有企业混合所有制改革中，政府要力争为其提供一个健康的市场环境，做好监管和服务工作，完善法律制度，建立创新机制。进一步深化简政放权、放管结合、优化服务改革，建立职责明确、依法行政的政府治理体系。

一、完善以管资本为主的国资监管机制

首先，要理清监管思路。传统的国资监管机构的主要任务是"管人、管事、管资产"，"管人"指政府负责企业领导人的任命，"管事"指企业的主要经营决策由政府部门下达，"管资产"指重大资产的重组和处置工作也由国资监管机构一手抓。这种传统的监管模式在一定时期内对我国国有企业的改革有过推动作用，且在一定程度上实现了国有资产的保值与增值，但随着国有企业混合所有制进程的推进，产权多元化改革不断深入，这种监管模式已经不再适合现实情况。政府开始逐步交

出绝对控股权,不再以监管主体身份干扰企业的正常运作,而是将企业的重大经营决策权交付给股东大会,不同所有制资本的投资者可以更为充分地表达和实现自身的利益追求。在国有企业的混合所有制改革中,国资监管机构所监管的不再是一个国有企业,而是监管国有资本。政府的监管任务不再是单纯地围绕做强、做大国有企业为重点,而应该是保证国有资本与其他资本在混合所有制企业的公司化运营中博弈与竞争过程中的保值与增值。

国资监管机构通过界定不同国有企业的功能对其进行合理的分类,明确其股权结构、发展方向、监督方式和考核机制,针对国有企业不同的资产专用性选择不同的治理结构,使其发展目标更加明确。对于主要采取国有独资形式的公益类国有企业,由于其主业范围受到严格限制,国资委应对该类企业进行直接管理,提供优质的公共产品和服务,保障民生发展。对于可以实行股权多元化的商业类国有企业,可实行三层框架的管理模式:政府部门、国有资本投资运营部门和国有企业,使三个部门各尽其责,互相配合,实现政企分开、政资分开,以达到国有资本的高效运营。根据《国务院关于改革和完善国有资产管理体制的若干意见》提到的在中央层面开展由国务院直接授权国有资本投资运营公司试点的意见,构建了经营性国有资本管理体制基本框架,有助于更好地健全管资本为主的国有资产监管体制,深化国有资本投资、运营公司改革,如图9-1所示。

其次,要创新监管方式。随着国有企业混合所有制改革的推进,其运作越来越符合现代企业的特点,政府部门的监管手段和方式也应产生相应变化。传统的具体的行政干预手段已经不再适用,监管部门应该通过督导的手段对企业运行进行监督,并根据不同国有企业的具体情况制定事前风险预警机制和事后量化分析机制,以弥补现场检查和非现场检查的不足。随着国有企业不断推进混业经营,国资监管机构可以进一步优化监管方式,逐步确立综合监管模式,成立统一的监管机构与国有企业新的经营模式相匹配,不但有利于资源配置和信息共享,统一的监管制度还更有利于降低交易成本,防范危机的发生。

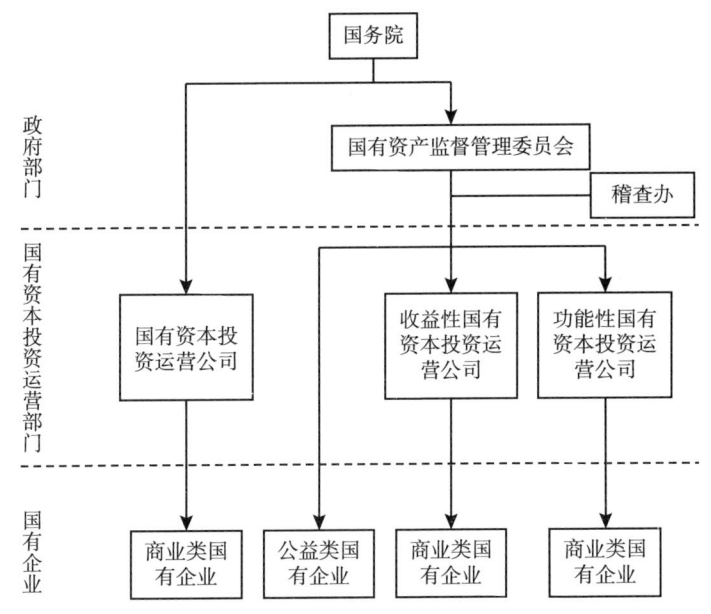

第九章　积极发展我国国有企业混合所有制的政策建议　245

图 9-1　经营性国有资本管理体制基本框架

最后，要提高监管效率。在国有企业的混合所有制改革中，可以通过加强和改进外派监事会制度、强化专项监督、推动协同监督等措施提高监督效能。政府外派监事会对国有资本在混合所有制企业中的运用进行当期和事中监督，提高专业化监督水平。进一步健全国有资本审计监督体系和制度，既要实现国有资产审计监督全覆盖又要避免出现重复交叉审计的情况，有效提升审计监督效率。同时加强监督和巡视工作，发现问题及时查处，强化责任追究，逐步杜绝重复监督、多头监督等情况，整合监督力量，共享监督资源，构建监督工作闭环。在国有企业的混合所有制改革中，国资监管部门既要避免监管"越位"，也要确保监管不"缺位"，健全相关法律法规、不断优化监管手段，做到既不侵犯非国有资产，又确保国有资产的保值与增值，提高资源的配置效率。

二、健全法律制度

法制建设的落后既制约我国市场经济的发展，又不利于我国经济与国际接轨。混合所有制经济的健康发展和改革的顺利推进，需要强化法律支持，完善保障性法律体系。

首先，完善保障性法律体系有利于保障资本的公平竞争，当前除了一些自然垄断行业外，我国还存在着国有资产垄断行业，市场准入规制限制了其他资本的投入，容易诱发寻租行为，严重损害了市场自由竞争。在市场经济条件下，市场主体要求平等，法律应当顺应市场经济要求，对国有资本、民营资本和外国资本一视同仁，去除对非国有资本在准入规制措施设置上的歧视，消除若干现实和潜在的不合理壁垒，保障非国有资本的收益权。因此，既要进行统一性、原则性的立法规范，同时也要注重完善对特殊行业的准入规制立法。

其次，完善保障性法律体系可在法律层面防范国有资产流失的风险。在混合所有制经济发展中，因在并购、转让过程中低估国有资产的问题和经营中的内部人控制问题均会导致国有资产的流失。针对这种情况，应从法律层面完善公司制度，避免国有资本丧失控股权而导致资产流失的问题，加强对企业经营行为的监管，加大对国有资产流失的查处和惩罚力度。

最后，完善保障性法律体系能够有效解决企业运行中出现的法律冲突。在混合所有制经济发展中，不同法律存在着一定程度的冲突，如引入投资和法人治理结构方面所依据的法律、法规不同，便可能会给企业带来麻烦，同时国有企业和非国有企业具有不同的治理机制和决策模式，在组建立新的混合所有制企业以后，也可能会在发展战略和管理手段上出现矛盾和冲突。所以，要从立法层面完善开放股权投资主体多元化的法律规定，制定统一细则和办法，为推进混合所有制经济创造统一公平的法律环境。

三、完善混合所有制的信息披露制度

我国国有企业发展混合所有制应加强完善信息披露制度，透明、公开的信息披露有助于消除国有企业与私有企业的顾虑与合作猜疑，有助

于建立混合所有制契约关系履行的声誉机制与信任机制，提高混合所有制契约关系的发展效率。

第一，建立强制性信息披露制度，加强信息监管，避免混合所有制契约关系缔结中出现逆向选择。积极推动混合所有制企业建立和发展强制性信息披露制度，降低混合过程中各方信息不对称风险，提高资本市场配置效率，通过强制性信息披露制度，加强信息监管，消除各方疑虑，保障混合所有制契约关系的有效缔结。

第二，健全会计信息披露准则体系，完善信息披露制度，促进混合所有制履行的关系治理。制定科学、配套的混合所有制财务信息披露规范体系，完善和健全混合所有制会计准则、会计信息披露制度、审计制度等。完善混合所有制的信息披露，加强信息的透明化、公开化，提高混合所有制契约关系发展的关系治理效率。

第三，加强混合所有制发展中违规信息披露的处罚力度，完善混合所有制信用体系。提高混合所有制契约关系发展中违规信息披露的查处范围和处罚力度，综合运用法律、行政、舆论等方式提高混合所有制契约各方的失信成本，加强违规处罚的坚决性，提高混合所有制信息披露质量；加强对混合所有制契约关系缔结与履行的巡回检查和专项核查，督促混合所有制契约双方切实履行诚信责任；利用新技术、新方法健全国有企业与私营企业的诚信评级与公告制度，完善混合所有制契约关系发展的信用体系建设，建立健全企业和高管的信用记录体系，提高违规成本，严厉处罚混合所有制契约关系发展中存在失信、违规、违约行为的相关责任人。

四、完善混合所有制的分类监管体系

我国国有企业发展混合所有制其契约关系主体虽然主要是国有企业和私营企业，但契约关系中国有资本的表现形式却具有多样性，比如国有绝对控股、国有相对控股、国有参股等形式，不同形式的监管其侧重点各不相同，这就要求政府对混合所有制企业应进行分类监管，针对不同契约关系的表现形式建立和完善混合所有制分类监管体系，促进混合所有制的健康发展。

第一，对于混合所有制国有绝对控股形式的契约关系，混合所有制监管机构应着重对国有资本进行监管，加强对国有绝对控股混合所有制企业重大投资业务的监管和考核，加强对混合所有制国有资产的增值考核，加强对混合所有制国有资产代理人的监管与激励。

第二，对于混合所有制国有相对控股形式的契约关系，混合所有制监管机构应着重加强对混合所有制契约关系缔结与履行的外部监管，加强对混合所有制契约关系缔结与履行中存在的暗箱操作、机会主义等违法、违规、违约行为的监管与惩罚，加强对混合所有制契约关系履行中控制权侵占行为的监管。

第三，对于混合所有制国有参股形式的契约关系，混合所有制监管机构应着重加强对混合所有制企业国有资产保值、增值及社会产品提供的监管。加强对混合所有制企业社会目标实现程度的监督与约束，加强和完善国有参股形式混合所有制企业的国有资本收益、财务信息披露、信用记录公开、信用评级、企业社会责任等方面的监管体系建设。

第六节　渐进式发展混合所有制经济

一、做强做大做优国有企业和国有资本

党的十八届三中全会提出，"公有制为主体、多种所有制经济共同发展的基本经济制度，是中国特色社会主义制度的重要支柱，也是社会主义市场经济体制的根基。公有制经济和非公有制经济都是社会主义市场经济的重要组成部分，都是我国经济社会发展的重要基础"，"要完善产权保护制度，积极发展混合所有制经济，推动国有企业完善现代企业制度，支持非公有制经济健康发展"。要深刻领会党的十八届三中全

会有关精神，促进非公有制经济健康发展和非公有制经济人士健康成长，可知混合所有制经济是实现共同发展的有效途径。在推进国有垄断企业改革时，不能盲目地实施私有化，稍有不慎，就可能使国有资产遭受严重损失，危害社会公众利益。因此，最稳妥、最符合公众利益并经多年来实践被证明有效的方法是采用渐进式制度变迁方式，越来越多的学者已经就此问题达成基本共识，即继续坚持市场化、法制化，进一步完善社会主义市场经济体制（樊纲，2014）。通过持续深入的国有企业改革，让国有企业建立健全现代企业制度，更好地履行社会责任，真正地树立市场竞争与自主意识才是改革的可行路径。

二、推进非公有制经济健康发展

优化民营经济发展环境，构建亲清政商关系，促进非公有制经济健康发展和非公有制经济人士健康成长，依法平等保护民营企业产权和企业家权益，破除制约民营企业发展的各种壁垒，弘扬企业家精神，加快建设世界一流企业。非公有制企业要加快自身发展，增强自身实力，一方面要主动与国有企业寻求广泛合作与融合，另一方面如要增强企业声誉，吸引有实力的国有企业与其合作，同样也需要民营经济自身的转型发展，可从以下三个方面进行。

一要进一步优化产权结构，为发展方式的转变奠定坚实的产权基础。非公有制企业尤其是中小企业要关注治理机制的建设，建立适合自身的产权结构形式，明晰各方的权责利关系，降低交易成本，协调好各方之间的利益关系，最大化地发挥产权的激励功能，激励各利益主体共同为企业发展方式的转变而共同努力。尚未建立现代企业制度的非公有制企业尤其是家族制企业要有长远的发展眼光，在机会成熟的条件下应当积极发展股份制，从单一家族制向股权多元化转变，充分吸收社会资源来为企业注入转型所必需的新鲜血液。对于已经实现股份制的企业，应不断促进产权的多元化，在更广泛的领域与其他类型的资本展开合作。

二要促进技术能力提升，为发展方式的转变奠定坚实的技术支持。

先进技术能够降低成本与浪费，提升经济效益，发展方式的转变必须要有坚实的技术能力作为支撑。对于科技含量高、市场前景好、发展潜力大的新兴市场如新能源，非公有制企业尤其是领导者，要有开拓进取的精神，一旦发现好的市场机会，要抓住机遇，积极进入，通过加大技术及产品的创新力度来提升企业竞争力，加快促进发展方式的转变，获取更高的市场份额与利润。市场信息不对称、不确定性高对企业领导者的素质提出了高要求，领导者应不断提升各方面素质，尤其是进取精神、竞争意识及敏锐的市场洞察力，抓住市场机遇，加快发展方式的转变。同时，非公有制企业要有效地利用国家优惠政策，加大技术投入，通过引进、创新、联合攻关等形式，切实提升企业自身的技术能力尤其是自主创新能力，以技术实力作为提升产品质量、开拓市场、降低成本、增加利润等的强有力的支撑，促进企业的可持续成长。

三要完善激励与监督机制，实施员工持股，为发展方式的转变奠定管理基础。根据企业自身实际，进一步完善符合各自需求的激励机制与约束机制，设计与最大化激励及约束企业人员积极性与创造性配套的奖惩制度，减少委托—代理成本，将企业人员的利益与企业的优质发展紧密地联系在一起。在激励方面，除了采用剩余索取权来激励高层管理人员及决策者之外，还要扩大激励范围，对于技术人员、普通员工也要采取适当的激励方式，具体来说可以是奖金、员工持股计划、股票期权等，激励全体人员为了企业长远的发展而努力，推动发展方式转变。在约束方面，实现股份制的私营企业应当进一步健全法人治理结构，加强董事会制度建设，真正发挥股东大会、监事会、董事会的监督职能，防止"内部人控制"等机会主义行为，保障广大股东的合法权益，切实提高企业内部治理效率，去除阻碍企业发展方式转变的不利因素。其次尤其要注重推行严格的企业预算管理制度。实行合理的预算约束，加强财务监管与规范，抑制因企业浪费资源、盲目投资的行为而产生的沉淀成本，促使其将有限的资源投入更优的领域，例如加大技术创新力度，培养高素质专业人才等，自觉地推动企业向集约型发展。

三、促进国有经济与民营经济共同发展

混合所有制改革并不是适用于每一家国有企业的良药，要对国有企业混合所有制改革进行分类，树立正确的思想观念。发展混合所有制经济的根本目的在于提高社会福利，这是改革的最终落脚点。可从以下几个方面进行完善，完善法人治理结构，继续加强股东大会、董事会、监事会及各种专业委员会建设，构建各方相互制衡的稳定结构，强调务实高效，摒弃形式主义，向有关监管部门及社会公众及时披露治理相关的信息，接受外部监督。完善激励机制，国资委要尽快出台员工持股办法，允许混合所有制企业员工直接持股，形成资本持有者和劳动者的利益共同体，激发员工的积极性与创造性。完善国有股权转让制度，从法律的角度清晰界定国有股权转让，制定稳定的政策，明确转让程序，设计科学合理的国有股权转让定价机制，防止国有资产流失。加快推进公有制企业与非公有制企业交叉持股，形成相互制衡机制，抑制事后的机会主义行为。采取有效措施鼓励非公有制企业通过参股、控股、资产收购等多种方式参与国有企业的改制重组，实现优势互补与共赢。要吸取以前的改革教训，避免"一刀切"的改革措施，不能认为"一混就灵"，要深入调查研究，进行科学论证，并制定科学合理的改革方案，因地制宜地推进国有企业混合所有制改革。所以，不能为了改革而改革，要具体问题具体分析，关键看交叉所有权是否提高了社会福利。

要根据不同行业、不同类型、不同情况的企业实施"一企一策"，确定国有企业中国有股的最优比重。对于一些关系到国家安全的特殊行业，或者是国有企业效率已经很高的行业，混合所有制改革要慎重。对于一些效率很高、竞争力很强、发展情况良好的国有企业，无必要推进混合所有制改革。对于一些效率较低的国有企业，则需要在综合考虑市场结构、竞争对手、效率差距等一系列因素之后，再确定是否需要及如何推行混合所有制改革。对于国有独资企业，要在条件成熟的情况下，积极进行股份制改革及并购重组，争取上市，以吸收广泛的非国有资

本，成立混合所有制企业，实现产权多元化。因此，除了个别关系到国家战略安全的企业需要国有独资外，包括一些国企控股母公司在内的其他国有独资企业，均应加快推进股份制改造，采取各种灵活形式与非公有制资本融合，并在条件成熟的情况下上市，实现产权多元化与重组。对于已经是混合所有制的国有企业，则需要深化股权结构改革，适度减持国有股，增加非国有股份，以实现国有股的高效流通转让，并设计和完善内部员工持股制度，逐步允许企业员工持股等。如果是需要国有相对控股的企业，可以采取50%以下的控股比例。

此外，要降低市场壁垒，创造公平的市场环境，更需要考虑不完全契约的作用（Schmitz，2000）。在不存在交叉所有权的情况下，要想发展混合所有制经济，形成最优的国有股比重，需要从外部吸收足够的社会资金。在今后的改革中，要降低准入门槛，创造优越的竞争环境。按照公平、法制的市场经济要求，加强配套政策倾斜，切实落实好党的十八大、十九大及其三中、四中、五中全会有关精神及"新36条"等鼓励非公有制经济发展的政策，加快推进垄断行业改革，逐步放开更多的垄断市场领域及业务；大力改革行政审批制度，严把合法关、合理关与监督关，做好对非国有企业的市场准入服务，为私人资本进入市场并实施交叉所有权策略提供条件。此外，政府要突破自身狭隘利益的局部意识，着眼于社会福利最大化的大局意识。

更为重要的是，通过积极稳妥推进混合所有制改革，推动国有资本与各类所有制资本有序融合，以资本为纽带完善混合所有制企业治理结构和管理方式，促进企业转换经营机制，提高资本配置效率和运行效率，实现各类资本取长补短、相互促进、共同发展，使混合所有制经济成为基本经济制度的重要实现形式。如国有企业与互联网企业[①]之间便有很大的合作空间，通过合作，可以更好地推动数字经济与实体经济融合创新，推动传统产业转型升级，培育壮大经济发展新动能。

---

① 1995年4月30日，美国政府终止了对互联网的控制。随着企业家们开发出各种在线交易程序，电子商务开始应运而生（麦克米兰，2006）。

四、创造良好的竞争中性原则

社会主义市场经济本质上是法治经济。要使市场在资源配置中起决定性作用和更好发挥作用,必须以保护产权、维护契约、统一市场、平等交换、公平竞争、有效监管为基本导向完善社会主义市场经济法律制度,健全以公平为核心原则的产权保护制度,创造良好的竞争中性原则。具体表现为,创新适应公有制多种实现形式的产权保护制度,加强对国有、集体资产所有权、经营权和各类企业法人财产权的保护,完善激励创新的产权制度、知识产权保护制度和促进科技成果转化的体制机制,进一步健全"归属清晰、权责明确、保护严格、流转顺畅"的现代产权制度;加强产权理论研究,帮助人们提高产权意识,树立正确的产权观念,为产权制度改革提供理论依据与思想基础,在已有产权制度的基础上,加强法制建设,进一步健全企业国资法等法律制度,并制定与各项法律配套的系列法规及规章制度,提高制度可操作性;完善公有产权制度,摸清改制国有企业的产权状况,清理产权分布混乱不清的现象,做好产权登记及变更工作,尽快出台科学、合理、稳定性强的规范制度,加强对国有企业产权信息的掌握,防止国有资产流失。政府要转变职能,坚持市场公平原则,依法行政,保护各种所有制经济产权和合法利益,做到"公有制经济财产权不可侵犯,非公有制经济财产权同样不可侵犯",使各经济主体能够依法平等使用生产要素,同等地受到法律保护。完善股权自由转让制度,健全公司股权流转的法律法规,将股权转让纳入多层次的资本市场体系,并建立科学完善的统一监管体系。

因此,积极稳妥发展混合所有制经济,在企业层面,交易属性和交易成本决定了混合所有制改革难以大规模快速推进;在国家层面,混合所有制改革不是私有化,而是要在多种所有制经济"共赢同进"中完善社会主义基本经济制度,做强做优做大公有制经济。

结论与研究展望

　　积极发展国有企业混合所有制改革是党的十八届三中全会确定的重大任务,是深化国有企业改革的重要举措,也是实现我国基本经济制度的重要形式,更是国有企业与市场经济有机结合的关键环节。党的十九届五中全会提出,"深化国资国企改革,做强做优做大国有资本和国有企业。加快国有经济布局优化和结构调整,发挥国有经济战略支撑作用。加快完善中国特色现代企业制度,深化国有企业混合所有制改革。健全管资本为主的国有资产监管体制,深化国有资本投资、运营公司改革"。那么,究竟有哪些因素影响我国国有企业发展混合所有制,其发展混合所有制最优规模是多大,为什么在现实条件下发展混合所有制动力不足?在国有企业混合所有制改革过程中,同样需要充分发挥市场在资源配置中的决定性作用,更好发挥政府作用,推动有效市场和有为政府更好地结合。

　　由福利经济学基本定理和科斯定理可知,信息完全,交易成本为零,不存在外部性问题,依靠市场价格信号和自由契约机制,资源配置可以实现帕累托最优状态,此时,产权结构是无关紧要的,所以不论私有还是国有,混合所有制等所有权结构都是有效率的。然而,现实中的市场难以满足完全竞争市场严格的假设条件,垄断、外部性、信息不对称等问题就会使价格和契约机制发生扭曲,资源配置效率低下,很容易造成混合所有制发展动力不足。因此,运用沉淀成本、产权、交易成本和委托—代理等因素,深入探讨国有企业发展混合所有制最优规模和动力不足问题,可以内生地解释国有企业发展混合所有制扭曲原因。"市场失灵"只能为资本主义国家发展有限的国有经济提供理论依据，我国社会主义初级阶段的生产力水平要求我国在社会主义市场经济体制下实现公有制为主体、多种所有制经济共同发展。因此，国有经济与民营经济的协同发展要以发挥国有经济的主导作用和市场经济体制为前提，既要遵循市场经济的一般规律，更要充分发挥我国国家制度和国家治理体系的显著优势。通过市场机制实现国有资本和企业与民营资本和企业的资源配置协同，通过发展混合所有制经济实现国有资本与民营资本的产品供给协同，通过优化市场环境实现国有企业与民营企业的产业发展协同，进而充分发挥国有经济和民营经济各自的比较优势，完善社会主义现代化经济体系，不断提高生产社会化程度和经济发展质量，界定国有企业经济功能，充分发挥市场在资源配置中的决定性作用，更好地发挥政府作用，推动有效市场和有为政府更好结合，为发展混合所有制提供更有力的理论支撑。

"混合所有制"最早出现在1993年党的十四届三中全会上，却直到2013年党的十八届三中全会才强调要积极发展混合所有制经济。混合所有制是建立现代国有企业制度的主要组织形式和实现形式，为公有制经济和非公有制经济的进一步发展提供新的空间，这是适应经济新常态，积极推进供给侧结构性改革的必然要求。一是通过混合所有制，放大国有资本功能，提高国有资本配置和运行效率，实现各种所有制资本取长补短，实现国企民企共享发展；二是理性地变革产权体制，通过进行资产重组发展混合所有制经济，进一步发挥其在市场竞争中的主体地位，在市场起决定性作用基础上实现国有企业与市场经济如何融合问题；三是为深化国有企业改革和发展指明了方向，继续推进国有经济布局和结构战略性调整，实现产权多元化，加快推进垄断性行业改革，切实放宽市场准入，积极引入竞争机制，更好地促进非公有制经济发展等。

党的十九届五中全会指出改革开放将迈出新步伐，社会主义市场经济体制更加完善，高标准市场体系基本建成，市场主体更加充满活力，产权制度改革和要素市场化配置改革取得重大进展，公平竞争制度更加健全，更高水平开放型经济新体制基本形成。而一个有效的经济体系，当且仅当市场有了合理的设计之后，我们才会依靠斯密说的这只"看不见的手"指导经济，汇集各方面的信息，协调各种产业活动，让人们从贸易中获利。通过前面各章的论述，可以看出国有企业发展混合所有制困难重重，从而给予其微观经济分析，将博弈行为、交易成本、"敲竹杠"机会主义、委托—代理等纳入理性选择分析之中，放弃了新古典经济学自由市场神话的结论，更加贴近国有企业发展混合所有制的经济现实。换言之，为什么我国国有企业发展混合所有制的收益巨大，在现实经济条件下却无法得到实现？反而还会陷入传统公司治理结构中无法自拔？

当前，我国已转向高质量发展阶段，制度优势显著，治理效能提升，经济长期向好，物质基础雄厚，人力资源丰富，市场空间广阔，发展韧性强劲，社会大局稳定，继续发展具有多方面优势和条件，但同时我国发展不平衡不充分问题仍然突出，重点领域关键环节改革任务仍然艰巨，创新能力不适应高质量发展要求，生态环保任重道远，民生保障存在短板，应以推动高质量发展为主题，以深化供给侧结构性改革为主线，以改革创新为根本动力，以满足人民日益增长的美好生活需要为根本目的，加快建设现代化经济体系，加快构建以国内大循环为主体、国内国际双循环相互促进的新发展格局，推进国家治理体系和治理能力现代化。深化国有企业改革，而发展混合所有制作为其一个突破口，要紧紧扣住市场配置资源起决定性作用这个市场经济规律，同时要更好地发挥政府的作用。也就是说，市场只有在稳定的经济环境背景下才能有效地运作，而政府的责任就是积极地创造这样一个环境。政府应更多地从产业政策上进行引导，绝不能替代市场的作用，更不能硬性要求企业去如何做，政府应为企业创造公平公开公正的环境。由于信息不完全和根本不确定性等因素的存在，事情因此不能按照事先设计好的理想化的状态进行，而走向了另外一条路，造成发展混合所有制困境，形成路径依赖，甚至造成事与愿违。为了尽可能地解决这种困境，政府就必须出台相关政策或制定相关制度来降低这些沉淀成本和交易成本，这要求我们一方面要逐步完善市场制度，依靠市场的力量来解决沉淀成本和交易成本的问题；而对于那些无法通过市场的力量来解决的沉淀成本以及交易成本则需要考虑通过政府这只"看得见的手"来解决。市场与政府共同协调作用，坚持"两手抓""两手都要硬"双强模式，才能更好地解决国有企业发展混合所有制过程中面临的主要问题。

目前，经济分析主要关注企业在市场中的竞争，而企业内部机制却没有得到足够的重视。一个经济系统的效率在很大程度上取决于在市场之外活动的组织，因而，看到一个有效率的组织至少与一个完全的市场体系同等重要（Williamson，1994）。假定产品 q 以价格 p 被卖出，包括闲置成本在内的成本也就等于 p。闲置成本等于 $p-c$，是由不必要的官僚机构、疏忽、冲突和误解造成的。当组织能够消除这些浪费时，单位成本仅为 c，如图 1 所示。

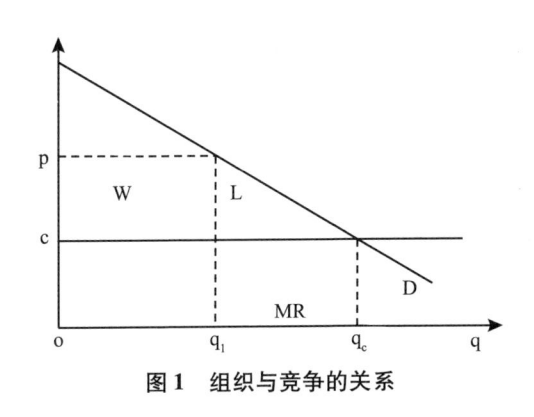

图 1 组织与竞争的关系

因此，一个有效率的组织能够产生数量可观的额外剩余，如图 1 所示。从市场功能方面考虑，假定在消除闲置成本之前的组织最初设定的价格为 p，之后竞争者进入使价格下降为 c，导致价格下降，产出增加，这会增加整个社会的净福利水平，如三角形 L 的面积。矩形 W 的面积大于三角形 L 的面积，这意味着一个有效率的组织比一个完全市场体系能够带来更多的价值。在这种情况下，经济学研究的重点是价格机制和资源配置，而现在也包括组织中的激励和协调问题，同样也与资源配置密切相关。

根据我国国有企业发展混合所有制的实际情况，通过分析交易成本、资产专用性、委托—代理、博弈论等对混合所有制的影响，进一步认识到发展混合所有制具有重大的现实意义，并对新古典经济学完全竞争市场模式假设前提进行质疑，结合我国具体国情，指出混合所有制发展的内在机制和演变规律。最后在案例和国外经验的基础上，对国有企业发展混合所有制提出政策建议。

一、研究结论

新时代混合所有制改革应当是渐进式的、稳健的，而不是运动式的，更不是激进的私有化。同样，混合所有制改革的模式应该是多样化的，要积极探索适宜的改革模式，需要政府为混合所有制改革提供基本的法律法规体系，以帮助市场制定游戏规则，避免国有企业混合所有制失灵。本书通过研究国有企业发展混合所有制问题，在理论创新与经济现实两个方面主要得出以下结论：

在理论层面上，通过不完全契约理论、交易成本、委托—代理、路径依赖理论对国有企业发展混合所有制问题进行研究，形成了对国有企业混合所有制改革问题研究的统一分析框架。主流契约理论主要由完全契约理论与不完全契约理论构成，完全契约理论主要包括委托—代理与激励理论，不完全契约理论是在对完全契约理论假设条件放松与批判中发展起来的，主要包括交易成本理论与新产权理论。因此，对于混合所有制改革的理论分析，不能简单地把契约理论的各个理论分支理解为替代关系或排斥关系，而需要依据经济学基本原理，构建产权、交易成本、不完全契约、市场结构理论分析框架，实现国有企业混合所有制改革目标。

在实践层面上，通过对国有企业发展混合所有制存在的主要问题和成因分析，以及案例研究和国际比较，为深化国有企业混合所有制改革提供了理论支撑与实践指导，尤其是资产专用性投入不足与"搭便车""敲竹杠"以及路径依赖等问题，不断完善和提高混合所有制公司治理现代化，加强混合所有制契约关系发展的产权制度建设、现代企业制度建设、信息披露制度建设，完善混合所有制的法律监管体系、分类监管体系，促进国有企业混合所有制健康发展。

二、研究展望

当前，中国特色社会主义已经进入新时代，社会主要矛盾已经由人民日益增长的物质文化需要同落后的社会生产力之间的矛盾转化为人民日益增长的美好生活需要和不平衡不充分的发展之间的矛盾。同时，我国国有企业发展混合所有制已进入深化发展阶段，研究和探索国有企业混合所有制问题对于全面深化国有企业改革既具有理论意义又具有现实意义。不仅需要健全市场体系基础制度，坚持建立平等准入、公正监管、开放有序的高效规范、公平竞争的国内统一市场，而且还要激发各类市场主体活力，强化产权制度改革，推进土地、劳动力、资本、技术、数据等要素市场化改革，健全公平竞争制度。更为重要的是，需要研究国有企业混合所有制改革，形成竞争中性问题，加快转变政府职能，深化简政放权、放管结合、优化服务改革，持续优化市场化、法治化、国际化营商环境，避免出现垄断问题。也就是说，国有企业混合所有制改革绝不仅仅是产权的简单混合，更主要的事是规范治理机制。其中，产权制度改革是基础，只有建立了与现代企业制度相适应的产权制度，才能够完善企业的治理结构。国家应在充分考虑不同路径的适用条件和绩效差异的基础上，稳步推进混合所有制改革模式，其中：一是将整体上市作为混合所有制改革的首选路径；二是在母公司层面更多采取整体上市、民营企业参股的方式，而在子（孙）公司层面可以更多采用国有企业并购的方式，实现不同层面的混合所有制；三是平稳有序地推进员工持股计划。因此，混合所有制其他利益相关者的混合所有制契约关系发展问题是本研究的后续研究重点和方向。

经济理论当然极为重要，经济政策终究会受经济理论的指导，尤其是不存在经验和证据的时候更是如此。有什么样的理念，就会有什么样的理论指导,就会有什么样的政策或制度创新建议。而考虑理论创新的意义,目的在于实施更好的经济政策,以助于增进社会福利水平。在新古典经济学一般均衡条件下,资源充分流动,没有交易成本,商品市场—要素市场—资本市场相互独立,所以任何其他经济因素冲击都不会产生任何经济问题。即使发生不确定性、信息不对称、机会主义和交易成本也无关紧要,资源最终都会实现重新配置,不会出现任何配置低效率问题,自由市场是永恒的主题,政府干预也是不必要的。然而,一旦打破新古典经济学完全竞争假设前提,我们会发现,商品市场—要素市场—资本市场之间的复杂关系,体现在交易成本、信息不完全、不完全契约、委托—代理、博弈论等方面。此时信息不完全、交易成本、不确定性和有限理性等才会发挥作用,从而发现会带来扭曲市场绩效,降低经济效率和福利水平,无法实现帕累托最优,自由放任政策失灵,致使国有企业混合所有制改革受阻。

总之,不论是制度创新,还是政策创新,不论是地方政府,还是中央政府,在国有企业混合所有制改革过程中,使市场在资源配置中发挥决定性作用和更好地发挥政府作用,必将成为科学的宏观调控,有效政府治理的内在要求。切实转变政府职能,深化行政体制改革,创新行政管理方式,增强政府公信力和执行力,建设法治政府和服务型政府。只有这样,才能加快国有企业混合所有制改革进程。

参考文献

［1］［荷兰］乔治·亨德里克斯.组织的经济学与管理学：协调、激励与策略［M］.胡雅梅,等译.北京：中国人民大学出版社,2007.

［2］［美］E·奥斯特罗姆.公共事物的治理之道［M］.余逊达,陈旭东,译.上海：上海三联书店,2000.

［3］［美］埃里克·弗鲁博顿,鲁道·芮切特.新制度经济学：一个交易费用分析范式［M］.姜建强,罗长远,译.上海：上海三联书店、上海人民出版社,2006.

［4］［美］奥利佛·威廉姆森.交易成本经济学——经典名篇选读［M］.李自杰,译.北京：人民出版社,2008.

［5］［美］奥利弗·E.威廉姆森.资本主义经济制度［M］.段毅才,王伟,译.北京：商务印书馆,2002.

［6］［美］巴泽尔.产权的经济分析［M］.费方域,等译,上海：上海人民出版社,1997.

［7］［美］戴维斯、诺思.制度创新的理论：描述、类推与说明,财产权利与制度变迁［C］.刘守英,等译.上海：上海三联书店,2014.

［8］［美］丹尼尔·W.布罗姆利.经济利益与经济制度：公共政策的理论基础［M］.陈郁,等译.上海：上海三联书店、上海人民出版社,1996.

［9］［美］道格拉斯·C.诺思.制度、制度变迁与经济绩效［M］.杭行,译.上海：上海人民出版社,2016.

［10］［美］哈罗德·德姆塞茨.所有权、控制与企业［M］.段毅

才，等译．北京：经济管理出版社，1999．

[11] [美] 哈罗德·德姆塞茨．关于产权的理论 [J]．银温泉，译．经济社会体制比较，1990（6）．

[12] [美] 科斯．企业、市场与法律 [M]．盛洪，等译．上海：格致出版社、上海三联书店、上海人民出版社，2014．

[13] [美] 罗纳德·H. 科斯等．财产权利与制度变迁：产权学派与新制度学派译文集 [C]．刘守英，等译．上海：上海三联书店，1991．

[14] [美] 诺思．理解经济变迁过程 [M]．钟正生，等译．北京：中国人民大学出版社，2008．

[15] [美] 萨缪尔森．经济学 [M]．高鸿业，译．北京：商务印书馆，1979．

[16] [美] 斯蒂格利茨、格林沃尔德．关于货币经济学新模式 [M]．陈波，译．上海：上海财经大学出版社，2015．

[17] [美] 西奥多·舒尔茨．报酬递增的源泉 [M]．姚志勇，等译．北京：北京大学出版社，2001．

[18] [美] 约翰·麦克米兰．市场演进的故事 [M]．余江，译．北京：中信出版社，2006．

[19] [南] 迈克尔·迪屈奇．交易成本经济学：关于公司的新的经济意义 [M]．王铁生，等译．北京：经济科学出版社，1994．

[20] [日] 都留重人．日本的资本主义以战败为契机的战后经济发展 [M]．复旦大学日本研究中心，译．上海：复旦大学出版社，1995．

[21] [日] 青木昌彦．比较制度分析 [M]．周黎安，译．上海：上海远东出版社，2001．

[22] [意] 皮埃尔·托尼奈利．西方国有企业的兴衰 [M]．汤吉军，等译．北京：经济科学出版社，2020．

[23] [英] 凯恩斯．就业、利息和货币通论 [M]．宋韵生，译．北京：华夏出版社，2012．

[24] 伯娜．关于混合所有制经济性质问题的观点述评 [J]．学术

界，2010（5）.

［25］蔡昌，沈静. 混合所有制改革、税收与产权保护［J］. 税务研究，2018（5）.

［26］曹冬梅，辜胜阻，郑超. 当前国有资产管理与国有企业改革研究［J］. 中国科技论坛，2015（7）.

［27］常修泽. 中国国有企业改革和民营经济发展中的几个突出问题［J］. 产权导刊，2004（8）.

［28］陈光胜. 国有企业混合所有制改革之员工持股案例分析——以中国联通为例［D］. 保定：河北金融学院，2018.

［29］陈俊龙，李衎. 交易成本与东北地区混合所有制经济发展分析［J］. 国有经济评论，2014（2）.

［30］陈俊龙，齐平. 混合所有制改革背景下国有股最优比例问题研究［M］. 北京：中国财政经济出版社，2017.

［31］陈俊龙，汤吉军. 资产专用性与所有制结构分析——兼论我国混合所有制经济的发展［J］. 经济问题，2014（6）.

［32］陈俊龙. 交易成本、科斯定理与混合所有制经济发展［J］. 学术交流，2014（4）.

［33］陈林，唐杨柳. 混合所有制改革与国有企业政策性负担——基于早期国企产权改革大数据的实证研究［J］. 经济学家，2014（11）.

［34］陈默. 国有企业引入民营资本公司治理问题研究——以鄂武商和中百集团为例［D］. 北京：北京交通大学博士论文，2017.

［35］陈庆，安林. 完善国有资产管理体制研究［J］. 首都经贸大学学报，2014（1）

［36］陈郁. 企业制度与市场组织——交易成本经济学文选［M］. 上海：上海人民出版社，2006.

［37］陈郁. 所有权、控制权与激励——代理经济学文选［M］. 上海：上海人民出版社，2006.

［38］程承坪. 国有企业性质新论——基于交易成本的视角［J］. 社会科学辑刊，2013（1）.

[39] 崔兵,卢现祥. 威廉姆森企业边界理论评述 [J]. 经济学动态, 2009 (12).

[40] 樊纲. 论体制转轨的动态过程——非国有部门的成长与国有部门的改革 [J]. 经济研究, 2000 (1).

[41] 樊纲. 有关交易成本的几个理论问题 [J]. 经济学动态, 1992 (5).

[42] 樊纲. 资产定价与"资产流失"[J]. 学术研究, 2003 (9).

[43] 费方域. 不完全契约、产权和企业理论 [M]. 上海:格致出版社, 2011.

[44] 顾钰民. 混合所有制的制度经济学分析 [J]. 福建论坛·人文社会科学版, 2006 (10).

[45] 郭春丽. 国有资产管理体制改革的总体思路和实现路径 [J]. 宏观经济管理, 2014 (10).

[46] 郝云宏,汪茜. 混合所有制企业股权制衡机制研究——基于"鄂武商控制权之争"的案例解析 [J]. 中国工业经济, 2015 (3).

[47] 何立胜,管仁勤. 混合所有制——一种最具与市场经济兼容力的所有制形式 [J]. 经济问题探索, 1999 (7).

[48] 胡颖,刘少波. 混合所有制与国有企业产权多元化改革 [J]. 科学·经济·社会, 2005 (2).

[49] 黄德根. 公司治理与中国国有商业银行改革 [M]. 北京:中国金融出版社, 2003.

[50] 黄群慧,于菁,王欣,邵婧婷. 新时期中国员工持股制度研究 [J]. 中国工业经济, 2014 (7).

[51] 黄群慧. 新时期如何积极发展混合所有制经济 [J]. 行政管理改革, 2013 (12).

[52] 黄少安. 产权经济学导论 [M]. 北京:经济科学出版社, 2004.

[53] 黄少琳. 控制权与国企混合所有制改革 [J]. 中国外资, 2017 (3).

［54］黄速建．中国国有企业混合所有制改革研究［J］．经济管理，2014（7）．

［55］黄新华．政治过程、交易成本与治理机制——政策制定过程的交易成本分析理论［J］．厦门大学学报（哲学社会科学版），2012（1）．

［56］景春梅．混合所有制经济在西方是怎么做的［J］．中国中小企业，2015（5）．

［57］剧锦文．国有企业推进混合所有制改革的缔约分析［J］．天津社会科学，2016（1）．

［58］李广豪．混合所有制企业的公司治理与股权结构分析［J］．管理研究，2017（12）．

［59］李涛．混合所有制公司中的国有股权——论国有股减持的理论基础［J］．经济研究，2002（8）．

［60］李维安．深化国企改革与发展混合所有制［J］．南开管理评论，2014（3）．

［61］李亚男．混合所有制改革模式下资产与股权的估值定价方法［D］．北京：北京交通大学硕士论文，2015（6）．

［62］厉峰．产权制度、现代企业理论与国有资产管理体制改革［J］．中山大学学报论丛，2007（6）．

［63］厉以宁．中国道路与混合所有制经济［M］．北京：商务印书馆，2014．

［64］梁小惠．混合所有制公司治理结构的改革与法律完善［J］．河北学刊，2015（11）．

［65］廖芙秀，颜芳．中国银行后产权改革的阶段评价［J］．中央财经大学学报，2012（4）．

［66］林毅夫，蔡昉．充分信息与国有企业改革［M］．上海：格致出版社、上海三联出版社、上海人民出版社，2014．

［67］林毅夫，刘明兴，章奇．企业预算软约束的成因分析［J］．江海学刊，2003（5）．

[68] 刘崇献. 混合所有制的内涵及实施路径 [J]. 中国流通经济, 2014 (7).

[69] 刘汉民, 齐宇, 解晓晴. 股权和控制权配置: 从对等到非对等的逻辑——基于央属混合所有制上市公司的实证研究 [J]. 经济研究, 2018 (5).

[70] 刘汉民. 路径依赖理论及其应用研究: 一个文献综述 [J]. 浙江工商大学学报, 2010 (2).

[71] 刘瑞明、石磊. 国有企业的双重效率损失与经济增长 [J]. 经济研究, 2010 (1).

[72] 刘小玄. 中国工业企业的所有制结构对效率差异的影响——1995 年全国工业企业普查数据的实证分析 [J]. 经济研究, 2000 (2).

[73] 刘小玄. 中国转轨经济中的产权结构和市场结构——产业绩效水平的决定因素 [J]. 经济研究, 2003 (1).

[74] 柳学信. 国有资本的公司化运营及其监管体系催生 [J]. 改革, 2015 (7).

[75] 卢现祥, 朱巧玲. 新制度经济学 [M]. 北京: 北京大学出版社, 2012.

[76] 罗华伟, 干胜道. 顶层设计: "管资本"国有资产管理体制构建之路 [J]. 经济体制改革, 2014 (6).

[77] 马骏, 张文魁. 国有资本管理体制改革研究 [M]. 北京: 中国发展出版社, 2015.

[78] 马连福, 王丽丽, 张琦. 混合所有制的优序选择: 市场的逻辑 [J]. 中国工业经济, 2015 (7).

[79] 平新乔. 新一轮国企改革的特点、基本原则和目标模式 [J]. 经济纵横, 2015 (2).

[80] 邵春保. 现行国有资产监管体制的发展趋势 [J]. 中国行政管理, 2011 (4).

[81] 盛洪. 现代制度经济学 (上下卷) [M]. 北京: 中国发展出版社, 2009.

[82] 宋文阁、刘福东. 混合所有制的逻辑 [M]. 北京：中华工商联合出版社，2014.

[83] 孙红梅. 混合所有制改革：技术创新的必然要求 [J]. 时代金融旬刊，2014（35）.

[84] 孙岷，徐佳蓉. 多元抑或趋同：股权结构演变的路径依赖解释 [J]. 财经问题研究，2005（1）.

[85] 汤吉军，安然. 国有企业跨国并购风险防范的制度研究 [J]. 经济体制改革，2015（3）.

[86] 汤吉军，郭砚莉. 资产专用性、敲竹杠与国有企业治理结构选择 [J]. 经济体制改革，2014（6）.

[87] 汤吉军，刘仲仪. 混合所有制、控制权博弈与政府管制 [J]. 经济与管理研究，2016（12）.

[88] 汤吉军. 不完全契约视角下国有企业发展混合所有制分析 [J]. 中国工业经济，2014（12）.

[89] 汤吉军. 市场失灵、国有企业与政府管制 [J]. 理论学刊，2015（5）.

[90] 汤吉军. 新时代国企与民企发展混合所有制研究：一个实物期权方法 [J]. 经济体制改革，2020（3）.

[91] 田甜飞. 混合所有制改革下控制权配置差异研究——基于绿地集团的案例分析 [D]. 杭州：浙江工商大学博士论文，2017.

[92] 万华炜. 中国混合所有制企业产权制度研究 [M]. 北京：中国经济出版社，2009.

[93] 王储，王峰娟. 国企混合所有制改革中的资产定价问题——以中石化销售公司混合所有制改革为例 [J]. 财务与会计，2015（6）.

[94] 王满萍. 浅谈国企混合所有制改革中国有资产的管理 [J]. 经管空间，2017（5）.

[95] 王莎. 混合所有制企业员工持股的激励效应——以浙江物产为例 [D]. 济南：山东大学博士论文，2018.

[96] 王永钦，李明. 理解中国的经济奇迹——互联契约的视角 [J].

管理世界，2008（10）.

[97] 吴雅杰.中国转型期市场失灵与政府干预[M].北京：知识产权出版社，2011.

[98] 吴延兵.不同所有制企业技术创新能力考察[J].产业经济研究，2014（2）.

[99] 吴瑛.产权交易市场促进混合所有制经济发展研究[J].浙江万里学院学报，2005（5）.

[100] 夏鑫，周春红，宋荣娟，董瑞锋.混合所有制、终极控股结构与控制权私利行为——基于"一般商业性"国有企业的实证研究[J].会计之友，2018（2）.

[101] 夏志强.产权制度创新与国有资产管理体制重构[J].财经科学，2004（2）.

[102] 晓亮.论大力发展混合所有制[J].经济学家，2004（2）.

[103] 杨红英，童露.论混合所有制改革下的国有企业公司治理[J].宏观经济研究，2015（1）.

[104] 杨继伟，张奕敏.中国混合所有制公司股权治理及控制权——基于万科的案例[J].财会通讯，2017（5）.

[105] 杨建君.大型国企混合所有制改革的关键环节[J].改革，2014（5）.

[106] 杨瑞龙，杨其静.企业理论：现代观点[M].北京：中国人民大学出版社，2005.

[107] 姚圣娟，马健.混合所有制企业的股权结构与公司治理研究[J].华东经济管理，2008（4）.

[108] 叶玲，王亚星.混合所有制改革下公司治理结构的动态调整路径研究[J].当代财经，2018（8）.

[109] 易金明.混合所有制企业的股权结构与公司治理[J].现代商业，2017（12）.

[110] 余菁."混合所有制"的学术论争及其路径找寻[J].改革，2014（11）.

[111] 张继德, 吴冰瑶. 混合所有制改革如何规避国有资产流失——以中国石化混改为例 [J]. 会计之友, 2015 (19).

[112] 张军. 社会主义的政府与企业——从"退出"角度的分析 [J]. 经济研究, 1994 (9).

[113] 张维迎. 经济学原理 [M]. 西安: 西北大学出版社, 2015.

[114] 张维迎. 理解公司: 产权、激励与治理 [M]. 上海: 世纪出版集团、上海人民出版社, 2014.

[115] 张卫东. 新制度经济学 [M]. 大连: 东北财经大学出版社, 2015.

[116] 张文魁. 混合所有制的公司治理和公司业绩 [M]. 北京: 清华大学出版社, 2015.

[117] 张文魁. 中国混合所有制企业的兴起及其公司治理研究 [M]. 北京: 经济科学出版社, 2010.

[118] 张五常. 交易成本的范式 [J]. 社会科学战线, 1999 (1).

[119] 张晓玫, 朱琳琳. 混合所有制公司的治理结构、高管薪酬和经营绩效——基于分行业的研究视角 [J]. 理论探讨, 2016 (2).

[120] 张卓元. 混合所有制经济是什么样的经济 [J]. 求是, 2014 (8).

[121] 张作云. 关于混合所有制经济的内涵和性质问题——兼论混合所有制经济的研究方法 [J]. 海派经济学, 2008 (2).

[122] 赵春雨. 混合所有制发展的历史沿革及文献述评 [J]. 经济体制改革, 2015 (1).

[123] 钟俊. 国有商业银行股份制改造与管理 [M]. 北京: 中国工商出版社, 2005.

[124] Aghion, P., Van Reenen J. & L. Zingales. Innovation and Institutional Ownership [J]. American Economic Review, 2013, 103 (1): 277-304.

[125] Alchain, A. & H. Demsetz. Production, Information Costs and Economic Organization [J]. American Economic Review, 1972, 62 (5):

777 - 795.

[126] Alvaro, C., Andrew, I. & M. Aldo, Governments as Owners: State - Owned Multinational Companies [J]. Journal of International Business Studies, 2014, 45: 915 - 924.

[127] Arrow, K. J. & T. Scitovsky, Readings in Welfare Economics [M]. Homewood. Richard D. Irwin, 1969.

[128] Arthur, W. B. Competing Technologies, Increasing Returns, and Lock - In by Historical Events [J]. Economic Journal, 1989, 99 (394): 116 - 131.

[129] Backs, M., Carney, M. & E. Gedajlovic, Public, Private and Mixed Ownership Modes and the Performance of International Airlines [J]. Journal of Air Transport Management, 2002, 8 (4): 213 - 220.

[130] Barker, E., The Conflict of Ideologies [J]. International Affairs, 1937, 16 (3): 31 - 45.

[131] Barzel, Y., Economic Analysis of Property Rights [M]. Cambridge. Cambridge University Press, 1997.

[132] Baumol, W. J., Panzar, J. C. & R. D. Willig, Contestable Markets and the Theory of Industry Structure [M]. San Diego. Harcourt Brace Jovanovich, 1988.

[133] Bebchuk, L. A. & M. J. Roe, A Theory of Path Dependence in Corporate Ownership and Governance [J]. Stanford Law Review, 1999, 52 (1): 127 - 170.

[134] Beladi, H. & C. C. Chao, Mixed Ownership, Unemployment and Welfare for Development [J]. Review of Development Econimics, 2006, 10 (4): 604 - 611.

[135] Belloc, F., Corporate Governance and Innovation: a Survey [J]. Journal of Economic Survey, 2012, 26 (5): 835 - 864.

[136] Bennett, J. & E. Iossa, Building and Managing Facilities for Public Services [J]. Journal of Public Economics, 2006, 90 (10 - 11):

2143 - 2160.

[137] Bennett, J. & J. Maw, Privatization, Partial State Ownership, and Competition [J]. Journal of Comparative Economics, 2003, 31 (1): 58 - 74.

[138] Berle, A. & G. Means, The Modern Corporation and Private Property [M]. New York. Commerce Clearing House, 1932.

[139] Boardman, A. & A. Vining, The Behavior of Mixed Enterprise [J]. Research in Law and Economics, 1991, 14 (3): 223 - 250.

[140] Bonin, J. P., Hasan, I. & P. Wachtel, Banking Performance, Efficiency and Ownership in Transition Countries [J]. Journal of Banking and Finance, 2005, 29 (8 - 9): 2155 - 2178.

[141] Brada, J. C., Privatization is Transition - Or Is It [J]. Journal of Economic Perspective, 1996, 10 (2): 67 - 68.

[142] Brooks, S., The Mixed Ownership Corporation as an Instrument of Public Policy [J], Comparative Politics, 1987, 19 (2): 173 - 191.

[143] Cheng. M., Lin. B. & M. Wei, How Does the Relationship between Multiple Large Shareholders Effect Corporate Valuation Evidence from China [J]. Journal of Economics and Business, 2013, 70 (6): 43 - 70.

[144] Chung, S., The Contractual Nature of the Firm [J]. Journal of Law and Economics, 1983, 26 (1): 1 - 21.

[145] Clarke, R. G. & R. Gull, Why Privatize? The Case of Argentina's Public Provincial Banks [J]. World Development, 1999, 21 (5): 122 - 151.

[146] Coase, R. The Nature of the Firm [J]. Economica, 1937, 4 (16): 386 - 405.

[147] Coase, R. The Problem of Social Cost [J]. Journal of Law and Economics, 1960, 3 (1): 1 - 44.

[148] Commons, J. R., Legal Foundation of Capitalism [M]. Wisconsin. University of Wisconsin Press, 1957.

[149] Davidson, P. & G. Davidson, Financial Markets and Williamson's Theory of Governance: Efficiency versus Concentration versus Power [J]. Quarterly Review of Economics and Business, 1984, 24: 1 – 21.

[150] Eckel, C. & A. Vining, Elements of a Theory of Mixed Enterprise [J]. Scottish Journal of Political Economy, 1985, 32 (1): 82 – 94.

[151] Engel, E., Fischer, R. & E. Galetovic, Least – Present – Value-of – Revenue Auctions and Highway Franchising [J]. Journal of Political Economy, 2001, 109 (5): 993 – 1020.

[152] Engel, E., Fischer, R. & A. Galetovic, The Basic Public Finance of Public – Private Partnerships [J]. Journal of the European Economic Association, 2013 (11): 83 – 111.

[153] Francis, J. & A. Smith, Agency Costs and Innovation: Some Empirical Evidence [J]. Journal of Accounting and Economics, 1995 (19): 383 – 409.

[154] Frydman, G., Gray, C., Hessel, M. & A. Rapaczynski, The Limits of Discipline: Ownership and Hard Budget Constraints in the Transition Economies [J]. Economics of Transition, 2000 (8): 577 – 601.

[155] Fudenberg, D., et al., Short-term Contract and Long – Term Agency Relationships [J]. Journal of Economic Theory, 1990 (51): 1 – 31.

[156] Guadalupe, M., Kuzmina, O. & C. Thomas, Innovation and Foreign Ownership [J]. American Economic Review, 2012, 102 (7): 3594 – 3627.

[157] Guasch, J. L., Granting and Renegotiating Infrastructure Concessions: Doing it Right [M]. Washington. The World Bank, 2004.

[158] Hadani, M., Goranova, M. & R. Khan, Institutional Investors, Shareholder Activism and Earnings Management [J]. Journal of Business Research, 2011, 64 (2): 1352 – 1360.

[159] Hansen, R., Fiscal Policy and Business Cycles [M]. New York. W. W. Norton Company, 1941.

[160] Hardt, L., The History of Transaction Cost Economics and Its Recent Developments [J]. Erasmus Journal for Philosophy and Economics, 2009, 2 (1): 29 -51.

[161] Hart, O., Corporate Governance: Some Theory and Implications [J]. Economic Journal, 1995, 105 (430): 678 -689.

[162] Hart, O., Firms, Contracts, and Financial Structure [M]. London. Oxford University Press, 1995.

[163] Hart, O., Incomplete Contracts and Public Ownership: Remarks, and an Application to Public - Private Partnerships [J]. Economic Journal, 2002, 113 (486): 67 -76.

[164] Hart, O. & J. Moore, Contracts as Reference Points [J]. Quarterly Journal of Economics, 2008, 123 (1): 1 -48.

[165] Hart, O. & J. Moore, Property Rights and the Nature of the Firm [J]. Journal of Political Economy, 1988, 98 (6): 1119 -1158.

[166] Harvey, P., The Legal Status of Federal Government Corporations [J]. California Law Review, 1939, 27 (6): 712 -736.

[167] Holmstrom, B. & P. Milgrom, Multitask Principle - Agency Analysis. Incentive, Contracts, Assets Ownership and Job Design [J]. Journal of Law, Economics and Organization, 1991, 7 (1): 24 -52.

[168] Holmstrom, B. & P. Milgrom, The Firm as a Incentive System [J]. American Economic Review, 1994, 84 (4): 972 -991.

[169] Hu, A. G. & G. H. Jefferson, A Great Wall of Patents: What is behind China's Recent Patent Explosion? [J]. Journal of Development Economics, 2009, 90 (1): 57 -68.

[170] Jensen, M. & W. Mecking, The Theory of Firm, Managerial Behavior, Agency Cost and Ownership Structure [J]. Journal of Financial Economics, 1976, 3 (4): 305 -360.

[171] Kevin, Z. & P. Laura, Exchange Hazards, Relational Reliability, and Contracts in China: the Contingent Role of Legal Enforceability [J].

Journal of International Business Studies, 2010, 41 (5): 861–881.

[172] Klein, N., Crawford, R. & A. A. Alchian, Vertical Integration, Appropriable Rents, and the Competitive Contracting Process [J]. Journal of Law and Economics, 1978, 21 (2): 297–326.

[173] Kornai, J., The Evolution of Financial Discipline Under the Post-Socialist System [J]. Kyklos, 1993, 46 (1): 315–336.

[174] La Porta, R., Lopez-de–Silanes, F. & A. Shleifer, Investor Protection and Corporate Valuation [J]. Journal of Finance, 2002, 57 (3): 1147–1170.

[175] Laeven, L. & R. Levin, Complex Ownership Structures and Corporate Valuations [J]. Review of Financial Studies, 2007, 21 (2): 579–604.

[176] Lin, C., Lin, P. & F. Song, Property Rights Protection and Corporate R&D: Evidence from China [J]. Journal of Development Economics, 2010, 93 (1): 49–62.

[177] Liu, G. S. & W. T. Woo, How Will Ownership in China's Industrial Sector Evolve with WTO Accession? [J]. China Economic Review, 2001, 12 (2): 137–161.

[178] Mintz, J. M., Public–Private Mixed Enterprise. The Canadian Example, Discussion [C]. Queen's University, Department of Economics, 1980.

[179] Musolf, L. D., Mixed Enterprise: a Developmental Perspective [M]. Lexington. Lexington Books, 1972.

[180] North, D., Institutions, Institutional Change, and Economic Performance [M]. Cambridge. Cambridge University Press, 1990.

[181] Peda, P., Argento, D. & G. Grossi, Governance and Performance of a Mixed Public–Private Enterprise: an Assessment of a Company in the Estonian Water Sector [J]. Public Organization Review, 2013, 13 (2): 185–196.

[182] Rae, A., Assessing the Accountability of Government - Sponsored Enterprises and Quangos [J]. Journal of Business Ethics, 2010, 97 (2): 271-289.

[183] Schmidt, R. H. & G. Spindler, Path Dependence, Corporate Governance and Complementarity [J]. International Finance, 2002, 5 (3): 311-333.

[184] Sheleifer, A. & R. Vishny, Politicians and Firms [J]. Quarterly Journal of Economics, 1994, 109 (1): 995-1025.

[185] Shleifer A. & R. Vishny, A Survey of Corporate Governance [J]. Journal of Finance, 1997, 52 (2): 737-783.

[186] Shleifer, A., State versus Private ownership [J]. Journal of Economic Perspectives, 1998, 12 (4): 133-150.

[187] Thomas, H., Government - Sponsored Enterprises: Reality Catches up to Public Administration Theory [J]. Public Administration Review, 2009, 69 (4): 632-639.

[188] Viallet, C., Resolution of Conflicts of Interest in the Ownership of a Firm: the Case of Mixed Firms [J]. Annuals of Public and Cooperative Economy, 1983, 54 (3): 255-270.

[189] Goldberg, V., Regulation and Administered Contracts [J]. Bell Journal of Economics, 1976, 7 (2): 439-441.

[190] Williamson, O. E., Transaction Cost Economics: the Governance of Contractual Relations [J]. Journal of Law and Economics, 1979, 22 (1): 233-261.

[191] Williamson, O. E., The Economics of Governance [J]. American Economic Review, 2005, 95 (2): 1-18.

[192] Williamson, O. E., Comparative Economic Organization: the Analysis of Discrete Structural Alternatives [J]. Administrative Science Quarterly, 1991, 36 (2): 269-296.

[193] Williamson, O. E., The Economics of Organization: the Trans-

action Cost Approach [J]. American Journal of Sociology, 1981, 87 (3): 548 – 577.

[194] Williamson, O. E., The Vertical Integration of Production: Market Failure Considerations [J]. American Economic Review, 1971, 61 (2): 112 – 123.

[195] Williamson, O. E., Transaction Cost Economics: the Natural Progression [J]. American Economic Review, 2010, 100 (3): 673 – 690.

附录1

《国务院关于国有企业发展混合所有制经济的意见》

各省、自治区、直辖市人民政府，国务院各部委、各直属机构：

发展混合所有制经济，是深化国有企业改革的重要举措。为贯彻党的十八大和十八届三中、四中全会精神，按照"四个全面"战略布局要求，落实党中央、国务院决策部署，推进国有企业混合所有制改革，促进各种所有制经济共同发展，现提出以下意见。

一、总体要求

（一）改革出发点和落脚点。国有资本、集体资本、非公有资本等交叉持股、相互融合的混合所有制经济，是基本经济制度的重要实现形式。多年来，一批国有企业通过改制发展成为混合所有制企业，但治理机制和监管体制还需要进一步完善；还有许多国有企业为转换经营机制、提高运行效率，正在积极探索混合所有制改革。当前，应对日益激烈的国际竞争和挑战，推动我国经济保持中高速增长、迈向中高端水平，需要通过深化国有企业混合所有制改革，推动完善现代企业制度，健全企业法人治理结构；提高国有资本配置和运行效率，优化国有经济布局，增强国有经济活力、控制力、影响力和抗风险能力，主动适应和引领经济发展新常态；促进国有企业转换经营机制，放大国有资本功能，实现国有资产保值增值，实现各种所有制资本取长补短、相互促进、共同发展，夯实社会主义基本经济制度的微观基础。在国有企业混合所有制改革中，要坚决防止因监管不到位、改革不彻底导致国有资产流失。

（二）基本原则。

——政府引导，市场运作。尊重市场经济规律和企业发展规律，以企业为主体，充分发挥市场机制作用，把引资本与转机制结合起来，把产权多元化与完善企业法人治理结构结合起来，探索国有企业混合所有制改革的有效途径。

——完善制度，保护产权。以保护产权、维护契约、统一市场、平等交换、公平竞争、有效监管为基本导向，切实保护混合所有制企业各类出资人的产权权益，调动各类资本参与发展混合所有制经济的积极性。

——严格程序，规范操作。坚持依法依规，进一步健全国有资产交易规则，科学评估国有资产价值，完善市场定价机制，切实做到规则公开、过程公开、结果公开。强化交易主体和交易过程监管，防止暗箱操作、低价贱卖、利益输送、化公为私、逃废债务，杜绝国有资产流失。

——宜改则改，稳妥推进。对通过实行股份制、上市等途径已经实行混合所有制的国有企业，要着力在完善现代企业制度、提高资本运行效率上下功夫；对适宜继续推进混合所有制改革的国有企业，要充分发挥市场机制作用，坚持因地施策、因业施策、因企施策，宜独则独、宜控则控、宜参则参，不搞拉郎配，不搞全覆盖，不设时间表，一企一策，成熟一个推进一个，确保改革规范有序进行。尊重基层创新实践，形成一批可复制、可推广的成功做法。

二、分类推进国有企业混合所有制改革

（三）稳妥推进主业处于充分竞争行业和领域的商业类国有企业混合所有制改革。按照市场化、国际化要求，以增强国有经济活力、放大国有资本功能、实现国有资产保值增值为主要目标，以提高经济效益和创新商业模式为导向，充分运用整体上市等方式，积极引入其他国有资本或各类非国有资本实现股权多元化。坚持以资本为纽带完善混合所有制企业治理结构和管理方式，国有资本出资人和各类非国有资本出资人以股东身份履行权利和职责，使混合所有制企业成为真正的市场主体。

（四）有效探索主业处于重要行业和关键领域的商业类国有企业混合所有制改革。对主业处于关系国家安全、国民经济命脉的重要行业和

关键领域、主要承担重大专项任务的商业类国有企业，要保持国有资本控股地位，支持非国有资本参股。对自然垄断行业，实行以政企分开、政资分开、特许经营、政府监管为主要内容的改革，根据不同行业特点实行网运分开、放开竞争性业务，促进公共资源配置市场化，同时加强分类依法监管，规范营利模式。

——重要通信基础设施、枢纽型交通基础设施、重要江河流域控制性水利水电航电枢纽、跨流域调水工程等领域，实行国有独资或控股，允许符合条件的非国有企业依法通过特许经营、政府购买服务等方式参与建设和运营。

——重要水资源、森林资源、战略性矿产资源等开发利用，实行国有独资或绝对控股，在强化环境、质量、安全监管的基础上，允许非国有资本进入，依法依规有序参与开发经营。

——江河主干渠道、石油天然气主干管网、电网等，根据不同行业领域特点实行网运分开、主辅分离，除对自然垄断环节的管网实行国有独资或绝对控股外，放开竞争性业务，允许非国有资本平等进入。

——核电、重要公共技术平台、气象测绘水文等基础数据采集利用等领域，实行国有独资或绝对控股，支持非国有企业投资参股以及参与特许经营和政府采购。粮食、石油、天然气等战略物资国家储备领域保持国有独资或控股。

——国防军工等特殊产业，从事战略武器装备科研生产、关系国家战略安全和涉及国家核心机密的核心军工能力领域，实行国有独资或绝对控股。其他军工领域，分类逐步放宽市场准入，建立竞争性采购体制机制，支持非国有企业参与武器装备科研生产、维修服务和竞争性采购。

——对其他服务国家战略目标、重要前瞻性战略性产业、生态环境保护、共用技术平台等重要行业和关键领域，加大国有资本投资力度，发挥国有资本引导和带动作用。

（五）引导公益类国有企业规范开展混合所有制改革。在水电气热、公共交通、公共设施等提供公共产品和服务的行业和领域，根据不同业务特点，加强分类指导，推进具备条件的企业实现投资主体多元化。通过购买服务、特许经营、委托—代理等方式，鼓励非国有企业参与经营。政府要加强对价格水平、成本控制、服务质量、安全标准、信息披露、营运效率、保障能力等方面的监管，根据企业不同特点有区别地考核其经营业绩指标和国有资产保值增值情况，考核中要引入社会评价。

三、分层推进国有企业混合所有制改革

（六）引导在子公司层面有序推进混合所有制改革。对国有企业集团公司二级及以下企业，以研发创新、生产服务等实体企业为重点，引入非国有资本，加快技术创新、管理创新、商业模式创新，合理限定法人层级，有效压缩管理层级。明确股东的法律地位和股东在资本收益、企业重大决策、选择管理者等方面的权利，股东依法按出资比例和公司章程规定行权履职。

（七）探索在集团公司层面推进混合所有制改革。在国家有明确规定的特定领域，坚持国有资本控股，形成合理的治理结构和市场化经营机制；在其他领域，鼓励通过整体上市、并购重组、发行可转债等方式，逐步调整国有股权比例，积极引入各类投资者，形成股权结构多元、股东行为规范、内部约束有效、运行高效灵活的经营机制。

（八）鼓励地方从实际出发推进混合所有制改革。各地区要认真贯彻落实中央要求，区分不同情况，制定完善改革方案和相关配套措施，指导国有企业稳妥开展混合所有制改革，确保改革依法合规、有序推进。

四、鼓励各类资本参与国有企业混合所有制改革

（九）鼓励非公有资本参与国有企业混合所有制改革。非公有资本投资主体可通过出资入股、收购股权、认购可转债、股权置换等多种方式，参与国有企业改制重组或国有控股上市公司增资扩股以及企业经营管理。非公有资本投资主体可以货币出资，或以实物、股权、土地使用权等法律法规允许的方式出资。企业国有产权或国有股权转让时，除国家另有规定外，一般不在意向受让人资质条件中对民间投资主体单独设置附加条件。

（十）支持集体资本参与国有企业混合所有制改革。明晰集体资产产权，发展股权多元化、经营产业化、管理规范化的经济实体。允许经确权认定的集体资本、资产和其他生产要素作价入股，参与国有企业混合所有制改革。研究制定股份合作经济（企业）管理办法。

（十一）有序吸收外资参与国有企业混合所有制改革。引入外资参与国有企业改制重组、合资合作，鼓励通过海外并购、投融资合作、离岸金融等方式，充分利用国际市场、技术、人才等资源和要素，发展混合所有制经济，深度参与国际竞争和全球产业分工，提高资源全球化配置能力。按照扩大开放与加强监管同步的要求，依照外商投资产业指导目录和相关安全审查规定，完善外资安全审查工作机制，切实加强风险防范。

（十二）推广政府和社会资本合作（PPP）模式。优化政府投资方式，通过投资补助、基金注资、担保补贴、贷款贴息等，优先支持引入社会资本的项目。以项目运营绩效评价结果为依据，适时对价格和补贴进行调整。组合引入保险资金、社保基金等长期投资者参与国家重点工程投资。鼓励社会资本投资或参股基础设施、公用事业、公共服务等领域项目，使投资者在平等竞争中获取合理收益。加强信息公开和项目储备，建立综合信息服务平台。

（十三）鼓励国有资本以多种方式入股非国有企业。在公共服务、高新技术、生态环境保护和战略性产业等重点领域，以市场选择为前提，以资本为纽带，充分发挥国有资本投资、运营公司的资本运作平台作用，对发展潜力大、成长性强的非国有企业进行股权投资。鼓励国有企业通过投资入股、联合投资、并购重组等多种方式，与非国有企业进行股权融合、战略合作、资源整合，发展混合所有制经济。支持国有资本与非国有资本共同设立股权投资基金，参与企业改制重组。

（十四）探索完善优先股和国家特殊管理股方式。国有资本参股非国有企业或国有企业引入非国有资本时，允许将部分国有资本转化为优先股。在少数特定领域探索建立国家特殊管理股制度，依照相关法律法规和公司章程规定，行使特定事项否决权，保证国有资本在特定领域的控制力。

（十五）探索实行混合所有制企业员工持股。坚持激励和约束相结合的原则，通过试点稳妥推进员工持股。员工持股主要采取增资扩股、出资新设等方式，优先支持人才资本和技术要素贡献占比较高的转制科研院所、高新技术企业和科技服务型企业开展试点，支持对企业经营业绩和持续发展有直接或较大影响的科研人员、经营管理人员和业务骨干等持股。完善相关政策，健全审核程序，规范操作流程，严格资产评估，建立健全股权流转和退出机制，确保员工持股公开透明，严禁暗箱操作，防止利益输送。混合所有制企业实行员工持股，要按照混合所有制企业实行员工持股试点的有关工作要求组织实施。

五、建立健全混合所有制企业治理机制

（十六）进一步确立和落实企业市场主体地位。政府不得干预企业自主经营，股东不得干预企业日常运营，确保企业治理规范、激励约束机制到位。落实董事会对经理层成员等高级经营管理人员选聘、业绩考核和薪酬管理等职权，维护企业真正的市场主体地位。

（十七）健全混合所有制企业法人治理结构。混合所有制企业要建立健全现代企业制度，明晰产权，同股同权，依法保护各类股东权益。规范企业股东（大）会、董事会、经理层、监事会和党组织的权责关系，按章程行权，对资本监管，靠市场选人，依规则运行，形成定位清晰、权责对等、运转协调、制衡有效的法人治理结构。

（十八）推行混合所有制企业职业经理人制度。按照现代企业制度要求，建立市场导向的选人用人和激励约束机制，通过市场化方式选聘职业经理人依法负责企业经营管理，畅通现有经营管理者与职业经理人的身份转换通道。职业经理人实行任期制和契约化管理，按照市场化原则决定薪酬，可以采取多种方式探索中长期激励机制。严格职业经理人任期管理和绩效考核，加快建立退出机制。

六、建立依法合规的操作规则

（十九）严格规范操作流程和审批程序。在组建和注册混合所有制企业时，要依据相关法律法规，规范国有资产授权经营和产权交易等行为，健全清产核资、评估定价、转让交易、登记确权等国有产权流转程序。国有企业产权和股权转让、增资扩股、上市公司增发等，应在产权、股权、证券市场公开披露信息，公开择优确定投资人，达成交易意向后应及时公示交易对象、交易价格、关联交易等信息，防止利益输送。国有企业实施混合所有制改革前，应依据本意见制定方案，报同级国有资产监管机构批准；重要国有企业改制后国有资本不再控股的，报同级人民政府批准。国有资产监管机构要按照本意见要求，明确国有企业混合所有制改革的操作流程。方案审批时，应加强对社会资本质量、合作方诚信与操守、债权债务关系等内容的审核。要充分保障企业职工对国有企业混合所有制改革的知情权和参与权，涉及职工切身利益的要做好评估工作，职工安置方案要经过职工代表大会或者职工大会审议通过。

（二十）健全国有资产定价机制。按照公开公平公正原则，完善国有资产交易方式，严格规范国有资产登记、转让、清算、退出等程序和交易行为。通过产权、股权、证券市场发现和合理确定资产价格，发挥专业化中介机构作用，借助多种市场化定价手段，完善资产定价机制，实施信息公开，加强社会监督，防止出现内部人控制、利益输送造成国有资产流失。

（二十一）切实加强监管。政府有关部门要加强对国有企业混合所有制改革的监管，完善国有产权交易规则和监管制度。国有资产监管机构对改革中出现的违法转让和侵吞国有资产、化公为私、利益输送、暗箱操作、逃废债务等行为，要依法严肃处理。审计部门要依法履行审计监督职能，加强对改制企业原国有企业法定代表人的离任审计。充分发挥第三方机构在清产核资、财务审计、资产定价、股权托管等方面的作用。加强企业职工内部监督。进一步做好信息公开，自觉接受社会监督。

七、营造国有企业混合所有制改革的良好环境

（二十二）加强产权保护。健全严格的产权占有、使用、收益、处分等完整保护制度，依法保护混合所有制企业各类出资人的产权和知识产权权益。在立法、司法和行政执法过程中，坚持对各种所有制经济产权和合法利益给予同等法律保护。

（二十三）健全多层次资本市场。加快建立规则统一、交易规范的场外市场，促进非上市股份公司股权交易，完善股权、债权、物权、知识产权及信托、融资租赁、产业投资基金等产品交易机制。建立规范的区域性股权市场，为企业提供融资服务，促进资产证券化和资本流动，健全股权登记、托管、做市商等第三方服务体系。以具备条件的区域性股权、产权市场为载体，探索建立统一结算制度，完善股权公开转让和报价机制。制定场外市场交易规则和规范监管制度，明确监管主体，实行属地化、专业化监管。

（二十四）完善支持国有企业混合所有制改革的政策。进一步简政放权，最大限度取消涉及企业依法自主经营的行政许可审批事项。凡是市场主体基于自愿的投资经营和民事行为，只要不属于法律法规禁止进入的领域，且不危害国家安全、社会公共利益和第三方合法权益，不得限制进入。完善工商登记、财税管理、土地管理、金融服务等政策。依法妥善解决混合所有制改革涉及的国有企业职工劳动关系调整、社会保险关系接续等问题，确保企业职工队伍稳定。加快剥离国有企业办社会职能，妥善解决历史遗留问题。完善统计制度，加强监测分析。

（二十五）加快建立健全法律法规制度。健全混合所有制经济相关法律法规和规章，加大法律法规立、改、废、释工作力度，确保改革于法有据。根据改革需要抓紧对契约法、物权法、公司法、企业国有资产法、企业破产法中有关法律制度进行研究，依照法定程序及时提请修改。推动加快制定有关产权保护、市场准入和退出、交易规则、公平竞争等方面法律法规。

八、组织实施

（二十六）建立工作协调机制。国有企业混合所有制改革涉及面广、政策性强、社会关注度高。各地区、各有关部门和单位要高度重视，精心组织，严守规范，明确责任。各级政府及相关职能部门要加强对国有企业混合所有制改革的组织领导，做好把关定向、配套落实、审核批准、纠偏提醒等工作。各级国有资产监管机构要及时跟踪改革进展，加强改革协调，评估改革成效，推广改革经验，重大问题及时向同级人民政府报告。各级工商联要充分发挥广泛联系非公有制企业的组织优势，参与做好沟通政企、凝聚共识、决策咨询、政策评估、典型宣传等方面工作。

（二十七）加强混合所有制企业党建工作。坚持党的建设与企业改革同步谋划、同步开展，根据企业组织形式变化，同步设置或调整党的组织，理顺党组织隶属关系，同步选配好党组织负责人，健全党的工作机构，配强党务工作者队伍，保障党组织工作经费，有效开展党的工作，发挥好党组织政治核心作用和党员先锋模范作用。

（二十八）开展不同领域混合所有制改革试点示范。结合电力、石油、天然气、铁路、民航、电信、军工等领域改革，开展放开竞争性业务、推进混合所有制改革试点示范。在基础设施和公共服务领域选择有代表性的政府投融资项目，开展多种形式的政府和社会资本合作试点，加快形成可复制、可推广的模式和经验。

（二十九）营造良好的舆论氛围。以坚持"两个毫不动摇"（毫不动摇巩固和发展公有制经济，毫不动摇鼓励、支持、引导非公有制经济发展）为导向，加强国有企业混合所有制改革舆论宣传，做好政策解读，阐释目标方向和重要意义，宣传成功经验，正确引导舆论，回应社会关切，使广大人民群众了解和支持改革。

各级政府要加强对国有企业混合所有制改革的领导，根据本意见，结合实际推动改革。

金融、文化等国有企业的改革，中央另有规定的依其规定执行。

附录 2

《关于国有控股混合所有制企业开展员工持股试点的意见》

为全面贯彻党的十八大和十八届三中、四中、五中全会精神，落实"四个全面"战略布局和创新、协调、绿色、开放、共享的发展理念，根据《中共中央 国务院关于深化国有企业改革的指导意见》有关要求，经国务院同意，现就国有控股混合所有制企业开展员工持股试点提出以下意见。

一、试点原则

（一）坚持依法合规，公开透明。依法保护各类股东权益，严格遵守国家有关法律法规和国有企业改制、国有产权管理等有关规定，确保规则公开、程序公开、结果公开，杜绝暗箱操作，严禁利益输送，防止国有资产流失。不得侵害企业内部非持股员工合法权益。

（二）坚持增量引入，利益绑定。主要采取增资扩股、出资新设方式开展员工持股，并保证国有资本处于控股地位。建立健全激励约束长效机制，符合条件的员工自愿入股，入股员工与企业共享改革发展成果，共担市场竞争风险。

（三）坚持以岗定股，动态调整。员工持股要体现爱岗敬业的导向，与岗位和业绩紧密挂钩，支持关键技术岗位、管理岗位和业务岗位人员持股。建立健全股权内部流转和退出机制，避免持股固化僵化。

（四）坚持严控范围，强化监督。严格试点条件，限制试点数量，防止"一哄而起"。严格审批程序，持续跟踪指导，加强评价监督，确保试点工作目标明确、操作规范、过程可控。

二、试点企业条件

（一）主业处于充分竞争行业和领域的商业类企业。

（二）股权结构合理，非公有资本股东所持股份应达到一定比例，公司董事会中有非公有资本股东推荐的董事。

（三）公司治理结构健全，建立市场化的劳动人事分配制度和业绩考核评价体系，形成管理人员能上能下、员工能进能出、收入能增能减的市场化机制。

（四）营业收入和利润90%以上来源于所在企业集团外部市场。

优先支持人才资本和技术要素贡献占比较高的转制科研院所、高新技术企业、科技服务型企业（以下统称科技型企业）开展员工持股试点。中央企业二级（含）以上企业以及各省、自治区、直辖市及计划单列市和新疆生产建设兵团所属一级企业原则上暂不开展员工持股试点。违反国有企业职工持股有关规定且未按要求完成整改的企业，不开展员工持股试点。

三、企业员工入股

（一）员工范围。参与持股人员应为在关键岗位工作并对公司经营业绩和持续发展有直接或较大影响的科研人员、经营管理人员和业务骨干，且与本公司签订了劳动契约。

党中央、国务院和地方党委、政府及其部门、机构任命的国有企业领导人员不得持股。外部董事、监事（含职工代表监事）不参与员工持股。如直系亲属多人在同一企业时，只能一人持股。

（二）员工出资。员工入股应主要以货币出资，并按约定及时足额缴纳。按照国家有关法律法规，员工以科技成果出资入股的，应提供所有权属证明并依法评估作价，及时办理财产权转移手续。上市公司回购本公司股票实施员工持股，须执行有关规定。

试点企业、国有股东不得向员工无偿赠与股份，不得向持股员工提供垫资、担保、借贷等财务资助。持股员工不得接受与试点企业有生产经营业务往来的其他企业的借款或融资帮助。

（三）入股价格。在员工入股前，应按照有关规定对试点企业进行财务审计和资产评估。员工入股价格不得低于经核准或备案的每股净资产评估值。国有控股上市公司员工入股价格按证券监管有关规定确定。

（四）持股比例。员工持股比例应结合企业规模、行业特点、企业发展阶段等因素确定。员工持股总量原则上不高于公司总股本的30%，单一员工持股比例原则上不高于公司总股本的1%。企业可采取适当方式预留部分股权，用于新引进人才。国有控股上市公司员工持股比例按证券监管有关规定确定。

（五）股权结构。实施员工持股后，应保证国有股东控股地位，且其持股比例不得低于公司总股本的34%。

（六）持股方式。持股员工可以个人名义直接持股，也可通过公司制企业、合伙制企业、资产管理计划等持股平台持有股权。通过资产管理计划方式持股的，不得使用杠杆融资。持股平台不得从事除持股以外的任何经营活动。

四、企业员工股权管理

（一）股权管理主体。员工所持股权一般应通过持股人会议等形式选出代表或设立相应机构进行管理。该股权代表或机构应制定管理规则，代表持股员工行使股东权利，维护持股员工合法权益。

（二）股权管理方式。公司各方股东应就员工股权的日常管理、动态调整和退出等问题协商一致，并通过公司章程或股东协议等予以明确。

（三）股权流转。实施员工持股，应设定不少于36个月的锁定期。在公司公开发行股份前已持股的员工，不得在公司首次公开发行时转让股份，并应承诺自上市之日起不少于36个月的锁定期。锁定期满后，公司董事、高级管理人员每年可转让股份不得高于所持股份总数的25%。

持股员工因辞职、调离、退休、死亡或被解雇等原因离开本公司的，应在12个月内将所持股份进行内部转让。转让给持股平台、符合条件的员工或非公有资本股东的，转让价格由双方协商确定；转让给国有股东的，转让价格不得高于上一年度经审计的每股净资产值。国有控股上市公司员工转让股份按证券监管有关规定办理。

（四）股权分红。员工持股企业应处理好股东短期收益与公司中长期发展的关系，合理确定利润分配方案和分红率。企业及国有股东不得向持股员工承诺年度分红回报或设置托底回购条款。持股员工与国有股东和其他股东享有同等权益，不得优先于国有股东和其他股东取得分红收益。

（五）破产重整和清算。员工持股企业破产重整和清算时，持股员工、国有股东和其他股东应以出资额为限，按照出资比例共同承担责任。

五、试点工作实施

（一）试点企业数量。选择少量企业开展试点。各省、自治区、直辖市及计划单列市和新疆生产建设兵团可分别选择5～10户企业，国务院国资委可从中央企业所属子企业中选择10户企业，开展首批试点。

（二）试点企业确定。开展员工持股试点的地方国有企业，由省级人民政府国有资产监督管理机构协调有关部门，在审核申报材料的基础上确定。开展试点的中央企业所属子企业，由国有股东单位在审核有关申报材料的基础上，报履行出资人职责的机构确定。

（三）员工持股方案制定。企业开展员工持股试点，应深入分析实施员工持股的必要性和可行性，以适当方式向员工充分提示持股风险，严格按照有关规定制定员工持股方案，并对实施员工持股的风险进行评估，制定应对预案。员工持股方案应对持股员工条件、持股比例、入股价格、出资方式、持股方式、股权分红、股权管理、股权流转及员工岗位变动调整股权等操作细节作出具体规定。

（四）员工持股方案审批及备案。试点企业应通过职工代表大会等形式充分听取本企业职工对员工持股方案的意见，并由董事会提交股东（大）会进行审议。地方试点企业的员工持股方案经股东（大）会审议通过后，报履行出资人职责的机构备案，同时抄报省级人民政府国有资产监督管理机构；中央试点企业的员工持股方案经股东（大）会审议通过后，报履行出资人职责的机构备案。

（五）试点企业信息公开。试点企业应将持股员工范围、持股比例、入股价格、股权流转、中介机构以及审计评估等重要信息在本企业内部充分披露，切实保障员工的知情权和监督权。国有控股上市公司执行证券监管有关信息披露规定。

（六）规范关联交易。国有企业不得以任何形式向本企业集团内的员工持股企业输送利益。国有企业购买本企业集团内员工持股企业的产品和服务，或者向员工持股企业提供设备、场地、技术、劳务、服务等，应采用市场化方式，做到价格公允、交易公平。有关关联交易应由一级企业以适当方式定期公开，并列入企业负责人经济责任审计和财务审计内容。

六、组织领导

实施员工持股试点，事关国有企业改革发展大局，事关广大员工切身利益，各地区、各有关部门要高度重视，加强领导，精心组织，落实责任，确保试点工作规范有序开展。国务院国资委负责中央企业试点工作，同时负责指导地方国有资产监督管理机构做好试点工作，重要问题应及时向国务院国有企业改革领导小组报告。首批试点原则上在2016年启动实施，各有关履行出资人职责的机构要严格审核试点企业申报材料，成熟一户开展一户，2018年年底进行阶段性总结，视情况适时扩大试点。试点企业要按照要求规范操作，严格履行有关决策和审批备案程序，扎实细致开展员工持股试点工作，积极探索员工持股有效模式，切实转换企业经营机制，激发企业活力。各有关履行出资人职责的机构要对试点企业进行定期跟踪检查，及时掌握情况，发现问题，纠正不规范行为。试点过程中出现制度不健全、程序不规范、管理不到位等问题，致使国有资产流失、损害有关股东合法权益或严重侵害企业职工合法权益的，要依法依纪追究相关责任人的责任。

金融、文化等国有企业实施员工持股，中央另有规定的依其规定执行。国有科技型企业的股权和分红激励，按国务院有关规定执行。已按有关规定实施员工持股的企业，继续规范实施。国有参股企业的员工持股不适用本意见。

附录 3

《中共中央 国务院关于深化国有企业改革的指导意见》

国有企业属于全民所有,是推进国家现代化、保障人民共同利益的重要力量,是我们党和国家事业发展的重要物质基础和政治基础。改革开放以来,国有企业改革发展不断取得重大进展,总体上已经同市场经济相融合,运行质量和效益明显提升,在国际国内市场竞争中涌现出一批具有核心竞争力的骨干企业,为推动经济社会发展、保障和改善民生、开拓国际市场、增强我国综合实力作出了重大贡献,国有企业经营管理者队伍总体上是好的,广大职工付出了不懈努力,成就是突出的。但也要看到,国有企业仍然存在一些亟待解决的突出矛盾和问题,一些企业市场主体地位尚未真正确立,现代企业制度还不健全,国有资产监管体制有待完善,国有资本运行效率需进一步提高;一些企业管理混乱,内部人控制、利益输送、国有资产流失等问题突出,企业办社会职能和历史遗留问题还未完全解决;一些企业党组织管党治党责任不落实、作用被弱化。面向未来,国有企业面临日益激烈的国际竞争和转型升级的巨大挑战。在推动我国经济保持中高速增长和迈向中高端水平、完善和发展中国特色社会主义制度、实现中华民族伟大复兴中国梦的进程中,国有企业肩负着重大历史使命和责任。要认真贯彻落实党中央、国务院战略决策,按照"四个全面"战略布局的要求,以经济建设为中心,坚持问题导向,继续推进国有企业改革,切实破除体制机制障碍,坚定不移做强做优做大国有企业。为此,提出以下意见。

一、总体要求

（一）指导思想

高举中国特色社会主义伟大旗帜，认真贯彻落实党的十八大和十八届三中、四中全会精神，深入学习贯彻习近平总书记系列重要讲话精神，坚持和完善基本经济制度，坚持社会主义市场经济改革方向，适应市场化、现代化、国际化新形势，以解放和发展社会生产力为标准，以提高国有资本效率、增强国有企业活力为中心，完善产权清晰、权责明确、政企分开、管理科学的现代企业制度，完善国有资产监管体制，防止国有资产流失，全面推进依法治企，加强和改进党对国有企业的领导，做强做优做大国有企业，不断增强国有经济活力、控制力、影响力、抗风险能力，主动适应和引领经济发展新常态，为促进经济社会持续健康发展、实现中华民族伟大复兴中国梦作出积极贡献。

（二）基本原则

——坚持和完善基本经济制度。这是深化国有企业改革必须把握的根本要求。必须毫不动摇巩固和发展公有制经济，毫不动摇鼓励、支持、引导非公有制经济发展。坚持公有制主体地位，发挥国有经济主导作用，积极促进国有资本、集体资本、非公有资本等交叉持股、相互融合，推动各种所有制资本取长补短、相互促进、共同发展。

——坚持社会主义市场经济改革方向。这是深化国有企业改革必须遵循的基本规律。国有企业改革要遵循市场经济规律和企业发展规律，坚持政企分开、政资分开、所有权与经营权分离，坚持权利、义务、责任相统一，坚持激励机制和约束机制相结合，促使国有企业真正成为依法自主经营、自负盈亏、自担风险、自我约束、自我发展的独立市场主体。社会主义市场经济条件下的国有企业，要成为自觉履行社会责任的表率。

——坚持增强活力和强化监管相结合。这是深化国有企业改革必须把握的重要关系。增强活力是搞好国有企业的本质要求，加强监管是搞好国有企业的重要保障，要切实做到两者的有机统一。继续推进简政放权，依法落实企业法人财产权和经营自主权，进一步激发企业活力、创造力和市场竞争力。进一步完善国有企业监管制度，切实防止国有资产流失，确保国有资产保值增值。

——坚持党对国有企业的领导。这是深化国有企业改革必须坚守的政治方向、政治原则。要贯彻全面从严治党方针，充分发挥企业党组织政治核心作用，加强企业领导班子建设，创新基层党建工作，深入开展党风廉政建设，坚持全心全意依靠工人阶级，维护职工合法权益，为国有企业改革发展提供坚强有力的政治保证、组织保证和人才支撑。

——坚持积极稳妥统筹推进。这是深化国有企业改革必须采用的科学方法。要正确处理推进改革和坚持法治的关系，正确处理改革发展稳定关系，正确处理搞好顶层设计和尊重基层首创精神的关系，突出问题导向，坚持分类推进，把握好改革的次序、节奏、力度，确保改革扎实推进、务求实效。

（三）主要目标

到2020年，在国有企业改革重要领域和关键环节取得决定性成果，形成更加符合我国基本经济制度和社会主义市场经济发展要求的国有资产管理体制、现代企业制度、市场化经营机制，国有资本布局结构更趋合理，造就一大批德才兼备、善于经营、充满活力的优秀企业家，培育一大批具有创新能力和国际竞争力的国有骨干企业，国有经济活力、控制力、影响力、抗风险能力明显增强。

——国有企业公司制改革基本完成，发展混合所有制经济取得积极进展，法人治理结构更加健全，优胜劣汰、经营自主灵活、内部管理人员能上能下、员工能进能出、收入能增能减的市场化机制更加完善。

——国有资产监管制度更加成熟，相关法律法规更加健全，监管手段和方式不断优化，监管的科学性、针对性、有效性进一步提高，经营性国有资产实现集中统一监管，国有资产保值增值责任全面落实。

——国有资本配置效率显著提高，国有经济布局结构不断优化、主导作用有效发挥，国有企业在提升自主创新能力、保护资源环境、加快转型升级、履行社会责任中的引领和表率作用充分发挥。

——国有企业党的建设全面加强，反腐倡廉制度体系、工作体系更加完善，国有企业党组织在公司治理中的法定地位更加巩固，政治核心作用充分发挥。

二、分类推进国有企业改革

（四）划分国有企业不同类别。根据国有资本的战略定位和发展目标，结合不同国有企业在经济社会发展中的作用、现状和发展需要，将国有企业分为商业类和公益类。通过界定功能、划分类别，实行分类改革、分类发展、分类监管、分类定责、分类考核，提高改革的针对性、监管的有效性、考核评价的科学性，推动国有企业同市场经济深入融合，促进国有企业经济效益和社会效益有机统一。按照谁出资谁分类的原则，由履行出资人职责的机构负责制定所出资企业的功能界定和分类方案，报本级政府批准。各地区可结合实际，划分并动态调整本地区国有企业功能类别。

（五）推进商业类国有企业改革。商业类国有企业按照市场化要求实行商业化运作，以增强国有经济活力、放大国有资本功能、实现国有资产保值增值为主要目标，依法独立自主开展生产经营活动，实现优胜劣汰、有序进退。

主业处于充分竞争行业和领域的商业类国有企业，原则上都要实行公司制股份制改革，积极引入其他国有资本或各类非国有资本实现股权多元化，国有资本可以绝对控股、相对控股，也可以参股，并着力推进整体上市。对这些国有企业，重点考核经营业绩指标、国有资产保值增值和市场竞争能力。

主业处于关系国家安全、国民经济命脉的重要行业和关键领域、主要承担重大专项任务的商业类国有企业，要保持国有资本控股地位，支持非国有资本参股。对自然垄断行业，实行以政企分开、政资分开、特许经营、政府监管为主要内容的改革，根据不同行业特点实行网运分开、放开竞争性业务，促进公共资源配置市场化；对需要实行国有全资的企业，也要积极引入其他国有资本实行股权多元化；对特殊业务和竞争性业务实行业务板块有效分离，独立运作、独立核算。对这些国有企业，在考核经营业绩指标和国有资产保值增值情况的同时，加强对服务国家战略、保障国家安全和国民经济运行、发展前瞻性战略性产业以及完成特殊任务的考核。

（六）推进公益类国有企业改革。公益类国有企业以保障民生、服务社会、提供公共产品和服务为主要目标，引入市场机制，提高公共服务效率和能力。这类企业可以采取国有独资形式，具备条件的也可以推行投资主体多元化，还可以通过购买服务、特许经营、委托—代理等方式，鼓励非国有企业参与经营。对公益类国有企业，重点考核成本控制、产品服务质量、营运效率和保障能力，根据企业不同特点有区别地考核经营业绩指标和国有资产保值增值情况，考核中要引入社会评价。

三、完善现代企业制度

（七）推进公司制股份制改革。加大集团层面公司制改革力度，积极引入各类投资者实现股权多元化，大力推动国有企业改制上市，创造条件实现集团公司整体上市。根据不同企业的功能定位，逐步调整国有股权比例，形成股权结构多元、股东行为规范、内部约束有效、运行高效灵活的经营机制。允许将部分国有资本转化为优先股，在少数特定领域探索建立国家特殊管理股制度。

（八）健全公司法人治理结构。重点是推进董事会建设，建立健全权责对等、运转协调、有效制衡的决策执行监督机制，规范董事长、总经理行权行为，充分发挥董事会的决策作用、监事会的监督作用、经理层的经营管理作用、党组织的政治核心作用，切实解决一些企业董事会形同虚设、"一把手"说了算的问题，实现规范的公司治理。要切实落实和维护董事会依法行使重大决策、选人用人、薪酬分配等权利，保障经理层经营自主权，法无授权任何政府部门和机构不得干预。加强董事会内部的制衡约束，国有独资、全资公司的董事会和监事会均应有职工代表，董事会外部董事应占多数，落实一人一票表决制度，董事对董事会决议承担责任。改进董事会和董事评价办法，强化对董事的考核评价和管理，对重大决策失误负有直接责任的要及时调整或解聘，并依法追究责任。进一步加强外部董事队伍建设，拓宽来源渠道。

（九）建立国有企业领导人员分类分层管理制度。坚持党管干部原则与董事会依法产生、董事会依法选择经营管理者、经营管理者依法行使用人权相结合，不断创新有效实现形式。上级党组织和国有资产监管机构按照管理权限加强对国有企业领导人员的管理，广开推荐渠道，依规考察提名，严格履行选用程序。根据不同企业类别和层级，实行选任制、委任制、聘任制等不同选人用人方式。推行职业经理人制度，实行内部培养和外部引进相结合，畅通现有经营管理者与职业经理人身份转换通道，董事会按市场化方式选聘和管理职业经理人，合理增加市场化选聘比例，加快建立退出机制。推行企业经理层成员任期制和契约化管理，明确责任、权利、义务，严格任期管理和目标考核。

（十）实行与社会主义市场经济相适应的企业薪酬分配制度。企业内部的薪酬分配权是企业的法定权利，由企业依法依规自主决定，完善既有激励又有约束、既讲效率又讲公平、既符合企业一般规律又体现国有企业特点的分配机制。建立健全与劳动力市场基本适应、与企业经济效益和劳动生产率挂钩的工资决定和正常增长机制。推进全员绩效考核，以业绩为导向，科学评价不同岗位员工的贡献，合理拉开收入分配差距，切实做到收入能增能减和奖惩分明，充分调动广大职工积极性。对国有企业领导人员实行与选任方式相匹配、与企业功能性质相适应、与经营业绩相挂钩的差异化薪酬分配办法。对党中央、国务院和地方党委、政府及其部门任命的国有企业领导人员，合理确定基本年薪、绩效年薪和任期激励收入。对市场化选聘的职业经理人实行市场化薪酬分配机制，可以采取多种方式探索完善中长期激励机制。健全与激励机制相对称的经济责任审计、信息披露、延期支付、追索扣回等约束机制。严格规范履职待遇、业务支出，严禁将公款用于个人支出。

（十一）深化企业内部用人制度改革。建立健全企业各类管理人员公开招聘、竞争上岗等制度，对特殊管理人员可以通过委托人才中介机构推荐等方式，拓宽选人用人视野和渠道。建立分级分类的企业员工市场化公开招聘制度，切实做到信息公开、过程公开、结果公开。构建和谐劳动关系，依法规范企业各类用工管理，建立健全以契约管理为核心、以岗位管理为基础的市场化用工制度，真正形成企业各类管理人员能上能下、员工能进能出的合理流动机制。

四、完善国有资产管理体制

（十二）以管资本为主推进国有资产监管机构职能转变。国有资产监管机构要准确把握依法履行出资人职责的定位，科学界定国有资产出资人监管的边界，建立监管权力清单和责任清单，实现以管企业为主向以管资本为主的转变。该管的要科学管理、决不缺位，重点管好国有资本布局、规范资本运作、提高资本回报、维护资本安全；不该管的要依法放权、决不越位，将依法应由企业自主经营决策的事项归位于企业，将延伸到子企业的管理事项原则上归位于一级企业，将配合承担的公共管理职能归位于相关政府部门和单位。大力推进依法监管，着力创新监管方式和手段，改变行政化管理方式，改进考核体系和办法，提高监管的科学性、有效性。

（十三）以管资本为主改革国有资本授权经营体制。改组组建国有资本投资、运营公司，探索有效的运营模式，通过开展投资融资、产业培育、资本整合，推动产业集聚和转型升级，优化国有资本布局结构；通过股权运作、价值管理、有序进退，促进国有资本合理流动，实现保值增值。科学界定国有资本所有权和经营权的边界，国有资产监管机构依法对国有资本投资、运营公司和其他直接监管的企业履行出资人职责，并授权国有资本投资、运营公司对授权范围内的国有资本履行出资人职责。国有资本投资、运营公司作为国有资本市场化运作的专业平台，依法自主开展国有资本运作，对所出资企业行使股东职责，按照责权对应原则切实承担起国有资产保值增值责任。开展政府直接授权国有资本投资、运营公司履行出资人职责的试点。

（十四）以管资本为主推动国有资本合理流动优化配置。坚持以市场为导向、以企业为主体，有进有退、有所为有所不为，优化国有资本布局结构，增强国有经济整体功能和效率。紧紧围绕服务国家战略，落实国家产业政策和重点产业布局调整总体要求，优化国有资本重点投资方向和领域，推动国有资本向关系国家安全、国民经济命脉和国计民生的重要行业和关键领域、重点基础设施集中，向前瞻性战略性产业集中，向具有核心竞争力的优势企业集中。发挥国有资本投资、运营公司的作用，清理退出一批、重组整合一批、创新发展一批国有企业。建立健全优胜劣汰市场化退出机制，充分发挥失业救济和再就业培训等的作用，解决好职工安置问题，切实保障退出企业依法实现关闭或破产，加快处置低效无效资产，淘汰落后产能。支持企业依法合规通过证券交易、产权交易等资本市场，以市场公允价格处置企业资产，实现国有资本形态转换，变现的国有资本用于更需要的领域和行业。推动国有企业加快管理创新、商业模式创新，合理限定法人层级，有效压缩管理层级。发挥国有企业在实施创新驱动发展战略和制造强国战略中的骨干和表率作用，强化企业在技术创新中的主体地位，重视培养科研人才和高技能人才。支持国有企业开展国际化经营，鼓励国有企业之间以及与其他所有制企业以资本为纽带，强强联合、优势互补，加快培育一批具有世界一流水平的跨国公司。

（十五）以管资本为主推进经营性国有资产集中统一监管。稳步将党政机关、事业单位所属企业的国有资本纳入经营性国有资产集中统一监管体系，具备条件的进入国有资本投资、运营公司。加强国有资产基础管理，按照统一制度规范、统一工作体系的原则，抓紧制定企业国有资产基础管理条例。建立覆盖全部国有企业、分级管理的国有资本经营预算管理制度，提高国有资本收益上缴公共财政比例，2020年提高到30%，更多用于保障和改善民生。划转部分国有资本充实社会保障基金。

五、发展混合所有制经济

（十六）推进国有企业混合所有制改革。以促进国有企业转换经营机制，放大国有资本功能，提高国有资本配置和运行效率，实现各种所有制资本取长补短、相互促进、共同发展为目标，稳妥推动国有企业发展混合所有制经济。对通过实行股份制、上市等途径已经实行混合所有制的国有企业，要着力在完善现代企业制度、提高资本运行效率上下功夫；对于适宜继续推进混合所有制改革的国有企业，要充分发挥市场机制作用，坚持因地施策、因业施策、因企施策，宜独则独、宜控则控、宜参则参，不搞拉郎配，不搞全覆盖，不设时间表，成熟一个推进一个。改革要依法依规、严格程序、公开公正,切实保护混合所有制企业各类出资人的产权权益,杜绝国有资产流失。

(十七)引入非国有资本参与国有企业改革。鼓励非国有资本投资主体通过出资入股、收购股权、认购可转债、股权置换等多种方式,参与国有企业改制重组或国有控股上市公司增资扩股以及企业经营管理。实行同股同权,切实维护各类股东合法权益。在石油、天然气、电力、铁路、电信、资源开发、公用事业等领域,向非国有资本推出符合产业政策、有利于转型升级的项目。依照外商投资产业指导目录和相关安全审查规定,完善外资安全审查工作机制。开展多类型政府和社会资本合作试点,逐步推广政府和社会资本合作模式。

(十八)鼓励国有资本以多种方式入股非国有企业。充分发挥国有资本投资、运营公司的资本运作平台作用,通过市场化方式,以公共服务、高新技术、生态环保、战略性产业为重点领域,对发展潜力大、成长性强的非国有企业进行股权投资。鼓励国有企业通过投资入股、联合投资、重组等多种方式,与非国有企业进行股权融合、战略合作、资源整合。

(十九)探索实行混合所有制企业员工持股。坚持试点先行,在取得经验基础上稳妥有序推进,通过实行员工持股建立激励约束长效机制。优先支持人才资本和技术要素贡献占比较高的转制科研院所、高新技术企业、科技服务型企业开展员工持股试点,支持对企业经营业绩和持续发展有直接或较大影响的科研人员、经营管理人员和业务骨干等持股。员工持股主要采取增资扩股、出资新设等方式。完善相关政策,健全审核程序,规范操作流程,严格资产评估,建立健全股权流转和退出机制,确保员工持股公开透明,严禁暗箱操作,防止利益输送。

六、强化监督防止国有资产流失

(二十)强化企业内部监督。完善企业内部监督体系,明确监事会、审计、纪检监察、巡视以及法律、财务等部门的监督职责,完善监督制度,增强制度执行力。强化对权力集中、资金密集、资源富集、资产聚集的部门和岗位的监督,实行分事行权、分岗设权、分级授权,定期轮岗，强化内部流程控制，防止权力滥用。建立审计部门向董事会负责的工作机制。落实企业内部监事会对董事、经理和其他高级管理人员的监督。进一步发挥企业总法律顾问在经营管理中的法律审核把关作用，推进企业依法经营、合规管理。集团公司要依法依规、尽职尽责加强对子企业的管理和监督。大力推进厂务公开，健全以职工代表大会为基本形式的企业民主管理制度，加强企业职工民主监督。

（二十一）建立健全高效协同的外部监督机制。强化出资人监督，加快国有企业行为规范法律法规制度建设，加强对企业关键业务、改革重点领域、国有资本运营重要环节以及境外国有资产的监督，规范操作流程，强化专业检查，开展总会计师由履行出资人职责机构委派的试点。加强和改进外派监事会制度，明确职责定位，强化与有关专业监督机构的协作，加强当期和事中监督，强化监督成果运用，建立健全核查、移交和整改机制。健全国有资本审计监督体系和制度，实行企业国有资产审计监督全覆盖，建立对企业国有资本的经常性审计制度。加强纪检监察监督和巡视工作，强化对企业领导人员廉洁从业、行使权力等的监督，加大大案要案查处力度，狠抓对存在问题的整改落实。整合出资人监管、外派监事会监督和审计、纪检监察、巡视等监督力量，建立监督工作会商机制，加强统筹，创新方式，共享资源，减少重复检查，提高监督效能。建立健全监督意见反馈整改机制，形成监督工作的闭环。

（二十二）实施信息公开加强社会监督。完善国有资产和国有企业信息公开制度，设立统一的信息公开网络平台，依法依规、及时准确披露国有资本整体运营和监管、国有企业公司治理以及管理架构、经营情况、财务状况、关联交易、企业负责人薪酬等信息，建设阳光国企。认真处理人民群众关于国有资产流失等问题的来信、来访和检举，及时回应社会关切。充分发挥媒体舆论监督作用，有效保障社会公众对企业国有资产运营的知情权和监督权。

（二十三）严格责任追究。建立健全国有企业重大决策失误和失职、渎职责任追究倒查机制，建立和完善重大决策评估、决策事项履职记录、决策过错认定标准等配套制度，严厉查处侵吞、贪污、输送、挥霍国有资产和逃废金融债务的行为。建立健全企业国有资产的监督问责机制，对企业重大违法违纪问题敷衍不追、隐匿不报、查处不力的，严格追究有关人员失职渎职责任，视不同情形给予纪律处分或行政处分，构成犯罪的，由司法机关依法追究刑事责任。

七、加强和改进党对国有企业的领导

（二十四）充分发挥国有企业党组织政治核心作用。把加强党的领导和完善公司治理统一起来，将党建工作总体要求纳入国有企业章程，明确国有企业党组织在公司法人治理结构中的法定地位，创新国有企业党组织发挥政治核心作用的途径和方式。在国有企业改革中坚持党的建设同步谋划、党的组织及工作机构同步设置、党组织负责人及党务工作人员同步配备、党的工作同步开展，保证党组织工作机构健全、党务工作者队伍稳定、党组织和党员作用得到有效发挥。坚持和完善双向进入、交叉任职的领导体制，符合条件的党组织领导班子成员可以通过法定程序进入董事会、监事会、经理层，董事会、监事会、经理层成员中符合条件的党员可以依照有关规定和程序进入党组织领导班子；经理层成员与党组织领导班子成员适度交叉任职；董事长、总经理原则上分设，党组织书记、董事长一般由一人担任。

国有企业党组织要切实承担好、落实好从严管党治党责任。坚持从严治党、思想建党、制度治党，增强管党治党意识，建立健全党建工作责任制，聚精会神抓好党建工作，做到守土有责、守土负责、守土尽责。党组织书记要切实履行党建工作第一责任人职责，党组织班子其他成员要切实履行"一岗双责"，结合业务分工抓好党建工作。中央企业党组织书记同时担任企业其他主要领导职务的，应当设立1名专职抓企业党建工作的副书记。加强国有企业基层党组织建设和党员队伍建设，强化国有企业基层党建工作的基础保障，充分发挥基层党组织战斗堡垒作用、共产党员先锋模范作用。加强企业党组织对群众工作的领导，发挥好工会、共青团等群团组织的作用，深入细致做好职工群众的思想政治工作。把建立党的组织、开展党的工作，作为国有企业推进混合所有制改革的必要前提，根据不同类型混合所有制企业特点，科学确定党组织的设置方式、职责定位、管理模式。

（二十五）进一步加强国有企业领导班子建设和人才队伍建设。根据企业改革发展需要，明确选人用人标准和程序，创新选人用人方式。强化党组织在企业领导人员选拔任用、培养教育、管理监督中的责任，支持董事会依法选择经营管理者、经营管理者依法行使用人权，坚决防止和整治选人用人中的不正之风。加强对国有企业领导人员尤其是主要领导人员的日常监督管理和综合考核评价，及时调整不胜任、不称职的领导人员，切实解决企业领导人员能上不能下的问题。以强化忠诚意识、拓展世界眼光、提高战略思维、增强创新精神、锻造优秀品行为重点，加强企业家队伍建设，充分发挥企业家作用。大力实施人才强企战略，加快建立健全国有企业集聚人才的体制机制。

（二十六）切实落实国有企业反腐倡廉"两个责任"。国有企业党组织要切实履行好主体责任，纪检机构要履行好监督责任。加强党性教育、法治教育、警示教育，引导国有企业领导人员坚定理想信念，自觉践行"三严三实"要求，正确履职行权。建立切实可行的责任追究制度，与企业考核等挂钩，实行"一案双查"。推动国有企业纪律检查工作双重领导体制具体化、程序化、制度化，强化上级纪委对下级纪委的领导。加强和改进国有企业巡视工作，强化对权力运行的监督和制约。坚持运用法治思维和法治方式反腐败，完善反腐倡廉制度体系，严格落实反"四风"规定，努力构筑企业领导人员不敢腐、不能腐、不想腐的有效机制。

八、为国有企业改革创造良好环境条件

（二十七）完善相关法律法规和配套政策。加强国有企业相关法律法规立改废释工作，确保重大改革于法有据。切实转变政府职能，减少审批、优化制度、简化手续、提高效率。完善公共服务体系，推进政府购买服务，加快建立稳定可靠、补偿合理、公开透明的企业公共服务支出补偿机制。完善和落实国有企业重组整合涉及的资产评估增值、土地变更登记和国有资产无偿划转等方面税收优惠政策。完善国有企业退出的相关政策，依法妥善处理劳动关系调整、社会保险关系接续等问题。

（二十八）加快剥离企业办社会职能和解决历史遗留问题。完善相关政策，建立政府和国有企业合理分担成本的机制，多渠道筹措资金，采取分离移交、重组改制、关闭撤销等方式，剥离国有企业职工家属区"三供一业"和所办医院、学校、社区等公共服务机构，继续推进厂办大集体改革，对国有企业退休人员实施社会化管理，妥善解决国有企业历史遗留问题，为国有企业公平参与市场竞争创造条件。

（二十九）形成鼓励改革创新的氛围。坚持解放思想、实事求是，鼓励探索、实践、创新。全面准确评价国有企业，大力宣传中央关于全面深化国有企业改革的方针政策，宣传改革的典型案例和经验，营造有利于国有企业改革的良好舆论环境。

（三十）加强对国有企业改革的组织领导。各级党委和政府要统一思想，以高度的政治责任感和历史使命感，切实履行对深化国有企业改革的领导责任。要根据本指导意见，结合实际制定实施意见，加强统筹协调、明确责任分工、细化目标任务、强化督促落实，确保深化国有企业改革顺利推进，取得实效。

金融、文化等国有企业的改革，中央另有规定的依其规定执行。

附录4

《关于加快推进国有企业数字化转型工作的通知》

各中央企业,各省、自治区、直辖市及计划单列市和新疆生产建设兵团国资委:

为贯彻落实习近平总书记关于推动数字经济和实体经济融合发展的重要指示精神,落实党中央、国务院关于推动新一代信息技术与制造业深度融合,打造数字经济新优势等决策部署,促进国有企业数字化、网络化、智能化发展,增强竞争力、创新力、控制力、影响力、抗风险能力,提升产业基础能力和产业链现代化水平,现就加快推进国有企业数字化转型工作的有关事项通知如下:

一、提高认识,深刻理解数字化转型的重要意义

深入学习领会习近平总书记关于推动数字经济和实体经济融合发展的重要指示精神,研究落实党中央、国务院有关政策,将数字化转型作为改造提升传统动能、培育发展新动能的重要手段,不断深化对数字化转型艰巨性、长期性和系统性的认识。发挥国有企业在新一轮科技革命和产业变革浪潮中的引领作用,进一步强化数据驱动、集成创新、合作共赢等数字化转型理念,系统组织数字化转型理论、方法和实践的集中学习,积极开展创新大赛、成果推广、树标立范、交流培训等多种形式的活动,激发基层活力,营造勇于、乐于、善于数字化转型的氛围。

二、加强对标,着力夯实数字化转型基础

(一)建设基础数字技术平台。

运用5G、云计算、区块链、人工智能、数字孪生、北斗通信等新一代信息技术，探索构建适应企业业务特点和发展需求的"数据中台""业务中台"等新型 IT 架构模式，建设敏捷高效可复用的新一代数字技术基础设施，加快形成集团级数字技术赋能平台，提升核心架构自主研发水平，为业务数字化创新提供高效数据及一体化服务支撑。加快企业内网建设，稳妥推动内网与互联网的互联互通。优化数据中心布局，提升服务能力，加快企业上云步伐。

（二）建立系统化管理体系。

应用两化融合管理体系标准（GB/T 23000 系列），加快建立数字化转型闭环管理机制，以两化融合管理体系促进企业形成并完善数字化转型战略架构。积极推进数字化转型管理工作与质量管理、信息安全、职业健康管理等体系的融合应用。建立数字化转型诊断对标工作机制，定期开展诊断对标，持续提升新一代信息技术与企业业务融合发展水平。

（三）构建数据治理体系。

加快集团数据治理体系建设，明确数据治理归口管理部门，加强数据标准化、元数据和主数据管理工作，定期评估数据治理能力成熟度。加强生产现场、服务过程等数据动态采集，建立覆盖全业务链条的数据采集、传输和汇聚体系。加快大数据平台建设，创新数据融合分析与共享交换机制。强化业务场景数据建模，深入挖掘数据价值，提升数据洞察能力。

（四）提升安全防护水平。

建设态势感知平台，加强平台、系统、数据等安全管理。使用安全可靠的设备设施、工具软件、信息系统和服务平台，提升本质安全。建设漏洞库、病毒库、威胁信息库等网络安全基础资源库，加强安全资源储备。搭建测试验证环境，强化安全检测评估，开展攻防演练，加快培养专业人才队伍。

三、把握方向，加快推进产业数字化创新

（一）推进产品创新数字化。

推动产品和服务的数字化改造，提升产品与服务策划、实施和优化过程的数字化水平，打造差异化、场景化、智能化的数字产品和服务。

开发具备感知、交互、自学习、辅助决策等功能的智能产品与服务,更好地满足和引导用户需求。

(二)推进生产运营智能化。

推进智慧办公、智慧园区等建设,加快建设推广共享服务中心,推动跨企业、跨区域、跨行业集成互联与智能运营。按照场景驱动、快速示范的原则,加强智能现场建设,推进5G、物联网、大数据、人工智能、数字孪生等技术规模化集成应用,实现作业现场全要素、全过程自动感知、实时分析和自适应优化决策,提高生产质量、效率和资产运营水平,赋能企业提质增效。

(三)推进用户服务敏捷化。

加快建设数字营销网络,实现用户需求的实时感知、分析和预测。整合服务渠道,建设敏捷响应的用户服务体系,实现从订单到交付全流程的按需、精准服务,提升用户全生命周期响应能力。动态采集产品使用和服务过程数据,提供在线监控、远程诊断、预测性维护等延伸服务,丰富完善服务产品和业务模式,探索平台化、集成化、场景化增值服务。

(四)推进产业体系生态化。

依托产业优势,加快建设能源、电信、制造、医疗、旅游等领域产业链数字化生态协同平台,推动供应链、产业链上下游企业间数据贯通、资源共享和业务协同,提升产业链资源优化配置和动态协调水平。加强跨界合作创新,与内外部生态合作伙伴共同探索形成融合、共生、互补、互利的合作模式和商业模式,培育供应链金融、网络化协同、个性化定制、服务化延伸等新模式,打造互利共赢的价值网络,加快构建跨界融合的数字化产业生态。

四、技术赋能,全面推进数字产业化发展

(一)加快新型基础设施建设。

充分发挥国有企业新基建主力军优势,积极开展5G、工业互联网、人工智能等新型基础设施投资和建设,形成经济增长新动力。带动产业链上下游及各行业开展新型基础设施的应用投资,丰富应用场景,拓展应用效能，加快形成赋能数字化转型、助力数字经济发展的基础设施体系。

（二）加快关键核心技术攻关。

通过联合攻关、产业合作、并购重组等方式，加快攻克核心电子元器件、高端芯片、基础软件、核心工业软件等关键短板，围绕企业实际应用场景，加速突破先进传感、新型网络、大数据分析等数字化共性技术及5G、人工智能、区块链、数字孪生等前沿技术，打造形成国际先进、安全可控的数字化转型技术体系。

（三）加快发展数字产业。

结合企业实际，合理布局数字产业，聚焦能源互联网、车联网等新领域，着力推动电子商务、数据资产运营、共享服务、平台服务、新零售等数字业务发展，打造规模化数字创新体，培育新业务增长点。面向企业数字化转型需要，加强资源整合优化，创新体制机制，培育行业领先的数字化服务龙头企业，研发和输出数字化转型产品和系统解决方案。

五、突出重点，打造行业数字化转型示范样板

（一）打造制造类企业数字化转型示范。

以智能制造为主攻方向，加快建设推广智能工厂、数字化车间、智能炼厂、智能钢厂等智能现场，推动装备、生产线和工厂的数字化、网络化、智能化改造，着力提高生产设备数字化率和联网率，提升关键工序数控化率，增强基于数字孪生的设计制造水平，加快形成动态感知、预测预警、自主决策和精准执行能力，全面提升企业研发、设计和生产的智能化水平。积极打造工业互联网平台，推动知识能力的模块化、软件化和平台化，加快产业链供应链资源共享和业务协同。

（二）打造能源类企业数字化转型示范。

加快建设推广智慧电网、智慧管网、智能电站、智能油田、智能矿山等智能现场，着力提高集成调度、远程操作、智能运维水平，强化能源资产资源规划、建设和运营全周期运营管控能力，实现能源企业全业务链的协同创新、高效运营和价值提升。

（三）打造建筑类企业数字化转型示范。

重点开展建筑信息模型、三维数字化协同设计、人工智能等技术的集成应用，提升施工项目数字化集成管理水平，推动数字化与建造全业务链的深度融合，助力智慧城市建设，着力提高 BIM 技术覆盖率，创新管理模式和手段，强化现场环境监测、智慧调度、物资监管、数字交付等能力，有效提高人均劳动效能。

（四）打造服务类企业数字化转型示范。

着力推进智慧营销、智慧物流、智慧金融、智慧旅游、智慧供应链等建设，推动实体服务网点向虚拟智慧网点转变，打造智慧服务中心，发展基于互联网平台的用户服务，打造在线的数字服务产品，积极创新服务模式和商业模式，提升客户体验，提高客户黏性，拓展数字服务能力，扩展数字业务规模。

六、统筹部署，多措并举确保转型工作顺利实施

（一）制定数字化转型规划和路线图。

结合企业实际，制定企业数字化转型专项规划，明确转型方向、目标和重点，勾画商业模式、经营模式和产业生态蓝图愿景。以构建企业数字时代核心竞争能力为主线，制定数字化转型方案，纳入企业年度工作计划，明确相关部门和岗位工作要求，加强动态跟踪和闭环管控。加快企业数字化治理模式、手段、方法升级，以企业架构为核心构建现代化 IT 治理体系，促进 IT 投资与业务变革发展持续适配。运用数字化转型服务平台（http：//gq.dlttx.com），开展诊断对标。

（二）协同推进数字化转型工作。

建立跨部门联合实施团队，探索建设数字化创新中心、创新实验室、智能调度中心、大数据中心等平台化、敏捷化的新型数字化组织，推动面向数字化转型的企业组织与管理变革，统筹构建数字化新型能力，以钉钉子的精神切实推动数字化转型工作，一张蓝图干到底。对接考核体系，以价值效益为导向，跟踪、评价、考核、对标和改进数字化转型工作。

（三）做好数字化转型资源保障。

要实行数字化转型一把手负责制，企业主要负责同志应高度重视、亲自研究、统筹部署，领导班子中明确专人分管，统筹规划、科技、信息化、流程等管控条线，优化体制机制、管控模式和组织方式，协调解决重大问题。建立与企业营业收入、经营成本、员工数量、行业特点、数字化水平等相匹配的数字化转型专项资金投入机制。加快培育高水平、创新型、复合型数字化人才队伍，健全薪酬等激励措施，完善配套政策。

国务院国资委将加强对国有企业数字化转型工作的指导，组织数字化转型线上诊断，开展"一把手谈数字化转型"工作，遴选推广数字化转型典型案例和解决方案，推进数字化转型协同创新平台建设，组织数字化转型相关交流研讨，切实推动国有企业数字化转型工作。

国务院国资委办公厅

2020 年 8 月 21 日